目 录
CONTENTS

古耕 选编

2014 民生散文选

字字饱含着人文关怀
句句承载着民生民意

○**李春雷** 朋友——习近平与贾大山交往纪事○**铁凝** 天籁之声，隐于大山○**梁晓声** 一位法官的自白○**雷达** 新阳镇

○**王巨才** 祝福草原○**倪萍** 等着我○**陈忠实** 神秘神圣的文学圣地○**林那北** 我编斗笠送红军○**邓刚** 作家「逛」医院

中国言实出版社

图书在版编目(CIP)数据

2014民生散文选 / 古耜选编. —北京：中国言
实出版社，2015.3
ISBN 978-7-5171-1126-9

Ⅰ.①2… Ⅱ.①古… Ⅲ.①散文集—中国—当代
Ⅳ.①I267

中国版本图书馆CIP数据核字（2015）第035223号

责任编辑：唐　伟

出版发行	中国言实出版社
	地　址：北京市朝阳区北苑路180号加利大厦5号楼105室
	邮　编：100101
	编辑部：北京市西城区百万庄大街甲16号五层
	邮　编：100037
	电　话：64924853（总编室）64924716（发行部）
	网　址：www.zgyscbs.cn
	E-mail：zgyscbs@263.net
经　销	新华书店
印　刷	北京温林源印刷有限公司
版　次	2015年5月第1版　　2015年5月第1次印刷
规　格	710毫米×1000毫米　1/16　19.5印张
字　数	288千字
定　价	38.00元　ISBN 978-7-5171-1126-9

朋 友
——习近平与贾大山交往纪事

李春雷

农历癸巳年末，河北作家康志刚在其博客上贴发了中共中央总书记习近平于1998年发表的一篇悼念文章《忆大山》，记述了一段尘封的往事，情真意切，感人肺腑。文章经《光明日报》及多家报刊转载后，引起国人强烈关注。腊月二十三，我赶到正定，拜访了几位当事人。旧事重温，感慨良多……

1982年3月，习近平到正定县任职后，登门拜访的第一个人就是贾大山。

但是，两人的初次见面并不顺利。

关于这次见面的地点和人员，坊间流传多种说法：有说是在大山家里，有说是在其办公室，有说他正在与众文友聊天，还有文章明言在座者只是李满天。

采访中，笔者曾多方考证，得到的事实是：当天晚饭后，习近平请李满天陪同，一起去寻访大山。先是去家里，不遇，后又赶往其供职的县文化馆。

李满天不是他人，正是经典歌剧《白毛女》故事的第一位记录整理者，时任中国作协河北分会主席，在正定县体验生活，是大山无话不谈的好朋友。

彼时，大山正在办公室里与几个文友讨论作品。他当过老师、编剧、导演和演员，博闻强记，口才极佳。那是一个文学的年代，到处是文学青年，到处是文学论坛。他的屋内，更是常常访客盈门。

李满天是常客了，不必客套，而习近平穿着一件褪色的绿军装，虽然态度谦恭，满脸微笑，但毕竟年轻啊，像一名普通的退伍兵，又像一个青涩的文学青年。或许正是因此，当两人进来的时候，谈兴正浓的大山就没有停止他的演说。

近平悄悄地坐下来，静心地听，耐心地等。

等了一会儿，趁大山喝水的间歇，李满天上前介绍。大山这才明白，面前这位高高大大、清清瘦瘦的青年，就是新来的县委副书记。

接下来，贾大山的反应让习近平印象深刻。2009 年 7 月号出版的期刊《散文百家》，整理发表了他 2005 年回正定考察时的录音："我记得刚见到贾大山同志，大山同志扭头一转就说：'来了个嘴上没毛的管我们' ……"

我们实在无法臆想当时的场景，抑或大山的语气和表情。但可以肯定的是，此时的贾大山还不到 40 岁，已获得全国大奖，作品收入中学课本，声名正隆，风头日盛，加之天生淡泊清高的性格，面对这个比自己年轻十多岁的陌生的县领导，有一些自负是可以想象的，也是可以理解的。

但是，习近平并没有介意，仍然笑容满面。

现场的空气停滞了一下，似乎有一些尴尬。但不一会儿，气氛就重新活跃起来。主人和客人，已经握手言欢了。

习近平在《忆大山》一文中记录了当时的情景："虽然第一次见面，但我们却像多年不见的朋友，有说不完的话题，表不尽的情谊。临别时……我劝他留步，他像没听见似的。就这样边走边说，竟一直把我送到机关门口。"

那是一个早春的晚上，空气中飘浮着寒意，也一定弥漫着芳香。因为，所有的花蕾，已经含苞待放了……

正定古称常山、真定，春秋时期为鲜虞国。秦立三十六郡，常山有其一。自汉至宋元，真定始终居于冀中南龙首之位，与北京、保定并称"北方三雄镇"。明清至民初，包括石家庄在内的周围 14 个州县，皆属正定府辖区。

正定城墙周长 24 华里，设四座城门。每座城门均用青条石铺基、大城砖拱券，并设里城、瓮城和月城三道城垣。这种格局十分鲜见，足以说明正定作为京南屏障的特殊地位。高大的城圈内，有九楼四塔八大寺，更有着众多的商铺、戏院、酒肆和茶楼。"花花正定府，锦绣洛阳城"，此之谓也。

古城正定，敦厚、传统且深邃，像一株繁茂的大槐树，绽放着细密的叶芽和花穗，散发着浓郁的清香和氧气。

贾大山 1942 年 7 月生于古城西南街，祖上经营一家食品杂货店铺，家境小富。说起来，他的出世颇具传奇。父母连着生产八个姑娘，直到第九胎，才诞下这个男丁。他从小倍受宠爱，吃、穿、玩、乐悉听尊便。他喜欢京剧，爱唱老生，还能翻跟头，拿大顶。他更爱好文学，中学期间便开始发表作品。

高中毕业后，因为出身历史等原因，大山未能走进大学。他先是去石灰窑充当壮工，后又被下放农村。

正是这种特殊的人生际遇，他熟悉了市井文化和农村文化。这两种文化交融发酵，蒸腾升华，促使他成为一名作家。1977 年，他发表短篇小说《取经》，震动文坛，并在首届全国优秀短篇小说评奖中折桂，成为河北省在"文革"之后摘取中国文学最高奖的第一人。无限风光，一时无两。

大山身材中等，体魄壮实。关于他的面貌，他的朋友铁凝曾经有过一段精准的描述："面若重枣，嘴阔眉黑，留着整齐的寸头。一双洞察世事的眼：狭长的，明亮的，似是一种有重量的光在里面流动，这便是人们经常形容的那种'犀利'吧。"

贾大山，的确是一位奇才。

他的创作习惯也迥异常人：打腹稿。构思受孕后，便开始苦思冥想，一枝一叶，一蘖一苞，苞满生萼，萼中有蕊，日益丰盈。初步成熟后，他便邀集知己好友，集思广益。众人坐定，只见他微闭双目，启动双唇，从开篇第一句话，到末尾最后一字，包括标点符号，全部背诵出来，恰似京剧的念白。他的记忆，犹如一个清晰的电脑屏幕。朋友提出意见后，他仍在腹内修改。几天后，再次咏诵。

三番五次之后，落笔上纸，字字珠玑，一词不易，即可面世。

几天后的一个晚上，贾大山走进了习近平办公室。

关于他们相约的方式和过程，我专门采访当年的县委办公室副主任朱博华和王志敏。他们告诉我，那时没有别的通迅手段，是近平打电话到文化馆，与大山约定的。

县委大院在古城中心，坐北朝南，历史上即是正定府衙所在。走过门口的两棵老槐树，在过去正堂的位置，是一座主体建筑——穿堂式组合瓦房。瓦房的北面，是两条甬道，甬道中间和两侧，共有三路五排平房，灰砖蓝瓦，南北开窗。近平的办公室兼宿舍，就在西路最前排的东段。

只有一间屋子，两条板凳支起一个床铺，一张三屉桌，两把砖红色椅子，一个暖瓶，一盏灯泡。没有书架，成群的书，或躺在桌面上，或站在窗台上。屋内最醒目的物品，是窗台上的两尊仿制唐三彩：一峰骆驼和一匹骏马，那是北京朋友赠送的纪念品。

坐下之后，他们认真地互通了年庚。大山属马，近平属蛇。大山年长 11 岁，自是兄长了。

然后，开始一边喝茶抽烟，一边聊天。茶是那种最普通的花茶，烟呢？名曰"荷花"，每包两角六分钱。聊天的内容由远及近，先是古往今来，国外国内，后来便集中于正定的历史和现实。

他们的确有着那么多的相似啊。都曾因家庭问题而下乡："文革"开始后，年少的近平受父亲冤案的牵连，挨过批斗，受过关押。到陕北农村插队时，他还不满 16 岁；大山也是因为出身商人之家，被打入另册，1964 年即被迁出县城。都在农村里风雨磨砺：那些年，近平种地、拉煤、打坝、挑粪，什么累活脏活都干过，窑洞里跳蚤多多，他被咬得浑身水泡；大山一年四季干粗活儿，秋后种麦拉石砘，两个肩膀红肿如绛。他们又都在磨砺中收获成果：为了拓广农田面积，寒冬农闲时节，近平带领乡亲们修筑淤地坝。他还组织村里铁匠成立铁业社，增加集体收入。后来，他被群众推举为大队党支部书记；大山在村里担任宣传员，自编自演了多部小戏，不仅搞活了小村的文化生活，还多次获得河北省和华北地区文艺汇演一等奖。

最让人称奇的是，他们的知青岁月，竟然都是七年。

对现实问题，他们也有着惊人的相同看法。比如对正定"高产穷县"的剖析，对如何修复和整理正定文物，对社会上某些不正之风……

两人分手时，已经凌晨三点了。

县委大院已经关闭，门卫的窗户漆黑漆黑。大门两侧是两个高大威武的砖垛，中间是两扇铁门。铁门下部是生硬的厚板，上部是空格的栏杆，足有两米高。

两人面面相觑。夜半天寒，实在不忍打扰熟睡的门卫。

这时，近平蹲下身去，示意大山上去。大山不知所措，却又别无选择，只得手把栏杆，小心翼翼地踩上肩膀。近平缓缓地站起来，像是一台坚实的起重机，托起了大山。大山练过功夫，身手矫健，双手一撑，噌地一下，便翻越而过……

两人相视一笑，隔门道别。

以后的日子里，每隔一段时间就要约见一次。有时是在近平办公室，多数是在大山家里。

晚饭过后，近平安步当车，款款而来。

走出县委大院，沿府前街南行，路东是常山影剧院和百货商店，路西则是一些小商铺、酱菜厂和服装厂。府前街尽头是中山路，西北拐角处便是大山家世代经营店铺的原址。西行20余米，路南是文化馆、印刷厂和建筑公司，北侧则是各种杂货门市和住户。走到育才街，向南300米，左边一个低矮的门楼，便是贾府了。

大山老宅是一个东西狭长的院子，院内有一棵大槐树。夏天到了，槐花如雪，满院馨香。

近平见过大山爱人，颔首，微笑，称一声"嫂子"。

嫂子和大山便把客人迎进北屋。这是大山夫妇的卧室兼会客室，只有十平方米。里面有一床、一柜、一桌、一对沙发和一张茶几。

宾主落座，女主人在茶杯中注满开水后，便到隔壁孩子房间休息去了。

总是有着说不完的话题。

大山是地道的正定通，对家乡历史的来龙去脉，每一座塔，每一尊佛都了如指掌。初来乍到的近平，在不长时间内也能对本土文化说古论今、谈笑自若，着实让他刮目相看。大山二十多年来潜心钻研戏曲、文学等，但没有想到的是，近平对这些领域的阅读和思考同样广泛深入，很多见解令人耳目一新。大山年届不惑，历经坎坷，对社会人生深有体悟。然而，比自己年幼十多岁的近平，很多看法竟然不谋而合。

当然，他们也有着诸多差异。

近平看书多且杂，更侧重于政治、哲学和经济，而大山尤专注于文学、史学和佛学；对于现实，近平是一个积极者，即使身处逆境，前途迷茫，他也始终乐观，胸怀梦想。当时，知识青年"返城热"余波未了，城市青年"出国热"高潮渐起，别人都在想方设法地回城或出国，他却主动申请回到农村去，从基层干起。而大山则是一个逍遥派，淡泊名利，无心仕途。他上学时未入团，上班后未入党。省作家协会多次调他去省城工作，他坚决不去，专门为他举办了一次作品研讨会，他居然没有出席。

但大山毕竟是一名作家，职业特点就是关注现实，解剖现实。他得奖的《取经》《花市》等作品，就是以政治视角描写基层干部和普通农民。对这座县城，这个国家，这个民族，他有着深深的热爱和关注，心如烈火燃烧，眼似灯盏明亮。

所以，在根本上，他们又是相同的。

同与不同，相互沟通，互通不同，通而后同。

这样的聊天，不知不觉就到了午夜两三点钟。

为什么总是这么晚呢？他们都是"文革"的过来人，开会到凌晨是家常便饭，而且当时也没有别的娱乐形式，读书，或与好友聊天是知识分子最好的消夜方式了。最关键的，还是他们心意相通，志趣相投，言之有味，言之有物，相守难舍。

出门后，大山会执意相送。于是，他们便接续着刚才的话题，一路边走边聊，直到县委门口。如果大门关闭，大山会自然地蹲下去。这时，近平也不再客气，踩上肩膀，轻手轻脚地翻越过去……

关于他们聊天的日期，我也常常疑问。近平身为县委领导，每天工作繁忙，而且又是嗜睡的年龄。他们相约深谈的时间，是否多在周六晚上？因为只有这样，他才能利用第二天的休息日（当时每周只休星期日一天），补充睡眠。

我曾就此询问时任副县长的何玉女士，她说这属于私人交往，工作日志没有记载。而大山夫人则说，大山没有日记，具体日期无法查询。

这期间，正是近平最忙碌的时候。他马不停蹄地奔走于各个公社和大队之间，以最快速度熟悉着县情。

县委有两辆吉普车，他很少乘坐。他总是骑着自行车，穿梭于滹沱河两岸。从河北到河南，是一片大沙滩，常常需要扛着自行车前行。

老干部张五普回忆说："那时我在西兆通公社任书记，他一个人来调研，骑一辆旧自行车，下自行车就和我握手。我问，'习书记怎么你自己来了，你认得路啊'？习书记用衣袖擦一擦满头大汗，说，'打听，我打听着就来了'。"

这一年，习近平办成了一件最令正定人振奋的大事。

正定县是全国闻名的农业高产县，却又是有苦难言的"高产穷县"。多年来，国家规定每年上缴征购粮 7600 万斤，每亩平均负担 200 多斤。由于征购任务过重，很多老百姓口粮不继，不得不到外地购买红薯干度日。习近平了解这些情况后，无比痛心。可要摘掉"高产县"的帽子，无疑是自暴其丑，虽然能够减轻老百姓的负担，县委有关领导却有可能"犯错误"。

是坐等中央调整政策，还是主动向上呼吁？

县委主要领导考虑到习近平刚来工作，不愿让他出面，担心会对他造成不利影响。可习近平说："实事求是向上级反映问题是我党的优良传统，你们不用担心。"于是，他和另一位县委副书记吕玉兰一起，多次跑省进京，向上级部门如实反映正定人民的生活状况和现实困难。

1982 年初夏，国务院终于派出调查组。这一年秋后，上级决定把正定粮食征购任务减少 2800 万斤。

这是一件影响正定历史的大事，为正定农业结构的调整和未来的大发展，奠定了坚实的基础。

在他分抓的领域，更是事必躬亲，脚踏实地。

县委门口的两株古槐，花开花落，几多春秋，大家熟视无睹。有一次在文化局参加座谈会，近平问槐树是什么年代的。众口无语。他提出请林业专家鉴定。结果竟然是元末明初，是这个古城里年龄最大的植物。于是，围上铁栏，写明文字，加以保护。

城里有一家玉华鞋店，是土地革命时期中共在正定县成立的第一个秘密工人党支部，他指示修缮保护。

"岸下惨案"是 1937 年 10 月日军侵占正定时发生的一起屠杀事件。近平请人挖掘整理，开辟成爱国主义教育基地，并亲自审定纪念碑碑文……

1982 年 12 月 23 日下午，近平打来电话，约大山见面。

"好啊。但是，今天你就不要去机关食堂了，在我家吃晚饭吧。"大山说。交往就要一年了，近平还从来没有在家里吃过一顿饭，作为地主，大山总是自责呢。邀请过几次，他总是笑笑说，君子之交淡如水，我们每次都喝茶水，已经够奢侈了，何必要喝酒呢。今天，大山再次提出了这个请求。

近平怔了一下，居然答应了。

那天晚上，大山准备了几个精致的小菜：雪里蕻炒肉、莲藕片、花生米和凉调菜心。主食呢，就是涮羊肉。没有专用火锅，把铝盆放在蜂窝炉上，权当涮器。虽然器具简陋，但材料却不含糊：麻酱、韭花、蒜末、香菜、酱豆腐一应俱全。

近平如约而至。陪同者仍然是李满天。

炭火红红，蒸气腾腾，几杯小酒下肚，话题也热烈起来，不知不觉就聊到了县文化局。文化局下属剧团、新华书店、文化馆、文保所等七家单位，三四百人，大都是知识分子和演员，情况复杂，矛盾重重。最主要的是，正定有九处国家级文物，这在全国各县中也是屈指可数的，却长久失修，没有发挥应有的作用。

李满天半开玩笑地问："大山，如果让你当局长，能收拾这个摊子吗？"

大山从小与这个圈子打交道，现在又是文化馆的副馆长，自然深知其中矛盾根蒂，于是，借着酒兴，脱口而出："当然可以，只要给我权力，让我说话算数。"接着，便豪情万丈地谈起了自己的"施政纲领"。

这时，近平果断地说："好，就让你当局长！"

大山惊呆了。

原来，针对文化局的乱象，作为县委分管领导，近平一直在暗暗地寻找和选择。正定作为一座历史名城，无论对内还是对外，文化系统都需要一位硬邦邦的领军人物。考虑多日，他和主管文教工作的副县长何玉想法形成一致：最合适的人选只能是贾大山。大山成熟稳健，刚直正派，不仅善写小说，而且也很有行政能力，最关键的是他对文化事业有着近乎痴迷的热爱。但大山不是党员，无意仕途。不过，经过这么多次的深入交往，他对大山的个性又是了解的。于是，在多方征求意见并与主要领导沟通后，在常委会上，他提议大山担任文化局局长，并获得了通过。那天晚上，他就是前来通报的。

近平说："你不能只是自己写小说，还要为正定的文化事业做贡献啊，而且要把你的好作风，好思想带到干部队伍中。"

大山难以置信："可是，我不是党员啊。"那个年代，党外人士在县里担任领导干部，而且是部门正职，是不可想象的。

近平说："你不用担心，组织已经有了安排。"

原来，县委常委会已经形成决议：文化局由局长主持全面工作。

第二天上午，非党人士贾大山，从文化局下属的文化馆副馆长，连升三级，直接上任文化局局长。

正定历史上，这是绝无仅有的！

习近平在《忆大山》一文中，全面评价了他此后几年的工作："上任伊始，他就下基层、访群众、查问题、定制度，几个月下来，便把原来比较混乱的文化系统整治得井井有条。在任期间，大山为正定文化事业的发展和古文物的研究、保护、维修、发掘、抢救，竭尽了自己的全力。

常山影剧院、新华书店、电影院等文化设施的兴建和修复，隆兴寺大悲阁、天宁寺凌霄塔、开元寺钟楼、临济寺澄灵塔、广惠寺华塔、县文庙大成殿的修复，无不浸透着他辛劳奔走的汗水。"

士为知己者死。大山是一个文化人，却又是一个血性汉子。

在这里，且讲述几个细节。

常山影剧院，被称为正定的"人民大会堂"，县里重大会议都在此举行。但这座建国之前的木结构建筑，已成危房。近平提议重新建造。为了保证质量，为了保证工期，大山毅然决然地把铺盖搬到工地，日夜监工，虽然他的家就在千米之内。

正定隆兴寺是闻名世界的宋代大型寺院，更是一处国宝级文物。但由于年代久远，破破烂烂。若要全面修复，需要资金3000万。如此巨大的投资，是当时全国文物系统除了布达拉宫项目之外的第二大工程。为此，近平频频出面邀请国内权威专家前来考察评估，而大山则奔走于京城、省城和县城之间，往返数十趟，直累得心力交瘁，胃肠溃疡。他蜷卧在吉普车后座上，牙关紧咬，冷汗直流。由于长期出差在外，药罐只得带在身边，白天跑工作，晚上熬中药。最后，终于得到上级部门大力支持，落实巨资。

这项浩大的工程，还需要征地60亩，拆迁60户。其中困难，可想而知。

经过千难万难，隆兴寺修复工程终于圆满完成。

至此，隆兴寺真正成为正定最鲜亮的文化名片！

春节期间，是别人最欢乐、最放松的时候，却正是他最紧张、最揪心的时刻。九处国保单位，全是砖木结构建筑，最易着火。每逢此时，他昼夜巡视，废寝忘食。别人劝他，他说："祖宗的遗产，国家的宝物，我负责守护。出一点点问题，我就对不起正定，对不起县委，对不起习书记啊！"……

正定的文化事业，进入新中国成立之后的最辉煌时期。

历史已经证明，贾大山用自己的聪明才智，按照自己的理想，为家乡的文化事业尽到了最大力量。虽然极其苦累，但也极其快活，极其酣畅。

不啻说，贾大山是那个时期全中国最得意、最幸福的文人！

……

这期间，近平升任县委书记，工作更忙了。但他仍然忙中偷闲，一如既往地和大山相约见面，夜聊。

春雨润青，夏日泼墨，秋草摇黄，冬雪飞白。岁月如歌，他们共同享受着友谊的芬芳……

1985 年 5 月的一个午夜，大山已经休息。突然有人敲门，近平请他去一趟。

原来，近平要调走了，第二天早晨 7 时乘吉普车离开。白天交待工作，直忙到半夜，送走所有同事，才腾出时间约见老朋友。好在，这个时间，正是他们最畅快的时光。

关于这一次离别，大山后来从未提起。倒是在近平的笔下，有一段清楚的记载："……那个晚上，我们相约相聚，进行了最后一次长谈。临分手时，俩人都流下了激动的泪水，依依别情，难以言状。"

两人分手时，正好又是凌晨三点。近平最后一次送他到县委门口，四目相对，心底万千话语，口中竟无一言。与往常不同的是，这一次，县委大门敞开着。

采访时，大山妻子告诉我，那天晚上，大山回来时，怀里抱着两尊唐三彩：一峰骆驼和一匹骏马。他一言不发，倒头便睡，直到第二天中午。起床后仍是呆呆地发愣。

妻子以为他病了，催他吃药。他摇摇头，慢慢地说一句："习书记调走了。"

49 岁那一年，大山辞去局长，功成身退，回归文坛。

这个时候，整个文学评论界惊奇地发现，他的小说已经发生了脱胎换骨的蜕变。"梦庄纪事"和"古城人物"系列数十篇短篇小说，微妙而又精确地发掘出文化和人性的敏感共通之处，禅意浓浓，芳香四溢……

大山已经完全醉心于文学。如果说早年的他曾有过文人孤傲的话，那么后期的他，则十足是佛面佛心了，慈眉善目，与世无争，笑看风云，其乐融融。

这其中，有一个细节让人惊叹：大山名闻遐迩，却从无一本著作出版。那些年，文学市场清凉。虽然出版界和企业界不少朋友主动提出帮助，但他笑笑说，不要麻烦你们了，还是顺其自然吧。

　　贾大山，肯定是全中国惟一没有出版过任何图书的著名作家！

　　他的书房里，悬挂着两句自题诗：小径容我静，大路任人忙。

　　近平在南方的工作越来越繁重了，但他没有忘记正定，没有忘记大山。每遇故人，都要捎来问候。每年春节，都要寄来贺卡。

　　但大山却鲜有回应。他知道，他的年轻的朋友，肩上有着太多太多的担负。除了满心的祝愿和祝福，他不忍心有任何打扰。

　　1995年底，大山不幸患染绝症，近平十分挂念。1996年5月，他听说大山在北京治疗，便特意委托同事前往探视。春节之前，近平借去北京开会之机，专门去医院看望。近平后来写道："我坐在他的床头，不时说上几句安慰的话，尽管这种语言已显得是那样的苍白和无力……为了他能得以适度的平静和休息，我只好起身与他挥泪告别。临走，我告诉他，抽时间我一定再到正定去看他。"

　　近平没有食言。仅仅十多天过后，1997年2月9日，正是大年初三，他专程赶到正定。在那个他们无数次晤谈的小屋里，两人又见面了。

　　还是那张桌子，那个茶几，那一对沙发。只是眼前的大山，枯槁羸弱，目光暗淡，再也没有了当年的红光满面和言辞铿锵。

　　近平强作笑颜，佯装轻松，提议合影。大山说，我这么难看，就不要照相了吧。话虽这样说，他还是努力地坐起来，倚靠在被垛上，挺直身子。近平赶紧凑过去。

　　11天后，大山走了。

　　这是大山在人世间的最后一张留影。陪同他的，是他的朋友，他的好朋友。

　　癸巳年末，我去正定采访。

　　大山的家里，一切依旧，还是三十年前的模样。当年的房屋，当年的木床，当年的书桌，当年的茶几。坐在那里，凝视时空，如幻如梦。

恍恍惚惚中，我仿佛看到了当年的影子；隐隐约约里，我似乎听到了那时的笑声。惟有那两尊唐三彩骆驼和骏马，依然新鲜如初，精神而挺拔地伫立着，伫立在时光的流影里，相互顾盼，心照不宣，像一对永恒的朋友……

哦，朋友，朋友，两心如月，冰清玉洁，肝胆相照，辉映你我。

选自《朋友——习近平与贾大山交往纪事》

中国言实出版社 2014 年出版

天籁之声，隐于大山

铁　凝

　　贾大山是河北省新时期第一位获全国优秀短篇小说奖的作家。一九八〇年，他在短篇小说《取经》获奖之后到北京中国作协文学讲习所学习期间，正在文坛惹人注目。那时还听说日本有个"二贾研究会"，专门研究贾平凹和贾大山的创作。消息是否准确我不曾核实，但已足见贾大山当时的热闹景象。

　　当时我正在保定地区的一个文学杂志任小说编辑，很自然地想到找贾大山约稿。好像是一九八一年的早春，我乘长途汽车来到正定县，在他工作的县文化馆见到了他。已近中午，贾大山跟我没说几句话就领我回家吃饭。我没有推辞，尽管我与他并不熟。

　　我被他领着来到他家，那是一座安静的狭长小院，屋内的家具不多，就像我见过的许多县城里的居民家庭一样，但处处整洁。特别令我感兴趣的是窗前一张做工精巧的半圆形硬木小桌，与四周的粗木桌椅比较很是醒目。论气质，显然它是这群家具中的"精英"。贾大山说他的小说都是在这张桌子上写的，我一面注意这张硬木小桌，半开玩笑地问他是什么出身。贾大山却一本正经地告诉我，他家好几代都是贫下中农。然后他就亲自为我操持午饭，烧鸡和油炸馃子都是现成的，他只上灶做了一个菠菜鸡蛋汤。这道汤所以给我留下了很深的印象，是因为大山做汤时程序的严格和那成色的精美。做时，他先将打好的鸡蛋泼入滚开的锅内，再把菠菜撒进锅，待汤稍沸锅即离火。这样菠菜翠绿，蛋花散得地道。至今我还记得他站在炉前打蛋、撒菜时那潇洒、细致的手势。后来他的温和娴静的妻子下班回来了，儿子们也放学回来了。贾大山陪我在里屋用餐，妻儿吃饭却在外屋。这使我忽然想起曾经有人告诉我，贾大山是家中的绝对权威，还告诉我妻儿与这"权威"配合得是如何的默契。甚至有人把这默契加些演义，说贾大山召唤妻儿时就在里屋敲墙，上茶、送烟、添饭都有特定的敲法。我和贾大山在里屋吃饭没有看见他敲墙，似乎还觉出几分缺欠。有一点是毫无疑问的，贾大山有一个稳定、安宁的家庭，妻子与他同心同德。

那一次我没有组到贾大山的稿子，但这并不妨碍贾大山给我留下的初步印象，这是一个宽厚、善良，又藏有智慧的狡黠和谋略、与乡村有着难以分割的气质的知识分子，他嘴阔眉黑，面若重枣，神情的持重多于活跃。

他的外貌也许无法使你相信他有过特别得宠的少年时代。在那个时代里他不仅是历选不败的少先队中队长，他的作文永远是课堂上的范文，而且办墙报、演戏他也是不可少的人物。原来他自幼与戏园子为邻，早就在迷恋京剧中的须生了。有一回贾大山说起京剧忍不住站起来很帅地踢了一下腿，脚尖正好踢到鼻梁上，那便是风华少年时的童子功了。他的文学生涯也要追溯到中学时代在地区报纸上发表小说时。如果不是一九五八年在黑板报上发表了一首寓言诗，很难预料这个多才多艺的男孩子会有怎样的发展。那本是一首慷慨激昂批判右派的小诗，不料这诗一经出现，全校上至校长下至教师却一致认为那是为右派鸣冤叫屈、企图颠覆无产阶级专政的反动寓言。十六岁的贾大山蒙了，校长命他在办公室门口的小榆树下反省错误，那天下了一夜的雪，他站了一夜。接着便是无穷尽的检查、自我批判、挖反动根源等，最后学校以警告处分了结了此案。贾大山告诉我，从那时起他便懂得了"敌人"这个概念，用他的话说："三五个人凑在一块儿一捏鼓你就成了阶级敌人。"

他辉煌的少年时代结束了，随之而来的是因病辍学，自卑，孤独，以及为了生计的劳作，在砖瓦厂的石灰窑上当临时工，直到一九六四年响应号召作为知青去农村。也许他是打算终生做一名地道的正定农民的，但农民却很快发现了他有配合各种运动的"歪才"。于是贾大山在顶着太阳下地的业余时间里演起了"乐观的悲剧"。在大队俱乐部里他的快板能出口成章："南风吹，麦子黄，贫下中农收割忙……"后来沿着这个"快板阶梯"他竟然不用下地了，他成为村里的民办教师，接着又成为入党的培养对象。这次贾大山被吓着了——使他受到惊吓的是当时的极左路线：入党则意味着被反复地、一丝不苟地调查，说不定他十六岁那点陈年旧账也得被翻腾出来。他的自尊与自卑强烈主宰着他不愿被人去翻腾。那时的贾大山一边做着民办教师，一边用他的编写才华编写着那个时代，还编出了"好处"。他曾经很神秘地对我说："你知道我是怎么由知识青年变成县文化馆的干部么？就因为我们县的粮食'过了江'。"

据当时报载，正定县是中国北方第一个粮食"过江"的县。为了庆祝粮食"过江"，县里让贾大山创作大型剧本，他写的剧本参加了全省的汇演，于是他被县文化馆"挖"了上来。"所以，"贾大山停顿片刻告诉我，"你可不能说文艺为政治服务不好，我在这上边是沾了大光的。"说这话时他的眼睛超乎寻常的亮，他那两只狭长的眼睛有时会出现这种超常的光亮，那似是一种有重量的光在眼中的流动，这便是人们形容的犀利吧。犀利的目光，严肃的神情使你觉得你是在听一个明白人认真地讲着糊涂话。这个讲着糊涂话的明白人说："干部们就愿意指挥种树，站在你身边一个劲儿叮嘱：'注意啊注意啊，要根朝下尖朝上，不要尖朝下根朝上啊！'"贾大山的糊涂话讲得庄重透彻而不浮躁，有时你觉得天昏地暗，有时你觉得唯有天昏地暗才是大彻大悟。

一九八六年秋天我又去了正定，这次不是向大山约稿，是应大山之邀。此时他已是县文化局局长——这似乎是我早已料到的，他有被重新发现、重新"挖"的苗头。

正定是河北省著名的古城，千余年来始终是河北重镇之一。曾经，它虽以粮食"过江"而大出过风头，但最为实在的还是它留给当今社会的古代文化。面对城内这"檐牙高啄""钩心斗角"的古建筑群，这禅院寺庙，做一名文化局局长也并非易事。局长不是导游，也不是只把解说词背得滚瓜烂熟就能胜任的讲解员，至少你得是一名熟悉古代文化的专门家。贾大山自如地做着这专门家，他一面在心中完整着使这些祖宗留下的珍贵遗产重放光彩的计划，一面接应各路来宾。即使面对再大的学者、专家贾大山也不会露"怯"，因为他的起点不是只了解那些静穆着的砖头瓦块，而是佛家、道家各派的学说和枝蔓。这时我作为贾大山的客人观察着他，感觉他在正定这片古文化的群落里生活得越来越稳当妥帖，举止行动如鱼得水。那些古寺古塔仿佛他的心爱之物般被他摩挲着，而谈到他和那些僧人、主持的交往，你在夏日习习的晚风中进一趟临济寺便一目了然了，那时十有八九他正与寺内主持焦师傅躺在澄灵塔下谈天说地，或听焦师傅演讲禅宗祖师的"棒喝"。

　　几年后大山又任县政协副主席。他当局长当得内行、自如，当主席当得庄重、称职。然而贾大山仍旧是个作家，可能还是当代中国文坛唯一只写短篇小说的作家，且对自己的小说篇篇皆能背诵。在和大山的交往中，他给我讲了许多农村和农民的故事，那些故事与他的获奖小说《取经》已有绝大的不同。如果说《取经》这篇力作由于受着当时文风的羁绊，或许仍有几分图解政策的痕迹，那么这时贾大山的许多故事你再不会漫不经心地去体味了。虽然他的变化是徐缓的，不动声色的，但他已把目光伸向了他所熟悉的底层民众灵魂的深处，于是他的故事便构成了一个贾大山造就的世界。在那个世界里有乐观的辛酸，优美的丑陋，诡谲的幽默，愚钝的聪慧，冥顽不化的思路和困苦中的温馨……

　　贾大山讲给我的故事陆续地变成了小说。比如一位穷了多半辈子终于致富的老汉率领家人进京旅游，当从未坐过火车的他发现慢车票比快车票便宜时居然不可思议地惊叹："慢车坐的时候长，怎么倒便宜？"比如"社教"运动中，某村在阶级教育展览室抓了一个小偷，原来这小偷是在偷自己的破棉袄，白天他的棉袄被作为展品在那里展览，星夜他还得跳进展览室将这棉袄（他爷爷讨饭时的破袄）偷出御寒。再比如他讲的花生的故事：贾大山当知青时花生是中国的稀有珍品，那些终年不见油星的百姓趁队里播种花生的时机，发了疯似的带着孩子去地里偷花生种子解馋。生产队长恪守着职责搜查每一个从花生地里出来的社员，当他发现他八岁的女儿嘴里也在蠕动时，便一个耳光打了过去。一粒花生正卡在女儿气管里，女儿死了。死后被抹了一脸锅底黑，又让人在脸上砍了一斧子。抹黑和砍脸是为了吓唬鬼，让这孩子在阴间不被鬼缠身。

很长一段时间里我读贾大山小说的时候，眼前总有一张被抹了黑又被砍了一斧子的女孩子的脸。我想，许多小说家的成功，大约不在于他发现了一个孩子因为偷吃花生种子被卡死了，而在于她死后又被亲人抹的那一脸锅底黑和那一斧子。并不是所有小说家都能注意到那锅底黑和那一斧子的。后来我读大山一篇简短的《我的简历》，写到："一九八六年秋天，铁凝同志到正定，闲谈的时候，我给她讲了几个农村故事。她听了很感兴趣，鼓励我写下来，这才有了几篇'梦庄记事'。"今天想来，其实当年他给我讲述那些故事时，对"梦庄记事系列"已是胸有成竹了。而让我永远怀念的，是与这样的文坛兄长那些不可再现的清正、有趣、纯粹、自然的文学"闲谈"。在二十一世纪的当下，这尤其难得。

一些文学同行也曾感慨为什么贾大山的小说没能引起持续的应有的注意？可贾大山仿佛不太看重文坛对他的注意与否。河北省曾经专门为他召开过作品讨论会，但是他却没参加。问他为什么，他说"多一事不如少一事"。小说发表时他也不在乎大报名刊，写了小说压在褥子底下，谁要就由谁拿去。他告诉我说："这褥子底下经常压着几篇，高兴了就隔着褥子想想，想好了抽出来再改。"在贾大山看来，似乎隔着褥子比面对稿纸更能引发他的思路。隔着褥子好像他的生活能够沉淀得更久远、更凝练、更明晰。隔着褥子去思想还能使他把小说越改越短。这让我想起了不知是谁的名句："请原谅我把信写得这么冗长，因为我没有时间写得简短。"

写得短的确需要时间需要功夫，需要世故到极点的天真，需要死不改悔地守住你的褥子底下（独守寂寞），需要坦然面对长久的不被注意。贾大山发表过五十多篇小说，生前没有出版过一本小说集，在二十世纪九十年代已不能说是当红作家。但他却不断被外省文友们打听询问。在"各领风骚数十天"的当今文坛，这种不断地被打听已经证明了贾大山作品留给人的印象之深。他一直住在正定城内，一生只去过北京、保定、石家庄、太原。一九九三年到北戴河开会才第一次——也是惟一一次看见了海。北戴河之后的两年里，我没有再见贾大山。

　　一九九五年秋天，得知大山生了重病，我去正定看他。路上想着，大山不会有太重的病。他家庭幸福，生活规律，深居简出，善以待人，他这样的人何以会生重病？当我在这个秋天见到他时，他已是食道癌（前期）手术后的大山了。他形容憔悴，白发很长，蜷缩在床上，声音暗哑且不停地咳嗽。疾病改变了他的形象，他这时的样子会使任何一个熟识从前的他的人难过。只有他的眼睛依然如故，那是一双能洞察世事的眼：狭长的，明亮的。正是这双闪着超常光亮的眼使贾大山不同于一般的重病者，它鼓舞大山自己，也让他的朋友们看到一些希望。那天我的不期而至使大山感到高兴，他尽可能显得轻快地从床上坐起来跟我说话，并掀开夹被让我看他那骤然消瘦的小腿——"跟狗腿一样啊"，他说，他到这时也没忘幽默。我说了些鼓励他安心养病的话，他也流露了许多对健康的渴望。看得出这种渴望非常强烈，致使我觉得自己的劝慰是如此苍白，因为我没有像大山这样痛苦地病过，我其实不知道什么叫健康。

　　一九九六年夏天，蒋子龙应邀来石家庄参加一个作品讨论会，当我问及他想看望哪些朋友时，蒋子龙希望我能陪他去看贾大山，他们是中国作协文讲所的同学。是个雨天，我又一次来到正定。蒋子龙的到来使大山显得兴奋，他们聊文讲所的同学，也聊文坛近事。我从旁观察贾大山，感觉他形容依然憔悴，身体更加瘦弱。但我却真心实意地说着假话，说着看上去他比上次好得多。病人是需要鼓励的，这一日，大山不仅下床踱步，竟然还唱了一段京剧给蒋子龙。他强打着精神谈笑风生，他说到对自己所在单位县政协的种种满意——我用多贵的药人家也不吝惜，什么时候要上医院，一个电话打过去，小车就开到楼门口来等。他很知足，言语中又暗暗透着过意不去。他不忍耽误我们的时间，似又怕我们立刻离去。他说你们一来我就能忘记一会儿肚子疼；你们一走，这肚子就疼起来没完了。如果那时癌细胞已经在他体内扩散，我们该能猜出他要用多大毅力才能忍住那难以言表的疼痛。我们告辞时他坚持下楼送我们。他显然力不从心，却又分明靠了不容置疑的信念使步态得以轻捷。他仿佛以此告诉人们，放心吧，我能熬过去。

　　贾大山是自尊的，我知道在他生命的最后时刻，当着外人他一直保持着应有的尊严和分寸。小梅嫂子（大山夫人）告诉我，只有背着人，他才会为自己这迟迟不好的病体焦急万分地打自己的耳光，也擂床。

一九九七年二月三日（农历腊月二十六），是我最后一次见到贾大山。经过石家庄和北京两所医院的确诊，癌细胞已扩散至大山的肝脏、胰脏和腹腔。大山躺在县医院的病床上，像每次一样，见到我们立即挣扎着从床上坐起来。这时的大山已瘦得不成样子，他的病态使我失去了再劝他安心养病的勇气。以大山审时度势的聪慧，对自己的一切他似亦明白。于是我们不再说病，只不着边际地说世态和人情。有两件事给我留下深刻的印象，一件是大山讲起某位他认识的官员晚上出去打麻将，说是两里地的路程也要乘小车去。打一整夜，就让司机在门口等一整夜。大山说："你就是骑着个驴去打麻将，也得喂驴吃几口草吧，何况司机是个人呢！"说这话时他挥手伸出食指和中指指着一个什么地方，义愤非常。我未曾想到，一个病到如此的人，还能对一件与他无关的事如此认真。可谁又敢说这事真的与他无关呢？作为作家的贾大山，正是这种充满着正义感和人性尊严的情感不断成就着他的创作。他的疾恶如仇和清正廉洁，在生他养他的正定城有口皆碑。我不禁想起几年前那个健康、幽默、出口成章的贾大山，他曾经告诉我们，有一回，大约在他当县文化局局长的时候，局里的话务员接到电话通知他去开一个会，还问他开那么多会真有用的有多少，有些会就是花国家的钱吃吃喝喝。贾大山回答说这叫"酒肉穿肠过，工农留心中"。他是在告诫自己酒肉穿肠过的时候别忘了心中留住百姓呢，还是讥讽自己酒肉穿肠过的时候百姓怎还会在心中留呢？也许告诫、讥讽兼而有之，不经意间透着沉重，正好比他的有些小说。

一九九七年二月三日，与大山的最后一次见面，还听他讲起另一件事：几个陌生的中学生曾经在病房门口探望他。他说他们本是来医院看同学的，他们的同学做了阑尾炎手术，住在贾大山隔壁。那住院的同学问他们，你们知道我隔壁住着谁吗？住着作家贾大山。几个同学都在语文课本上读过贾大山的小说，就问我们能不能去看看他。这同学说他病得重，你们别打扰，就站在门口，从门上的小窗户往里看看吧。于是几个同学轮流凑到贾大山病房门前，隔着玻璃看望了他。这使大山心情很不平静，当他讲述这件事时，他的嗓音忽然不再喑哑，他的语气十分柔和。他不掩饰他的自豪和对此事的在意，他说："几个陌生的中学生能想到来看看我，这说明我的作品对人们还是有意义的，你说是不是？"他的这种自豪和在意使我忽然觉得，自一九九五年他生病以来，虽有远近不少同好亲友前来看望，但似乎没有谁能抵得上几个陌生的中学生那一次短暂的隔窗相望。寂寞多年的贾大山，仿佛只有从这几个陌生的孩子身上，才真信了他确有读者，他的作品的确没被遗忘。

一九九七年二月二十日（正月十四）大山离开了我们，他同疾病抗争到最后一刻。小梅嫂子说，他正是在最绝望的时候生出了比以往任何时候都大的希望，他甚至决心在春节过后再去北京治病。他的渴望其实不多，我想那该是倚仗健康的身体，用明净的心，写好的东西。如他自己所期望的："我不想再用文学图解政策，也不想用文学图解弗洛伊德或别的什么。我只想在我所熟悉的土地上，寻找一点天籁之声，自然之趣，以娱悦读者，充实自己。"虽然他已不再有这样的可能，但是观其一生，他其实一贯是这样做的。他这种难能可贵的"一贯"，使他留给文坛、留给读者的就不仅是独具气韵的小说，还有他那令人钦佩的品性：善意的，自尊的，谨慎的，正直的。他曾在一篇小说中借着主人公、一个鞋店掌柜的嘴说过："人也有字号，不能倒了字号。"文章至此，我想说，大山的作品不倒，他人品的字号也不倒。

贾大山作品所传递出的积极的道德秩序和优雅的文化价值，相信能让并不熟知他的读者心生欢悦，让始终惦念他的文学同好们长存敬意。

原载《人民日报》2014 年 2 月 18 日

一位法官的自白

梁晓声

我说："从一位退休了的老法官口中说出支持，在我这个作家听来，意义非同一般。"

他说："我的态度，我是指生病以后的我，当然跟你一致，跟老百姓一致啰。司法改革这种事，自上而下比自下而上给力多了。好比推磨，谁的双手在磨柄上，谁才能使磨转得快。搭不上手的人，只能在旁边干着急。"

确切地说，他是一位三年前退休了的法官；一位文学爱好者。八十年代写诗；九十年代写散文；2000年后开始写小说；出过几部作品集，多为自费。

在他的散文年代，我收到了他的一部分打印稿，二十余篇。他在附信中强调他是一位省会市法官；强调写作是他的主要业余爱好；强调寄给我的稿件是他即将正式出版的第一部散文集的一部分——希望我能为之作序。

他的希望是以请求的文字表达的。

那年的我就已为各种年龄各种职业的人写过不少序了。十之八九的他们是业余作者，却还没有法官请我写过序——至今他仍是唯一请我写序的法官。

法官而爱好文学写作，我认为我太有义务予以鼓励了。而且认为，爱好文学写作，有助于法官更人性化地依法判案，从而成为好法官。我的想法其实毫无根据，但当年的我确乎就是天真地那么想的。

一位法官笔下能写些什么内容什么风格的散文呢？

我怀着挺大的好奇心认真地读了他的每一篇散文。那些散文写到了亲情、友情、乡情；没有一篇涉及爱情，连别人的爱情也未涉及。亦有数篇是写景的，咏物的，唯美而不染人间烟火。总之，那些散文像许多业余作者的散文一样，篇篇皆是写一己情愫或情绪、情调的——大学里喜欢写散文的女学子，十之八九便是那么一种写法。

然而他的文笔不错。字里行间流淌的自我感动，分明是真情呈现。从他的散文中我拼出了他当年的人生图形——小我两岁，农家子弟，恢复高考的次年考上了省里的大学，毕业后法院招书记员，于是穿上了法院制服，三年后成了法官。当年中国缺法官，学中文的大学生成为法官不是什么稀奇事。

我虔诚地为他的第一部散文集写了序……

在他的小说年代，我又收到了他的中短篇小说稿，请我再次作序。那也是他正式出版的第一部小说集；这次他的请求，像是老朋友之间的请求了。

他的小说中有爱情了，而且写得颇大胆。当然，一看就是完全虚构的。也有各种欲望强烈的形形色色的他者了，但没有是法官的人物。

我也为他的小说集作了序。

这一次他在附信中留下了他家的电话。

我困惑地打电话问他——为什么笔下从没写到是法官的人物们的喜怒哀乐呢？散文属非虚构类文体，他不愿写不便写我理解。但小说是虚构类，是创作。他有生活，他熟悉是法官的人们，如果能写好一个是法官的人物多好啊！中国的小说作品中，特缺乏法官人物。

他在电话中说：不好写，太不好写了！万一同事们对号入座怎么办？万一领导问罪下来怎么办呢？我不能因为爱好写作就因小失大，自己砸自己的饭碗啊！……

听了他的话，换位思考，我也理解了。

他家的电话是自动存码的，于是他有了我家的电话号码。以后连续三四年，每逢春节，他都打电话拜年。后来，他的姓名在我头脑中渐无记忆了。

不久前的一日，我忽接到他的电话，说他人已在北京了，极想见我，语调很是亲近。

我试探地问："你还在原单位工作吗？……"

他说："我已经从法院退休了，被一家律师事务所聘去了，不必接案子。毕竟是老法官了呀，类似顾问的角色……"

我这才想起他是谁。

那几日北京雾霾严重。我说天气这么恶劣，你对北京又不熟，别折腾自己了吧。

他说他是来北京看病的，见我是他长久的心愿。

我问什么病？

他说是胰腺癌。

我说那你更不要来了呀，你的心愿我心领了。

他坚持想要见我一面。说北京有朋友，会开车送他。说特意给我带了一点儿地方特产，不送给我，不知拿那些东西怎么办才好……

我被感动了。

这是没法不被感动的。

像所有的癌症患者一样，他的脸很消瘦。头发刚染过不久，黑得失真。他在我家的木椅上坐得笔直，我想那是职业生涯养成的习惯。我自认为阅人无数，他使我觉得是一个坦诚和实在的人——

他指着两个礼品盒说："过期十几天了。是让儿子买的，估计买时没仔细看。那我也得拎来，没有物证，心意无凭呀。还是朋友发现的，吃的东西最要讲认真二字，变质了就扔哈，反正一盒才百八十元。"

他说自己一向身体蛮好的，是到了律师事务所之后，在一次答谢体检中才查出癌症的。

我问什么是答谢体检？

他说在一桩医患纠纷的官司中，他们律师事务所为医院打赢了官司，院长一高兴，就批示为他们全所律师在本医院进行了一次相当全面的免费体检。

"你看，事情竟成了这样！所里待我不薄，每月一万元给我开着，我还兼着一家私企的法律顾问，我在我们那儿是令人羡慕的。现在，我幸福指数很高的晚年发生了恶性突变……"

他的苦笑令我心生怜悯。

为了避免和他谈他的病，我转移话题，问他当年是一名中文学子，而且当年中文学子毕业后找工作挺容易，为什么会应聘去到法院当书记员？

他说当年谈好的，最长三年后就会转为法官。当然，转前要进修。

我张张嘴，将到了唇边的话咽回去了。

他问："你想问我后不后悔是吧？"

我点头。

他说："从没后悔过。如果我当年去到了什么出版社、杂志社，那现在才会后悔莫及。"

我说："的确，现在出版社、杂志社的日子都不好过，你当年很有远见。"

他说："倒也不是有远见，是与当年许多中文学子们的想法不同。我是农家子弟，我们农村人，最不待见搞文的了。省里的这个工作组那个工作组下到农村去考察、调研，也有主管文化和新闻出版的干部带队的时候，那下边的接待可就随便多了。但如果工作组里有公检法的人，还不必是带队的，接待可就大不一样了，哪一级也不敢怠慢。只那一身制服，先就使人敬畏三分。没敬也必有畏。当年我到了法院，第一次回农村探家，全村人一听说我在法院工作了，没有不夸我出息了的。我成为法官以后，虽然只不过是区法院的法官，再探家可就很有点儿衣锦还乡的意味了，村里的镇里的干部，主动来认识我。调到中级人民法院后，当法官的时间长了，有点儿老资格了，人脉广了，每次回家，县里的干部也得拿我当成人物，有的还派司机将车开到我家门口供我调遣呢！自从我成了法官，我家在当地就没再受过一次窝囊气。就拿拆迁这件事来说吧，开发商亲自登我家门，嘱咐说你家可千万别跟着闹。你家一跟着闹，事情复杂了。只要你家人不卷进去闹，一切单说，好说，肯定亏待不了你家的。我弟要在县城里摆个固定菜摊，我在省城几通电话打到县里，事情就搞定了。即使我退休以后，不论在省城还是在家乡，初次见面的人一听我说是从法院退休的，差不多都立刻来一句'以后请多关照'。当然，我接触的人民多官少。是官的，也是些小官。'法官'二字在民间太有含金量了。退休的老法官，含金量仍在。你可能不太了解，'公检法'三字，是指三方面机构，但在法律常识蒙昧的地区，特别是农村，'公检法'就是一家人。许多农村人根本不明白检察院是干什么的，却往往有这么一种错误理解——法官等于是穿法官服的公安人员似的，只要法院通知抓谁，那公安局是肯定照办的。我成了法官，我的小家，我农村的大家庭，都受益多多。我怎么会后悔呢？我一生最庆幸的就是这件事了！'"

我说："只要法院通知抓谁，放谁，公安局肯定照办，连我也是这么想的呀。"

他说："连你都是这么想的，证明中国人太缺乏司法常识了。法院的案件分民事与刑事两大类嘛。涉及刑事犯罪，法院与公安部门是相沟通、配合的关系。但这并不等于谁听谁的关系。有时公安部门将犯罪嫌疑人的罪证书通过检察院送到法院，要求判刑或重判，法院看后认为证据不足，是可以驳回的嘛。有时法院审过一桩案子，要求公安配合抓人，如果公安方面认为性质不够是刑事的而仍是民事的，那也可以说明公安方面的看法嘛。这些关系太专业了，因人因事而异，不是几句话说得清楚的，我可不在你家里给你上普法课，换个话题，换个话题！……"

我以请求的口吻说："我能和一位退休的老法官面对面请教些问题的机会太少了，这是第一次。你来都来了，就满足我的愿望，给我补补课吧。"

他笑了。不再是苦笑。笑得蛮灿烂。那灿烂的笑出现在他消瘦的脸上，像黑白电影闪回了几秒钟的彩色片断。

我问他当的是民庭法官还是刑庭法官？

他说基本当的是民庭法官。有一个时期转到了刑庭，才一年多就强烈要求回到民庭了。

我问为什么？

他矜持地笑，不想回答的样子。

我说："这也不是不便回答的问题呀。"

他说："还真挺不便回答的。不过呢，我都这样了，跟你实话实说也无妨。当民庭法官，好处多一些，收了关照钱，犯错误的几率也小。错也错不到哪儿去。刑庭法官就不同了，每有公安与检察院两方面介入，法官想起到关照作用很难的。非要关照的话，一旦东窗事发，那可就是大错误了。所以刑庭法官要比民庭法官谨慎得多。"

"民庭都是些一个巴掌拍不响的案子，审了一辈子就不烦？"

"怎么不烦啊！有时候太烦了！但即使是民事纠纷，闹到了法庭上，谁都想把官司打赢了。一个巴掌拍不响，那也有谁先举起巴掌的责任区分吧？各打五十大板只不过是种说法，打你四十五，打他五十五，意味着你赢了。心理上的赢也是赢啊。就算他占的理事实上多几分，但判决书的用词只要稍微往有利于你那边关照一下，他多占的那几分理就似有似无了。一般老百姓之间的官司，给法官塞钱的其实不多。他们在法律上争的往往是一口气。身为法官，关照哪一方点儿，也无非就是人情关照。比如本来你该道歉的事，我判个双方互相道歉，你心里最清楚那就是在面子上关照你了。哪怕你是卖鱼卖肉的，过后不送几条鱼几斤肉给我，那你太不懂事了吧？人情关照起码获得到感激。别人对法官的感激之心，某些时候对法官也是有用的啊。

但如果一般老百姓和官员的老板的名人的三亲六戚，或者直接和他们本人打起了官司，那么是官员的是老板的是名人的，如果想要获得法官的关照，暗地里必得意思意思吧？大点儿的官儿不太会直接和老百姓打起官司来，和老百姓打起官司来的经常是他们的三亲六戚。他们也不太会塞钱给法官，那双方都会不好意思。但他们如果托人捎话甚至亲自给法官打电话，面子总是要给的呀。给了大点儿的官儿面子，对方欠了你人情，那人情是有含金量的吧？如果是老板或老板们的三亲六戚被老百姓告上了法庭，不出点儿血的话，法官又干吗非予以关照呢？法官对惹上官司的老板们，一般是外冷内热的。为什么呢？因为即使他们被判刑了，出狱后可能还是老板，还是有钱人。关照他们是划得来的。如果是名人，尤其文艺界名人被老百姓告上了法庭，那几乎是每一位法官都乐于审的。那对于我们是很快乐的事。这样的事其实也不多，但主审法官确实会有快感。这时名人就要加倍小心了，如果给法官的印象不好，即使有理，往往也会被法官审得很屈辱。所以名人为了那点儿面子，往往也会托人过话'人情后补'。即使有这四个字在先，法官肯不肯关照，那也两说。确实有那类法官，会给官员面子，也愿意给有钱人面子，就是偏不给名人面子，还要通过名人官司自己也出名。名人惹上了官司碰上了那样的法官，那就只能怨自己倒霉了。"

"可是，法官关照一方，官司的另一方服吗？"

"那就看法官水平了呀。比如吧，张三李四是邻居，张三一向总欺负李四，哪天把李四惹火了，发狠打伤了张三，张三成了原告，还托上了关系，表达了物质性的'意思'。这种情况下，收了好处的法官往往会这么判，当庭告知李四，我现在审的就是你打了张三。你打了没有呢？确实打了。打人犯法，我要依法判你伤害罪。至于张三一向欺负你，那是另案。另案等你把张三告上法庭再说吧。法官将一桩案子分成两部分来判，是种智慧，并不犯错，而且判起来还简单顺利。如果李四也'意思'到了，那么法官会暗中关照李四，你可以反诉。如果李四既没有意思到，又缺乏法律常识，那么法官都不提醒你有反诉的权利。当然，这都是从前的内幕，现在有律师这一行，以上做法基本行不通了。你别急，我知道你想说什么？想说我们法官吃了原告吃被告是吧？这确实是难以否认的现象，但也确实主要是从前的现象。现在，特别是在大城市，基本上不太可能了。一方面是由于判案透明度加强了，另一方面是由于律师这一行太发达了，把从前我们法官的油水截流了。但是中国的法律留给法官的判决空间至今还是蛮大的，死缓和死刑这是多大的差别？10年刑期和五六年刑期差别也不小啊！海里的章鱼有种本事，也可以说太能耐了！十七八公斤的章鱼，那多大个儿呀，但是它能从直径一寸多点儿的洞口钻入钻出。中国的法官们犯事，往往正是因为对自己类似章鱼的能耐太自信了！"

"现在，中央加大推行司法改革的力度，对法官们会造成压力吗？"

"太会了呀！不瞒你说，不少法官都想脱下法官服去当律师了。有人二意思思的，在乎的基本就剩一条了；当法官毕竟捧的是金边铁饭碗。铁饭碗就不能不在乎了，何况还镶道金边呢！你看现在，又是责任制，又要出台什么引咎辞职、罢免制的，今后法官这只金边铁饭碗肯定不好捧了。还想徇私枉法的话，风险系数高了呀，章鱼本事曝光，不但碗掉了，人也栽了，那不就完了？"

我忍不住也直人快语地说："听你这话的意思，好像还挺怀旧嘛！"

"哈哈哈哈……"

他放声大笑。

一个患了癌症的人居然能那么响亮地笑，使我着实吃了一惊。

他笑罢，表情极其庄重地说："我不是怀旧，我是庆幸。司法改革力度加大了，步伐加快了，我不也退休了嘛！再怎么改，一点儿不关我的事儿了呀！咱俩都聊到这份上了，我干脆再坦率一点儿说，我当年判过的一些案子，也是经不起拿到阳光底下晒的呀！所幸都成往事了，而且咱也不是个贪人，从没狮子张大口过。收过钱物那是不假。一次收钱不多，答谢我一位民事法官的东西，那也不会贵重到哪儿去。某天我走人了，我的三亲六戚说不定也有惹上官司的时候。人不惹官司，官司还惹人呢！这是对谁都很可能的事。那时我也没法在另一个世界罩着他们了呀！所以呢，司法改革既然对老百姓有益，今后对我的三亲六戚也有益，他们也都是普通百姓嘛！"

我说："那么，你很支持啰？"

他问："我说支持，有什么意义吗？"

我说："从一位退休了的老法官口中说出支持，在我这个作家听来，意义非同一般。"

他说："我的态度，我是指生病以后的我，当然跟你一致，跟老百姓一致啰。司法改革这种事，自上而下比自下而上给力多了。好比推磨，谁的双手在磨柄上，谁才能使磨转得快。搭不上手的人，只能在旁边干着急。"

我说："你比喻得挺形象。"

"毕竟咱也是文学写作爱好者呀！"他孩子般地笑了。

那时他的样子很可爱。

他又问："知道我为什么跟你说了这么多做过法官的人不该说的话吗？"

我反问："为什么？"

他真诚地说:"一、因为我拎来的礼品过期了,我要挽回尴尬。二、因为我看出了你希望我跟你说说。三、你当年问我,为什么不写写司法界的事,我一直希望有机会当面告诉你,那些事的确不该是我来写的。现在我了此愿了。"

我也真诚地说:"在北京有了什么困难,只要是我力所能及……"

他打断地说:"停。点到为止,我谢了。可以肯定地告诉你,我麻烦不到你。怎么说我也是在省会城市当了三十多年法官的人,在北京那还是交下了几位朋友的,他们都欠我人情,也都愿意还我人情。"

我一时不知说什么好了。

他说:"你是作家,我登门拜访,咱们总得聊聊文学嘛!你对诺贝尔文学奖究竟怎么看?"

于是我们便聊起了文学……

我不但将他送出了家门,而且将他送到了街上,送到了车前。我很想看清一直在车里耐心等他的人,是他怎样的一位朋友,却没看清。他一坐入"宝马"车里,车立刻开走了……

2013 年 12 月 15 日

原载《光明日报》2014 年 1 月 10 日

新阳镇

雷 达

　　或许，从出生那一刻起，我就注定了与天水、兰州两地无法分割。我的母亲祖上是临夏人，实为兰州人，父亲却是天水人。我本人生于天水，一岁大点被父母带回兰州；从那时起直到1965年，一直在兰州，却不时往返于兰州和天水两地。

　　在外人看来，天水和兰州不都在甘肃吗，能有多大区别呢。其实，他们哪里知道，甘肃这块地方很怪，幅员辽阔，民族杂多，地貌错综，文化斑斓，是个至今也没得到真正广泛认可的神秘的文化大省。它在地图上呈长条状，有人说像一只哑铃，有人说像一只马靴，有人说像一条飞龙，它广大到41万平方公里，从兰州坐飞机到北京的距离，与在本省从兰州飞到敦煌的距离竟相差无几；至于各处文化的错杂更是难以尽述。所以，天水与兰州两地，文化的异质并不奇怪，无论就口音，习俗，历史，风气，艺术，性格倾向，精神气质而言，都有莫大的差别。我从小穿行于两种文化之中。天水给了我一个广大的精神空间。

　　我的家乡新阳镇就很值得一说。它距天水县城约六十华里，是渭河上游的几大古镇、名镇之一。我小时候它叫"沿河城",却并不见城墙,不知何以以城名之,现在的人早不知"沿河城"为何物了。南面壁立着凤凰山,似屏障,颇雄壮,也叫邽山,据说古时属上邽县管辖。我发现,天水农村的风俗情调与《白鹿原》或高建群《大平原》里的关中农村极为相近。原来,一切皆缘于一条伟大的河流——渭河。渭河发源于甘肃渭源的鸟鼠山,向东流过甘肃东部,到陕西的宝鸡出大散关,流过经无数岁月形成的八百里秦川,最后在潼关入了黄河,全长近900公里,乃黄河最大的支流。记得钱穆先生曾说,所谓农耕文明往往诞生于河谷地带或冲积平原。细审之,渭河流域农耕文化成熟之早,其发达绚烂程度,应在黄河与长江文化之上。新石器时代早期的大地湾文化,半坡文化,何能离得开浩浩渭水呢。

渭河从甘谷西端流进了新阳镇。它从胡家大湾和裴家峡的中间冲出来,绕过四嘴山脚,拧了一道大弯,硬是冲积出一片肥沃的河谷盆地新阳川;河水从谷地中间穿过,呈肘弯形,将镇子劈为西南和东北两半。再往东去,便是有名的卦台山了,伏羲画八卦的地方,属三阳川境,是又一处名镇。我出生那年,"五四"运动健将,清华大学校长罗家伦曾登上卦台山,发出过"智缘书契始,一画破鸿蒙"的赞叹。

与黄河的雄浑不同,渭河大多数时候显得比较温婉,连水鸟也眷顾这片美丽的地方。我小时,从冬到春的河滩上,总有灰颈鹤和白鹭鸶优雅安详地散着步,它们有长长的颈和细细的腿。少年的我极爱它们,有时大胆贴近到只几步远,都伸手可及了,它们却神态自若,并不惊飞。新阳川既分为西南与东北两片,集市在南面的温家集,我们居住在北岸王家庄、赵家庄一带的人要赶集,要买卖东西,或上天水县,就非得过渭河不可。秋冬至初春,渭河水瘦,人们就架起草桥,草桥柔软有弹性,独轮车滚过时,忽闪忽闪,发出轻轻的呻吟。一到盛夏,渭河会变脸,露出凶相,发大洪水后巨石躺满河滩,景象很是恐怖。平时虽也有渡船可渡人,但常翻船,淹死人。聪明的村人就想出一法,在河两岸各栽一大木桩,拴上铁环,在钢丝上系一大箩筐,一次可坐四五人,来回拉动,像土造缆车,大大方便了老人妇人和孩子。

在我的记忆里,广袤的河滩地种的全是高粱,每一株都像红脸蛋的女孩或英武的汉子,无边无际,血色深浓,随风摩挲出哗啦啦悠远闷暗的声响，好像里面藏着无限的秘密。看电影《红高粱》野合的那片高粱地，心想，比起我老家的，真不算什么。高粱在我家叫"秫秫"，是主食。"秫秫"吃起来酸涩，不好消化，据说因为产量高，乡人一直在种它，吃它。只有过年时，高粱才有点可亲，用高粱酿的"稠酒"很好喝，装在一粗而高的瓷罐里，下方凿个嘴儿，形如小孩的"牛牛"，一拔就撒尿似的冒出来。我一觉好玩，二觉好喝，喝起来没够，几次醉倒。我平生喝白酒没醉过，若说醉，也只醉在这稠酒上。

我至今惊讶于家乡灌溉系统的巧妙和复杂。它不用人力、畜力、电力，只充分借用水力。先是沿渭河边开出多条大渠，引入河滩，渠水宽阔，湍急，利用高低落差，每隔一段就现出一座磨坊，河水激溅得大小木轮飞旋，带动磨坊里各种石磨呼隆隆地转。小时的我会盯着水磨一动不动，听水声喧嚣，看浪花狰狞。四岁时，热衷观赏水磨的我，终于滑入了水渠；人进入磨道，不但必死，还得血肉横飞，但我幸运地被人救起了，成为乡间一佳话。对牲口我也好奇得很，曾钻到骡子身底下，遭一蹄擦过额头，血流满面，后仅留一疤。雷家巷道的老人们只要一提起我，必会津津乐道这些。

我更忘不了老家纺织的风尚。几乎每家都有一台土织布机。人坐在高凳上，踩踏机子，一高一低的，手则不停地抛掷着梭子，发出咔嗒—呱嗒—夸嗒的声音，响遍了巷道的上空，一直响到深夜，甚至鸡叫天明。这是故乡特有的乐章。解放前布是缺货，洋布尤缺，农民只能穿自制的土布。新阳镇历来自产棉花，手工纺织业便兴盛，据说一副脚踏织布土机弄好了可养活五口之家。但要把带籽的棉花织成一匹匹布，得经过"取籽"，再将"生花"变成"熟花"，中间有八九道工序，难极矣。我家墙头就挂着一张大弓，弹花用的。织布机对我来说是神秘的，我常想那深深的农家院里，织布的人是谁，什么模样？后来走亲戚才发现，大多是些年轻的小媳妇，见来客人了，她们会走下织机，腼腆地默立一侧，她们清澈、忧郁的眸子是我终生难忘的。那也许是渭河流域一种特有的古典的美吧。

在我看来，我的乡亲们是些最有文化的人。这些平日的泥腿子、庄稼汉，扛长活的，一到大年初一早晨，一个个从门楣上刻着"耕读第""诗书传家""仁义孝悌"匾额的院子里走出来，大都换上干净的长袍，彬彬有礼，表情肃穆，背着手儿，缓缓地鱼贯登上四嘴山的家庙，去敬香祈福。我在他们脸上看到了对祖先、对传统的无比虔诚和敬畏。有些人的发型很怪，前半部脑壳剃得精光，后半部却蓄满长发。这是否晚清时代的一种孑遗？康有为、梁启超似乎就留过这种头。我一见就想笑又不敢笑。这种发型，在我印象里，直到"大跃进"时才不见了。新阳人的方言也独特有趣，把奶奶叫"婆"，把爸爸叫"达达"，把你的叫"牛的"，把我的叫"敖的"，把舅妈叫"妗子"，把最小的叔叔叫"碎爸"，等等。家乡人除了勤于农耕，就是渴望孩子成为读书人，尤重视书法字画；看一个孩子读书好坏，先看毛笔字写得如何。外地公干的人一旦返乡，立刻就会有人手持宣纸登门来求"墨宝"。我毛笔字不行，这成了我多年来怕回老家的潜在原因之一。正因文风之盛，小小的新阳镇，出了不少人物，例如黄埔一期出身、曾任国民党甘肃省主席的著名起义将领王治岐，著名文史大家霍松林，资深国画家郭克，还有近年颇为活跃的著名宗教家、中国道教学会会长任法融——他是凤凰山席家寨子的，也可算新阳人吧。

登上四嘴山顶，新阳全境尽收眼底。渭水萦绕，山风呼啸，城墙逶迤，枯草颤抖，天兰铁路风尘仆仆地穿山越岭而来，不由人遥想历史。人们首先得拜黑爷。黑爷是雷氏宗族的偶像，史载黑爷名叫雷王保，生于西晋陇西郡，后为东晋有名的廉臣，其后裔多落脚于秦州。另一条史述似更切近现代，言六百多年前，1379 年即明洪武 12 年，王家庄尚属未开垦的处女地，植被茂盛，鸟兽成群，秦州守将雷时清的次子雷彬携眷属到此，为最早的拓荒者，他又招来外甥王世清共同垦荒，此地遂起名雷王庄。我查了书，洪武 12 年正是颁布"大明律"的年头，朱元璋残酷的高压政治达于顶点，雷彬的"避世"无疑是明智的。再后来，修起了四嘴山城堡，并建雷氏宗祠，供奉黑爷。清康熙初城堡扩建为庆寿寺。今天它已是闻名遐迩的大寺观了。

我摸着垛口坚硬如铁的老城砖问，这"方孔"何用，乡人说是防土匪的，能向下发射土枪炮，当年抵挡过"白狼"。谁是白狼抑或白朗，我真不知。老人们说的最多的，是 1935 年 8 月 9 日，红 25 军徐海东、程子华部在长征中渡过渭水，驻扎于我王家庄、赵家庄的事迹。据 92 岁的王纯业先生给我的信中说，那天正逢集日，在办庙会，唱秦腔；因先前墙上多刷"红军可怕""共产共妻"之类标语，大军忽至，群众惊得目瞪口呆。但大军秩序井然，群众并未惊逃，戏照唱不误。大军在河边磨工们的帮助下安然渡过河。首长给每个磨工赠送了中药两丸，说是治感冒和肠胃病有奇效。晚饭部队入各农家，凡取用百姓瓜菜、面粉、油盐者，必放置铜元、银元、红白糖、茶叶等物补偿，超过了市值。那天红军独未进国民党 119 军军长王治岐的家。程子华与王治岐在黄埔军校同过宿舍，八十年代两人在黄埔校友会上见了面。王说，"当年何不进我家院子"？程说，"你家土坯房破破烂烂，战士不愿进啊"。二人遂拊掌大笑。

1950 年冬，解放军西北野战军某部进驻新阳镇，后又撤出。我当时虽只六岁，记忆清楚。团部设在阎家场，连部就设在我家。解放军改善伙食爱吃粗粮饺子，用木桶装，每次总不忘用马勺给我盛上一碗。但春节之夜却出了大事：那晚军民联欢，院子里吊着汽灯，军队演一活报剧，剧情高潮时，"革命者"要用枪"打死叛徒"。谁知那天枪里有真子弹，砰的一声，对方真的被打死了。当时一片混乱。死者被用门板抬向团部急救未果，而开枪者当即被控制起来，就关押在我家的小耳房里，日夜有人看守。第二天，被打死的那位文化教员，装了棺材，在广场隆重举行了追悼会；而那个开枪的人，一周后在山根下被枪毙了，定性为故意杀人。这支部队的老战士们，料应记得这一段公案。

对新阳镇而言，最欢腾的日子莫过于 1951 至 1953 年修筑天兰铁路了。因"新阳火车站"定位在王家庄，筑路大军便驻扎在王家庄、赵家庄周围，全是帐篷与板房。一时，天南海北口音的铁路员工涌进小镇，约三千人的大自然村王家庄也骚动起来了，整个村庄像过节般兴奋。小贩们的数量激增，而打扮入时的姑娘们常常在工棚附近勾肩搭背，嬉笑追逐，深夜不散。当时，开凿安林山隧道是一场大仗，硬仗，牺牲过多人，终于成功了。"试通车"的那一刻是终生难忘的，男女老幼全跟随着火车跑啊跑，一个个跑得喘不上气，有人跑掉了鞋，直追到火车钻进隧洞。那时，"铁路上的人"，是穿四个兜儿制服，别钢笔，戴手表，用多节长手电筒向夜空中扫射的人，令人艳羡。嫁给铁路工人，也成了农村姑娘改变命运的契机。依我看，天兰铁路的修通固然是西部工业化的前奏曲，但在某种意义上也是爱情的胜利。甘谷女子，天水女子，成为铁路眷属者最多。

　　我的心就是这样随着记忆之舟滑翔着，起伏着。像这样的趣事我还能想起不少。小时，在阎家场的戏台下，因我说的是兰州话，村里孩子用好奇的眼光看我，齐声有节奏地喊"兰州娃""兰州娃"，视我为"怪物"，想接近又不敢，便互相推搡着想挤倒我。可我很快学会了天水话，隔阂渐消。我的家族有个不成文的规定，那就是不管其他人回老家否，我是必须要在寒暑假回来的。那是当年我婆（奶奶）规定的。因为我哥是哑巴，残废人，我成了雷家惟一靠得住的继承人。老家的生产队居然同意给了我一份自留地，直到我大学毕业北上，才注销了。何能如此，我至今不解。不过，比起许多趣事来，最难忘的还是人。单从自然条件来看，或以为新阳镇很富庶，其实，这是错觉，这里地少人多，资源有限，仅靠传统农业维持着，低收入，高消费，以至近几十年来，人们一直在和贫穷作斗争。

　　我们的家，就出了一位顶门立户的女人，那就是我的大嫂谢巧娣。大嫂娘家是最贫困山区蚰蜒嘴的，为了糊口，她嫁来我家，做了聋哑人的妻子。因我的同父异母大哥雷嗜学是聋哑人，只会老实耕田。大嫂先是做童养媳，经历雷家老人先后谢世，逐渐成为家庭掌门人。她是六个孩子的母亲，为人刚强，泼辣，能吃苦，敢踢敢咬，不畏强势，护得住家里的那点财产，使一切觊觎者惧怕。

　　大嫂对我却爱护备至，她大我二十来岁，对我的感情近乎母爱。大嫂一心想把我这惟一的小叔子彻底"天水化"。我少年时候，她就想着给我包办婚姻，每到寒暑假，强拉我去"相亲"，我眼睛近视，根本没看清什么，敷衍而已。所以总是失败。嫂子似乎不明白，我是只能生活在兰州的，一切都属无用。

　　三年困难时期，我在省城饿得受不了，偷偷跑回新阳镇，其时满目荒凉，炊烟断绝，时见浮肿者卧倒路边，饿死的人很多；大嫂也饿得面色发绿，脱形了，却不顾几个儿女的哭闹，给我烙了高粱面馍。我看见，为了一家人活命，大嫂在拼命织布，并在山下开荒。那时扒火车，跑陕西，或下武山，用土布去换点粮票或粮食是一条重要的活命之路，但危险，东西常被没收，遭毒打，被轰下火车。我亲眼看到的一幕是：半夜，大嫂一层一层地往自己身上缠土布，缠到最大限度，人呈庞大圆锥体，头都不能转侧，下蹲更难，然后用衣衫裹好，挪着身子去扒火车。我无法想象，当时是数九寒天，她纵然躲过检查，该到哪里，该怎样卸下身上的布？她是一个年轻的女人啊。一次在陕西，她用土布和一件旧皮袄换得一些粮票和一小袋面。不料这家人忽然要她留下来当"女人"。嫂子哭着说，我家有哑巴男人和快饿死的儿女呀，陕人却不放；其人与嫂子在土坑上"相持"了很久，实为一场搏斗，陕人竟不敌。嫂子趁势扛起面袋夺门而逃，不顾恶狗追咬，连夜扒上运煤的货车。下车时人乌黑得与煤炭无异，当然也就躲过了检查。嫂子说，她再也想不起那是陕西的啥站啥地方了。

1966年春天，甘肃农村搞起了极左式"社教"，我家的中农成分忽被"补划"为富农（77年又平反），平生好强的大嫂可吃苦头了。这个最穷苦的贫农女儿、童养媳，不得不顶起"富农婆"的帽子。她经常被扭去游街，干苦活累活，半夜也不让回家。后来才有所松动。我回去过一次。让我看不懂的却是，每次游街后，嫂子扔掉绳索木牌，抹去伤痕污渍，赶紧升火做饭，还说说笑笑，像没事人一样，与城里牛鬼蛇神的愁苦状迥然不同。我更看不懂的是，村人并不嫌弃大嫂，每天来家问事者、聊天者、托她介绍婚姻者仍不少。我甚至觉得她这个四类分子威信不低。

大嫂就是这样一个伟大的女性。她对我无私的爱是我一生难忘的。是的，她只是一个微贱的农妇，但她从不胆小、怕事、忍辱、畏缩，在她的身上有一种永远打不倒的精神。这就是我特别想说出来的感受。多少年来，每当我遇到逆境、挫折，或自认受了委屈，或无端烦躁时，就会想起新阳镇，想起大嫂，会慢慢"凉"下来。我也许还会自嘲：什么级别，什么头衔，什么专家，你不就是大西北来的一个傻小子吗？

1991 年老家来信说，嫂子病重，是肺气肿；92 年冬天，她走了。接到电报时已办完丧事，我没能也无法回去。她埋在哪里，我也不知道。想不到我们之间就这样阴阳两隔了。其时，她的孩子星散各地。她一走，雷家就完全衰落了。听说我家的老院变成了空院，蒿草长得比人还高，狐兔出没，正房塌了，门楼也快倒了。据说现在这样的空院在老家正复不少。我曾在梦中惊醒过，回想梦中的大嫂，她还是绾着老式发髻，穿一件斜襟的青布褂子，还是一张高颧骨的脸，一双火辣辣的眼睛在闪亮，抿着倔强的嘴角。

我已很久很久没有回老家了。听说河滩地早不种高粱了，也不种小麦，而是清一色地改种杏子、苹果和葡萄，传统的农民早就转型为新式的果农了。其中"红跃杏"和"花牛苹果"是名牌，但仍然卖不上好价钱。我最喜欢的水磨坊早消失了，因为它赶不上电动磨面机先进，现代化的粮库也不需要它。至于老式的手动织布机，只能到博物馆去找它们的踪影了。渭河依然滔滔不息，却再也没有草桥、铁索土缆车和老渡船了，钢筋水泥大桥把南北变为坦途。

新阳，新阳，我真的该回去了；可真的回去，我该住在哪里？

原载《作家》2014 年第 4 期

祝福草原

王巨才

去草原的路上，我问司机包叔到牧民家有什么禁忌，包叔说你尽管放心，草原人民热情好客，把每一位客人都看作尊贵的朋友，无论到哪里，都会受到善意接纳，真诚款待。

包叔，名包虎，蒙古族，市文联资格最老的工作人员，同事都称他包哥，或包叔，人缘特好。

早晨从海拉尔出发，朝鄂温克旗方向南行，半个小时后汽车拐进左手一处开阔的豁口，眼前猛然展开一片舒缓起伏、青翠耀目的草地。草地最高处，一座巨型敖包插满柳枝和五颜六色的哈达，在蔚蓝天幕衬托下，格外鲜艳，庄严，祥和。这是巴彦和硕草地，鄂温克民众拜天朝圣的地方，每年都会举行隆重的祭祀仪式，举办盛大的那达慕大会。又因是影片《草原上的人们》外景拍摄地，一曲《敖包相会》名扬四海，现在已是来呼伦贝尔必至的景区。

按民族礼仪祭祀过后，站在敖包近旁放眼四望，白云悠悠，碧草连天，心底蓦然涌起莫名的感动。那醉人的草色嫩绿嫩绿，从脚下蔓延开来，无远弗届，恣意晕染，一直铺排到四围的天际线上，弥漫在恍然若梦的胸臆间和意象中。真不知用什么样的词语来形容这浩瀚的绿色！也许沈从文是对的，当年他躺在山地上，面对一片绿色，就曾感叹："企图用充满历史霉斑的文字来写它时，竟是完全的徒劳。"而我此时，搜索枯肠，反复联想，也只能将这绿意盎然的大地比喻为一张巨幅的画板，因为在我的视野中，一条亮晶晶的河水正从天边蜿蜒而来。这河水弯弯曲曲，宁静而温顺，如同远古人类留给草原的一条哈达，祈福苍生，寄意悠远；又像某位云间书画大师的神来之笔，收放自如，奥秘无穷。包叔说，那是伊敏河，由此向北流去，与海拉尔河汇合，再一路绕行，汇入额尔古纳河，我们的行程中，随时都会看到它的身影。

时近正午，预定时间早过，但人们的灵魂都像融化在这圣洁澄明的环境里，意识"断片"，失去时空感。经一再招唤，正欲启步，山梁背后忽然传来一串悠长的牧歌，歌声浑厚而低沉，苍茫而忧伤，静静听来，怅惘的情绪，直欲让人心魂震颤。我揣想，那一定是一位孤独的牧人马背上的吟唱。包叔说，这其实是一首古老的蒙古歌曲，是年老的阿爸唱给远嫁的女儿的，也可能是小伙子在思念他曾经的恋人，大意是：

> ……岸上的骏马拖着缰绳，
> 美丽的姑娘诺恩吉雅，
> 出嫁到遥远的他乡……

说来不可思议，听着这回肠荡气的优美歌曲，我此时竟有一种强烈的跪拜的冲动——是为了这辽阔洁净的白云蓝天，碧水绿野，还是为了这马背上强悍而重情的民族，连我自己也说不清。我是第一次来呼伦贝尔啊，脑海里何以总是回旋着那句同样牵魂动魄的歌词：父亲的草原，母亲的河！

回到车上，包叔说，这才是开始，呼伦贝尔八万平方公里天然草场，三千多条河流，五百多座湖泊，三十多个民族，多姿多彩，越走越好看。

果如所言。这一路从海拉尔到满洲里，沿伊敏河和额尔古纳河穿行，西山森林公园，红花尔基林海，巴尔虎草原，额尔古纳湿地，留在脑子里的，满是"绿遍天涯"的记忆。最难忘的是扎赉诺尔的几处牧场，那才真叫"花的草原"。想想看，丝绒般油绿油绿的草地上，金黄的金针花，紫红的苜蓿花，窈窕的韭菜花，灵动的蝴蝶花，富丽的芍药，娇艳的山丹，星星点点，灿然夺目，微风过处，草偃花摇，芳香冲鼻——想想看，那会是一种什么样的景致！难怪人们冲出车门，纷纷四散开来，前奔后突，忽蹲忽站，咔咔咔愣是一通狂拍。包叔说，没花的草原还能叫草原！我在队里放牧时，每天清晨骑马跑一圈，露水打湿的裤腿上都会沾满花花绿绿的花粉，拍都拍不掉。

包叔插队的地方，是贝尔湖附近的一个嘎查（生产队）。贝尔湖与西北面的呼伦湖，像一双清澈的眼眸，亿万斯年，深情地仰望着辽远的苍穹，又像丰沛的母乳，世世代代，滋养着这方广袤草原的生灵万物。包叔插队时，与一户牧民家庭生活在一起，他对他们一往情深，至今谈起，语气里充满真挚的感戴之情。

包叔说，牧民是天生善良的，在他们眼里，一切生灵都像是弱者，都需要同情呵护。如果一个生病的或迷路的人寻上门来，这家主人绝对会拿出最好的吃食去招待，十天半月尽心尽力地去护理。"我有一口吃的，绝不让你饿着。"在他们看来，人家有了灾难你不去帮助，那还是人吗？如果那样，你在牧民们眼里就一钱不值。在草原上，常会听说有的家庭孩子成群，十几个的都有，其实，其中不少都是拣来或别人送来的。孩子的亲人殁了或病重，无力抚育，你不去收养，你的良心哪儿去了？无论亲生还是抱养，在温暖的牧民家庭都会得到一视同仁的疼爱，特别是那些慈蔼的额吉和大嫂，成天总是"可怜的孩子""可怜的宝贝"，一言一语，一个眼神一个表情，总在传递着发自内心的爱意。不只是孩子，即使是对那些幼小的羊羔、牛犊、马驹，也常不时搂在怀里，以同样的昵称去表达她们的爱怜。你稍加留意就会发现，草原的语系里从没有疾言厉色的恶言秽语。孩子有了过错，大人只需以稍高稍重的语气表示不快，便足以引起注意，从不会喝骂训斥的。

包叔说，生活在天无私覆、地无私载的天地里，草原民族永远是心地宽厚、心境澄明的。他们对给予他们无限恩惠的一草一木一山一水满怀崇敬与感戴，认为万物有灵，决不可毁伤与亵渎。牧民反感和抵触那些"征服""开垦""采挖"之类的字眼。一块草地，长生天留给人类，一旦毁坏无法复原，怎可随便开挖呢？一座山峰，那是神灵栖息之所，怎能征服得了呢？一条溪水河流，草原生命之源，怎可祸害污染呢？圣祖成吉思汗当年约束队伍时早有旨谕："临河撒尿者杀！"大人小孩从来敬畏有加。牧民虽逐水草而居，不断迁徙，但你去看看，那些搬迁过毡包的地方，从来是干干净净，绝不会留有垃圾余物和裸露的坑洼。即使是一棵树吧，每年成长期只有两三个月，要不是神的护佑，能长那么高那么大吗？那些路边的老榆树上为什么挂满哈达，那是牧民对神祇和先人的敬仰与感怀啊！

正应了那句名言："接近故乡就是接近万乐之源。"（海德格尔）来到曾经度过四年宝贵年华的第二故乡，包叔一直沉浸在温热的回忆与动情的言说中。他突然伸出右手拇指："只要同牧民一起生活过，不管北京知青还是天津知青，也不管他们遭遇如何，做人方面，绝对这个！"而他不会注意到，就在他翘起拇指的当间，我已是感动不已，热泪盈眶了。是的，这美丽的、绿色的草原，宁静的、和平的草原，充满神性的天堂般的草原啊，是最适于安妥灵魂、回归本源的地方，那怕只是如我这样的数日盘桓，也会教人澄心涤虑，神清气爽，焕发纯洁高远的生命气象！

巴尔扎克时代"天才的""独一无二"的女作家乔治·桑，病危时留给尘世的最后遗言是："请留下……一片绿色！"

托尔斯泰长眠在他的庄园里，林间的墓碑是一抔长方形土墩，上面长满绿茸茸的苔藓。

那么，就让我们还是像那位德国哲学家忠告的那样："学会严肃地对待那里原始单纯的生存吧！"因为"他们所需所想的是对其存在与自主的静谧生活的维系"。

祝福草原！

原载《人民文学》2014年第11期

带伤的重阳木

梁　衡

　　毛泽东有一首词，里面有一句："岁岁重阳，今又重阳。"今年重阳节刚过我就到湖南湘潭来看一棵树，树名重阳木。开始听到这个名字我还以为是当地人的俗称。后来一查才知道这就是它的学名。大戟科，重阳木属。产长江以南，根深树大，冠如伞盖，木质坚硬，抗风、抗污能力极强，常被乡民膜拜为树神。能以它为标志命名为一个属种，可见这是一种很正规、很典型的树。湘潭是毛泽东的家乡，也是彭德怀的家乡，我曾去过多次，而这次却是专门为了这棵树，为了这棵重阳木。

　　这棵重阳木长在湘潭县黄荆坪村外的一条河旁，河名流叶河，从上游的隐山流下来的。隐山是湖湘学派的发源地，南宋时胡安国在这里创办"碧泉书院"，后逐渐发展成一个著名学派，出了周敦颐、王船山、曾国藩、左宗棠等不少名人。现隐山范围内还有左宗棠故居、周敦颐的濂溪书堂等文化景点。这条河从山里流出，进入平原的人烟稠密地带后，就五里一渡，八里一桥，碧浪轻轻，水波映人。而每座桥旁都会有一两棵枝繁叶茂的大树，供人歇脚纳凉。我要找的这棵重阳木就在流叶桥旁，当地人叫它"元帅树"，和彭德怀元帅的一段逸事有关。

我们到达的时候已是午后，太阳西斜，远山在天边显出一个起伏的轮廓，深秋的田野上裸露着刚收割过的稻茬，垄间的秋菜在阳光下探出嫩绿的新叶。河边有农家新盖的屋舍，远处有冉冉的炊烟，四野茫茫，寥廓江天，目光所及，唯有这棵大树，十分高大，却又有一丝的孤独。这树出地之后，在两米多高处分为两股粗壮的主干，不即不离并行着一直向天空伸去，枝叶遮住了路边的半座楼房。由于岁月的浸蚀，树皮高低不平，树纹左右扭曲，如山川起伏，河流经地。我们想量一下它的周长，三个人走上前去伸开双臂，还是不能合拢。它伟岸的身躯有一种无可撼动的气势，而柔枝绿叶又披拂着，轻轻地垂下来，像是要亲吻大地。虽是深秋，树叶仍十分茂密，在斜阳中泛着粼粼的光。55年前，一个人们永远不会忘记的故事就发生在这棵树下。

1958年，那是共和国历史上的特殊年份，也是彭德怀心里最纠结不解的一年。还是在上年底，彭就发现报上出现了一个新名词——"大跃进"。他不以为然，说跃进是质变，就算产量增加也不能叫跃进呀。转过年，1958年的2月18日，彭为《解放军报》写祝贺春节的稿子，就把秘书拟的"大跃进"全改成了"大发展"。而事有凑巧，同天《人民日报》发表毛泽东修改过的社论却在讲"促进生产大跃进"。也许从这时起，彭的头脑里就埋下了一粒疑问的种子。3月中央下发的正式文件说："这是一个社会主义的生产大跃进和文化大跃进的运动。"接着中央在成都开会，毛泽东在会上的讲话意气风发、势如破竹。彭也被鼓舞得热血沸腾。5月北戴河会议通过《关于在农村建立人民公社的决议》，并要求各项工作大跃进，钢产量比上年要翻一番，彭也举手同意。会后的第二天他即到东北视察，很为沿途的跃进气氛所感动。他向部队讲话说："过去唱'起来，饥寒交迫的奴隶'，中国人民几千年饿肚子，今年解决了。今年钢产量1070万吨，明年2500万吨，'一天等于20年'，我是最近才相信这番话的。"10月他到甘肃视察，看到盲目搞大公社致使农民杀羊、杀驴，生产资料遭破坏，公社食堂大量浪费粮食，社员却吃不饱，又心生疑虑。回到北京，部队里有人要求成立公社，要求实行供给制。他说："这不行，部队是战斗组织，怎么能搞公社？不要把过去的军事共产主义

2014 民生散文选

和未来'各尽所能，按需分配'的共产主义分配混为一谈。"12月中央在武汉召开八届六中全会，说当年粮食产量已超万亿斤，彭说怕没有这么多吧，被人批评保守。他就这样在痛苦与疑惑中度过了1958年。

武汉会议一结束，彭没有回京，便到湖南做调查，他想家乡人总是能给他说些真话。湖南省委书记周小舟陪同调查，他介绍说全省建起5万个土高炉，能生火的不到一半，能出铁的更少。而为了炼铁，群众家里的铁锅都被收缴，大量砍伐树木，甚至拆房子、卸门窗。彭德怀没有住招待所，住在彭家围子自己的旧房子里。当天晚上乡亲们挤满了一屋子，七嘴八舌说社情。他最关心粮食产量的真假，听说有个生产队亩产过千斤，他立即同干部打着手电步行数里到田边察看。他蹲下身子拔起一蔸稻子，仔细数杆、数粒。他说："你们看，禾蔸这么小，杆子这么瘦，能上千斤？我小时种田，一亩500，就是好禾呢。"他听说公社铁厂炼出640吨铁，就去看现场，算细账，说为了这一点铁，动用了全社的劳力，稻谷烂在地里，还砍伐了山林，这不合算。他去看公社办的学校，这里也在搞军事化，从一年级开始就全部住校。寒冬季节，门窗没有玻璃，狮子大张口，冷风飕飕直往屋里灌。孩子们住上下层的大通铺，睡稻草，尿床，满屋臭气。食堂吃不饱，学生们面有菜色。他说："小学生军事化，化不得呀！没有妈妈照顾要生病的。快开笼放雀，都让他们回去吧。"当天学生们就都回了家，高兴得如遇大赦。彭总这次回乡住了两个晚上一个白天，看了农田、铁场、学校、食堂、敬老院。他用筷子挑挑食堂的菜，没有油水。摸摸老人的床，没有褥子，眉头皱成了一团。他说："这怎么行，共产主义狂热症，不顾群众的死活。"那天，他从黄荆坪出来看见一群人正围着一棵大树，正熙熙攘攘，原来又是在砍树。他走上前说："这么好的树，长成这个样子不容易啊。你们舍得砍掉它？让它留下来在这桥边给过路人遮点阴凉不好吗？"这时大树的齐根处已被斧子砍进一道深沟，青色的树皮向外翻卷，木质部已被剁出一个深窝，雪白的木楂飞满一地。而在桥的另一头，一棵大槐树已被放倒。他心里一阵难受，像是在战场上，看到了流血倒地的士兵，紧绷着嘴一句话也不说，便默默地上了车，接着前去韶山考察人民公社。周小舟见状连忙吩咐干部停止砍树。这天是1958年12月17日。

这个彭老总护树的故事，我大约三年前就已听说一直存在心里，这次才有缘到现场一看。这棵重阳木紧贴着石桥，桥边有一座房子，房主老人姓欧阳，当年他正在现场，讲述往事如在眼前。他印象最深的还是那句话：给老百姓留一点阴凉！我问那棵阻拦不及而被砍掉的古槐在什么位置，老人顺手往桥那边一指，桥外是路，路外是收割后的水田，一片空茫。我就去凭吊那座古桥，这是一座不知修于何年何月的老石桥，由于现代交通的发达，旁边早已另辟新路，它也被弃而不用，但石板仍还完好，桥正中留有一条独轮车辗出的深槽。石板经过无数脚步、车轮，还有岁月的打磨，光滑得像一面镜子，在夕阳中静静地沉思着。车辙里、栏杆底下簇拥着刚飘落的秋叶，这桥仍在不停地收藏着新的记忆。我蹲下身去，仔细察看树上当年留下的斧痕。这是一个方圆深浅都近一尺的树洞，可知那天彭总喝退刀斧时，这可怜的老树已被砍得有多深。我们知道，树木是通过表皮来输送营养和水分的，55年过去了，可以清晰地看到，树皮小心地裹护着树心，相濡以沫，一点一点地涂盖着木质上的斧痕，经年累月，这个洞在一圈一圈地缩小。现在虽已看不到裸露的伤口，但还是留下了一个凹陷着的碗口大的疤痕。疤痕成一个圆窝形，这令我想起在气象预告图上常见的海上风暴旋动的窝槽，又像是一个旧社会穷人卖身时被强按的红手印，似有风雨、哭喊、雷鸣回旋其中。55年的岁月也未能抚平它的伤痛。就像一只受伤的老虎，躲在山崖下独自舔着自己的伤口，这棵重阳木偎在石桥旁，靠树皮组织分泌的汁液，一滴一滴地填补着这个深可及骨的伤洞。我用手轻轻抚摸着洞口一圈圈干硬的树皮，摸着这些枯涩的皱褶，侧耳静听着历史的回声。

彭德怀湘潭调查之后，又回京忙他的军务。但"大跃进"的狂热，遍地冒烟的土高炉，田野里无人收割的稻谷、棉花，公社大食堂没有油水的饭菜，一幕一幕，在他的脑子里总是挥之不去。转过年，就是1959年，彭万没有想到这竟是他人生的转折之年，也是中国共产党命运的转折之年。其时"大跃进"、人民公社造成的经济败象已逐渐显露出来，这年7月中央在庐山召开会议准备纠"左"，彭根据他的调查据实给毛泽东写了一封信。但这封信导致他被罢官。彭德怀生性刚正不阿，又极认真。他罢官后被安置在北京郊外一处荒废的院子里，就自己开荒、积肥、种地，要验证那些亩产千斤、万斤的神话。1961 年 12 月他再次向毛写信申请回乡调查。这又是一个寒冷的冬季，他回乡住了 56 天。经过 58 年的大砍伐，家乡举目四望，已几乎看不到一棵树。他对陪同人员说："你看山是光秃秃的，和尚脑壳没有毛。我二十三四岁时避难回家种田，推脚子车（独轮车）沿湘河到湘潭，一路树荫，都不用戴草帽。再长成以前那样的山林，恐怕要 50 年、80 年也不成。现在农民盖房想找根木料都难。"他一共写了 5 个调查报告，其中有一个是专门在黄荆坪集市调查木料的价格。回京后他给家乡寄来四大箱子树种，嘱咐要想尽法子多种树。他念念不忘栽树、护树，是因为这树连着百姓的命根子啊。他虽是戎马一生，在炮火硝烟中滚爬，却是爱绿如命。抗日战争中，八路军总部设在山西武乡。山里人穷，春天以榆钱（榆树花）为食。彭就在总部门口栽了一棵榆树，现在已有参天之高，老乡呼之为"彭总榆"，成了永久的纪念。1949 年，他率大军进军西北，驻于陕西白水县之仓颉庙外。庙中有"二龙戏珠"古柏一株。炊事班做饭无柴就爬上树将那颗"珠子"砍下来烧了火。彭严肃批评并当即亲笔书写命令一道："全体指战员均须切实保护文物古迹，严格禁止攀折树木，不得随意破坏。"现这命令还刻在树下的石头上。彭总不忘百姓，百姓也不忘彭总。他的冤案昭雪之后，这棵重阳木就被当地群众称为"元帅树"，年年祭奠，四时养护。我在树旁看到农民刚砌好的一口井，上面也刻了"元帅井"三个字。而树下还有一块石碑，辨认字迹，是 1998 年有一个企业来领养这棵树，国家林业局还为此正式发了文，并做了档案记录。那年的树龄是 490 年，树高 22 米，胸径 1.2 米。又 15 年过去了，这树已过 500 大寿，更加高大壮实。彭总又回到了湘潭大地，回到了人民群众之中。

因为当年回乡调查是周小舟陪同，他在庐山上又支持彭的意见，也被罚同罪。周也是湘潭人，他的故居离这棵重阳木只有二里地，我顺便又去拜谒。这是一座白墙黑瓦的小院，典型的湘中民居。周在这里度过了童年，后来到北方学习，参加革命，领导"一二·九"运动，极有才华。因为到延安汇报工作，被毛泽东看中，便留下当了一年的秘书。后又南下，直到任湖南省委书记。毛泽东本是十分欣赏他的，1956 年曾对他说："你已经不是小舟了，你成了承载几千万人的大船。"可惜他和彭德怀一样，也是为民请命不顾命的人。庐山会议后，他一下子从省委书记贬为一个公社副书记。但他还是尽自己所能保护百姓。在那个非常时期他的公社是最少饿肚子的。

　　看过这棵重阳木的当晚，我夜宿韶山，窗外就是毛泽东塑像广场，月光如水，"共产党最好，毛主席最亲"的老歌旋律在夜空中轻轻飘荡。我清理着白天的笔记和照片，很为毛未能听取彭、周的逆耳忠言而遗憾。现在毛、彭、周三人都早已作古。"岁岁重阳，今又重阳"，人们年复一年地讲述着重阳木的故事，三个战友和老乡却再也不能重聚。这棵重阳木却不管寒往暑来，风吹雨打，还在一圈一圈地画着自己的年轮。我想，随着岁月的流逝，中国大地上如果要寻找58、59那场灾难的活着的记忆，就只有这棵重阳木了，而且这记忆还在与日俱长，并随着尘埃的落定日见清晰，它是一部活着的史书。作为自然生命的树木却能为人类书写人文记录，这真是万物有灵，天人合一。它还会超出我们生命的十倍、百倍，继续书写下去。半个多世纪后，当人们再来树下凭吊时，也许那伤口已经平复，但总还会留下一个疤痕。树木无言，无论功过是非，它总是在默默地记录历史。正是：

　　　　元帅一怒为古树，喝断斧钺放生路。
　　　　忍看四野青烟起，农夫炼钢田禾枯。
　　　　谏书一封庐山去，烟云缈缈人不复。
　　　　唯留正气在人间，顶天立地重阳木。

2013 年 11 月 5 日记于湘潭

原载《人民日报》2014 年 1 月 22 日

等着我

倪　萍

录完《等着我》回到家已是夜里十点多，洗净了已经没有什么妆容的脸，又洗了个长长的澡，浑身轻松地躺下了。这才知道，在舞台上站了十个小时的我，其实已经挺累的了。可能全身心地把注意力放在了求助者身上，忘了自己的实际年龄，忘了好多年不曾拿起的这个话筒的分量。

"往前走，天就亮了"

很多人问我，为什么深更半夜又想起再次出山？深更半夜，这个词用得好！往不好里想是不合时宜，往好里猜是提醒我此举有风险。当然也有朋友鼓励："往前走，天就亮了。"

其实对于我来说，从天黑到天亮又复至天黑，已经好几个来回了。早就认定人生几乎谁也逃脱不了这条看似没有轨迹的轨道，只不过谁先黑谁先亮罢了。

我不想再拿起话筒是因为如今我的天黑、天亮不在这条轨迹上。再做个栏目，再上电视上生活一段儿，这不是我的梦想，或者说它不在我的计划之列。所以台里找我的时候，我一口回绝，回绝的理由是不到我这个年龄的人无法理解的。大众意义上的名和利都远远不能满足我们的内心渴求，这个渴求说大无限大，说小也无限小，大小都遵从自己内心真正的需求和愿望。什么都尝过了，什么都拥有了，你才知道什么是你想要的，什么是你能吞咽下的，什么是可以在你生命里再生的。仅仅年龄往上长，体重往肥里增，就只剩下个老。生命只是活着，长寿也仅是个数字，这是多么可怜又多么可惜啊！

遵从自己内心的有两种人。一种自恋，这没什么不好，别人怎么看已经不重要了，重要的是自己看重自己，于是就有了旁人的种种不理解。还有一种是太早太早就知道自己这一生要的是什么，只不过年轻的时候太朦胧，随着年纪的增大，要的东西越发清晰而已。于是出现了一个看上去很可怕的生命状态：想干吗干吗，不想干吗别硬撑着干吗；高兴干吗就干吗，不高兴干吗就不干吗。不为他人活着，只为自己活着。多么自私的一个人，倚老卖老；多么讨厌的一个人，装聋作哑。

很多时候我自己审视自己：一味地遵从自我，一味地放纵自己，到底是对是错？放纵到我妈这个岁数还有三十年，放纵到姥姥那个岁数还有近五十年。看着我妈，她是遵从自己而活吗？为了不让她血管拴住，我们无条件地宠着她。她说月季花好，我们公共的院里，前后左右都让她把花种满了。她说树好，最远跑到河北，黑更半夜地拉回七棵果树。儿子说："真好，前人栽树后人乘凉。"母亲说："错了，现在是谁想乘凉谁栽树去！"一副只为自己活着的架势。不对吗？有时看上去不对。我的助手小倩让我劝劝老太太："不能再买花了，第二个莱太花市马上就要在咱院里落成了。"七棵果树已经死了两棵了，不远的河北也去了好几趟了，可是我们谁都张不开这个嘴，因为眼看着母亲摆出了那副当家做主的样子。我们都说，这比上医院看病省钱多了。

遵从自己就是衣服越穿越肥，鞋越穿越软，不照镜子、不上秤称，进门和出门可以是一个人，越活越简单，好像这个世界只剩下你自己了，别人怎么看你，你都不在乎。舒服了一个人，难受了所有人。

成功者说什么都是对的，有资本了做什么都有理由。

今年4月18日，中国视协演员工作委员会颁发演员形象金榜，我和濮存昕分获演员公众形象的男女金榜，在台上致领奖词时我说："我不愿意获这个奖，谁能成为榜样啊？这压力太大了，天下哪有完美的人？

2014
民生
散文选

就说胖这事吧，本来这纯属个人的事，我这么大年纪了，也不出图像了，在家随便吃随便胖是个人的选择。但是因为做了个出名的职业，于是你就被各种与你不相关的人管着，说你胖了、难看了、老了，一片关心，一片担忧，有的干脆开骂了。你其实挺感动的，他们没有任何企图，不求任何回报，单纯得只剩下关注你、对你好，你还不领情，你是块石头？"这也是我不想再拿起话筒的一个原因吧，不想被众人管着，遵从自我。

真正意义上的遵从自我实际上不是放任。每个人的骨子里都是有底线的，这个底线谁都清楚。社会、家庭、团队，都是一张无形的网，纵横交错地网着你，你可以视而不见，却脱离不了它。

于是我在考虑了半个月后，决定接手《等着我》。

"内心没改变，只是形式改变了"

第一次走进新台演播厅的时候，我是摇摇晃晃的，那里像个迷宫一样让我不停地感叹今非昔比。想起当年我刚离开主持人岗位的时候，几家地方台的领导找我，希望我能去他们那儿做节目。不算年轻的我口吐狂言："你见哪个运动员打完国家队再打省队？"现如今省队的都在打国家队！这种变化是我那时无论如何想不到的。

而今阔别十年了，当教练都该换成第二拨了，我以什么样的胆量从深更半夜走向天亮？即使是姚明，十年后重回 NBA 能成为当年的姚明吗？

栏目很想为重新出山的我打造一番，智者也希望我全方位地收拾一下再出来。于是他们帮我设计了一系列的宣传计划，大有把我"炒爆"的架势——罢了罢了，亲爱的小同事们，这不是唯一的手段。我们踏踏实实地把节目做好，好馆子会有回头客的。你们努力打造我，能打造谁？能收拾到 18 岁？这很不靠谱。于是我卸下了所有的耳环、项链、手镯，放弃了华丽耀眼的衣服，简简单单、干干净净地出场了。

有记者说："你改变风格了，从前煽情的你现在平和从容了。"我说："内心没改变，只是形式改变了，因为环境不同了。同样的屋子里，你对着一百个人说话和对着一个人说话，语调能一样吗？"一个连环境都掌握不了的主持人是个不称职的主持人。

有人猜测《等着我》是为我量身打造的。哈，我哪有那么重要！平心而论，这样的栏目谁都可以来做主持人。这个栏目的主持人是个功能性特别强的主持人，他只需把求助者的情况问清楚，一步一步地往前推进就可以了。我这样的人在这样的栏目里是比较受限制的，用我的话说：可惜我这块木材了。

敢于再次拿起话筒，源于我内心的盲目自信，这也是我这些年来唯一的支撑点。这份自信来自我对人性本身充满的好奇和接纳，这个人性囊括了善与恶。感谢我的神经从不因为年老而麻木，相信美好、相信善良，在我自己的内心建立一个无比宽敞的家。这个家里收藏了很多宝，从古到今、从上到下，无所不有。在这里，我既可以强大，也可以弱小，无所不能，无所畏惧。不想要的可以随时抛弃，欣赏的可以遍地开花，游刃有余地做着这个家里的主人。在这个家里既没有父母，也没有爱人，没有孩子。虚幻吗？一点儿都不！是精神的，是心灵的。现实依旧存在，现实被精神套住了、雾化了、分裂了，于是你就从根本上是自由的了，这就是我目前真正的生活状态。

一个主持人，当你内心对这个社会、对社会中的人、对人性中最本质的东西有着基本的尊重和强烈的好奇时，你就不会一直说空话，你也就不会专拣那些华丽的词去涂抹自己，言不由衷是最可怕的。观众最聪明，你没有权利小看他们，他们听不听你说的话，是你做主。你说的是他们想听的话吗？想听的话可不一定都是哲学啊，有的时候是废话。

"不是我付出了，是我得到了"

《等着我》仅录了三回，我就知道了，在这个栏目里，不是我付出了，是我得到了。

有些朋友看了节目，说哭得稀里哗啦，劝我远离这样的苦难，显然是心疼我。

其实我不这么看。你上哪儿能找到这些苦难啊？谁会面对面地向你讲述人性的挣扎啊？体味别人的命运，等于你又活了几回。在他们面前，我学会了倾听，学会了分担、分享，这样日积月累下去，当我再拿起笔写字，再张开嘴说话，会咬文嚼字，会说空话、套话吗？灵魂的成长，

2014 民生 散文选

多数来自于苦难。

当然，栏目里的选题也是有快乐的。

我们曾经录制过这样一个选题。一个花样少女，在火车上爱上了对面中铺的一个男孩。十个小时的相处，他们只说了一句话："你吃苹果吗？""不吃。"她来求助《等着我》，想找到这个与她擦肩而过的男孩。

在讨论这个选题的时候，栏目组一部分人反对。这种求助有意义吗？茫茫人海，什么信息都没有，只知道这个男孩从武汉上车，在北京下车，怎么找？动用这么多人为她一个小女子的瞬间爱情去努力，我们提倡什么？纵容什么？

也有相当一部分人支持，理由也很充分：这就是生活嘛，这是大多数人的生活。干吗苦难就是大事，生离死别才值得帮助？很多人的梦想就是那么小，可对于一个个体来说，它就是天大的事。

我们接受了她的求助，决定为她寻找她的白马王子。我对这个选题充满了好奇。

舞台上，我终于见到了这个甜甜的美女，她像个小白兔，有些不好意思地站在众人面前，好像为自己的事麻烦大家而感到抱歉。一只不讨厌的小白兔，一个干干净净的"90后"。

"你上火车一看到他就断定爱上他了？"

小白兔笑了："差不多吧。"

"他和别的男孩子有什么不一样吗？"

小白兔又笑了："他长得像阮经天，他的皮肤和古天乐一样。"

我也笑了，爱做梦的小女孩。

"你这么勇敢，都敢上中央电视台来在全国人民面前寻找你的白马王子，为什么当时在火车上不跟他说喜欢他呢？"

小白兔脸红了："因为心里喜欢他，反而不敢说。但是我当时在火车上发'朋友圈'了，让他们帮我出出主意。"

"他们怎么说？"

"有的说，想办法把他电话号码要来，就说你电话找不到了，让他帮你拨个号码。还有的说，他不是在看书吗？你管他借书看。"

“你做了吗？”

“没。”

“夜里他睡了，我一直没睡，我在想怎么办。一直到他下了火车，我也没想出什么办法。”

“为什么决定来求助我们？将来节目播出了，不怕别人说你吗？”

“人生就是这样的，不怕没有遇到，就怕遇到后错过了。”

“哈，还有这样的理论支撑！”我心想，我要是你妈，肯定得说“我这闺女脸皮怎么这么厚啊”！

我不知道怎样面对这样的孩子，因为我也年轻过，也幼稚过，而今我又是一个母亲。我认真地跟她说：“你想过吗？万一我们帮你找到了这个男孩，但他已经有女朋友了，或者人家都是别人的老公了，也可能人家见了你却不喜欢你，你怎么办？”

“那我，我……”

小白兔大概没有这样的准备，笑眯眯的一脸幸福，不停地挪动双脚，充满了期待。

希望之门打开了，一家三口出现在大门之中。白马王子胸前挂着一个不足百天的婴儿，身边站着一个美丽的妻子。

小白兔傻了，我也傻了，全场的观众都傻了。只有一个人是清醒的，她就是白马王子的妻子。她很平静地向小白兔说了一句话：“对不起妹妹，我比你先到。”

全场大笑。

妻子说：“我们是大学同学，从恋爱到结婚已经十年了，今年刚有了宝宝，三个月了。”

小白兔彻底傻了。她一直笑着，低着头，是想找个地缝钻进去吗？

一家三口走了，台上只剩下小白兔和我，我拉起她的双手，看到泪珠在她眼眶里打转。

“咳，知道了吧？知道什么叫不靠谱了吧？”

泪珠落在了我的手上，我抱了抱她，盼望能给她一点母亲的抚慰。

回头梳理这个选题，尽管编导们费了很大的劲儿来帮这个求助者，但还是值得的。你不能说小白兔是错还是对，有的人生排列顺序可能是爱情第一，尤其是年轻人，这个选题具有一定的意义。生活吧，酸甜苦辣都应该有，小兔子还有各种颜色呢，小黑兔、小黄兔、小灰兔……当然，我叫她小白兔就是因为这姑娘很漂亮、很干净。

有时候我也把录过的故事原封不动地给我妈讲一遍，只有一个目的：亲娘啊，知足吧，别抱怨了！如果我们还在说什么苦难，那你不知道的那些人就不用活了！

就说说她吧，一个白头发、白眉毛、浑身上下都白成一片的白化病女孩，她一上台就把我震住了。

她说："我走在大街上，回头率比你们名人高，有一个男孩为了看我，头都撞到树上了。"她一米四几的个子，顿时就在你面前高大起来了。她说她清楚地记得父亲是怎样抛弃她的。

那时她已经7岁了，聪明的她已经知道自己生下来就和别的孩子不一样，也隐隐地感觉到父母对她和两个健康姐姐是多么不同。从那个时候开始，她心里就害怕家里人不要她，因为她除了长相另类，还闯过两起大祸。一是她和小朋友合伙把村里的草垛点着了，差点烧毁了邻家的房子；二是她领亲戚家妹妹在河岸上跑，结果好眼睛的妹妹掉到河里了，她自己眼睛看不清却留在了河岸上，结论是故意的——长得怪，心也坏。

她说父亲扔她的那一天对她很好，先问她想吃糖吗，她说想吃，父亲就领着她上村里的小卖部买了糖，然后领着她向村外走。走到镇上的一家小店又买了糖，继续领着她往人多的城里走。这回她紧紧地抓住父亲的衣服，害怕走丢。父亲被她扯着走了很远，最后他们停在一条小街道上，那是个路口。父亲说："你在这儿等着，我去给你买吃的。"父亲指着东，却走向了西。"我害怕，追上了父亲，这回我是死死地扯着父亲的衣角。不知为什么，父亲又领着我上了火车站，那是我第一次看见火车。那时候天黑了，我也饿了，父亲说给我买吃的去，就再也没回来。半夜警察把我带到了派出所，后来又把我送到了杭州福利院，我在那儿一待就是十几年。"我问她恨父母吗，她说不恨。"想找父母也不是为了让他们必须认我，我就是想告诉他们，他们的这个孩子不是那么糟糕。"小姑娘边说边晃荡着挂在胸前的那三枚特奥会奖牌。

震撼哪！一个清楚记着被亲生父母抛弃的孩子，心里没有仇恨，如此豁达！是基因吗？基因来自哪里？我心里酸酸的，我想告诉这个孩子：这不怨你，孩子，生来就是这样，你没有办法选择！有人原谅她的父母，说他们有不能承受的苦难；有人不原谅她的父母，说他们不配"父母"这两个字。我心里庆幸她的父母抛弃了她，使她有机会落在了杭州福利院。她在那儿有了家，读了书，有了一群像她一样被抛弃的兄弟姐妹，多好啊！她说要为我唱首《隐形的翅膀》，可她一张嘴我就哭了，一分多钟的歌，我哭得站不住。不是悲伤，是欢喜，是温暖，是力量。懂事的她看见我哭了，竟然在台上说："我抱抱你吧，倪萍阿姨！"强大的我被更强大的她融化了。

告诉她结果吧，这样的孩子还有什么不能承受的？

她的求助失败，我们并没有找到她的父母。本来这是一个我们最有信心成功的案例，因为它具备了所有能找到的条件。或许她父母不愿接受，或许再次抛弃了她，或许……不管是哪种，或许到达人性最深的地方你就能原谅她的父母了。解脱会有各种办法，我们无权去批评、审判她的父母，因为你不是她的父母。

站在台上听到这个结果的她还是有些失望。我离她很近，看着她似笑似哭的表情有些心痛，想问问她今后的打算。现场的赵忠祥老师建议她去主持一个励志的节目，因为她声音很美。我现场反对。谁愿意天天从电视上看到这么一个特殊的孩子？孩子本身也会受到伤害的。还是做幕后吧，我和小倩都可以帮她！在当地找一个广播时段，以心交心地和不想露面的听众建立热线。小倩是很好的配音演员，能给她提供节目，我可以定期给他们录点儿爆笑的段子。

孩子感动了，说："倪萍阿姨，我十几年前见过你，你不记得我了？"我不记得了。因为这样的孩子外表都差不多，真不记得了。一张照片出现在大屏幕上，啊，想起来了！十几年前，我去杭州福利院做好事来着，那个时候的她更矮。想起来了，使劲扯着我衣服的那个小白姑娘！天哪，我的心更不能平静了。

真的，录了三次节目，真没付出什么，全是获得。在这里获得的越多，成为一个好主持人的可能性就越大。

2014 民生 散文选

　　回到家里，依然放不下这个女孩。25 岁了，还没有对象，难找啊！给她画张画吧，小倩说不用太大。呸，小倩很像赵老师的女儿，抠门儿。我说不行，这两只鹤腿太长，纸小了画不开。

　　由衷地想为她画幅大画，画如果值钱，就更能帮她了。

　　等着我！

原载《光明日报》2014 年 5 月 9 日

恰同学少年

——一封应邀写给大学新生的信

王开岭

1

在我心目中，人生有两个季节最值得怀念和审美：一个是童年，一个是青春——尤以"大学"为标志的青春。它们是人生流程中最唯美的两栋时空，人生最诗意的元素、最烂漫和绮丽的风光都寄宿其中。不夸张地说，它们的生命美学含量，占去了人生一大半。

童年是懵懂的清晨，像沾露的牵牛花，枝条鲜嫩、柔软，充满汁液和梦幻。而青春则是朝阳时分了，用某个政治家的话说，是"八九点钟的太阳"。尤其种植在大学里的青春，更犹如黄金般的向日葵，不仅意味着激情、昂扬、蓬勃，更重要的，它是理想主义的代名词。

若赐我机会，让我在人生中选一个季节再来一遍，我会毫不犹豫地举起它：大学青春。

或许偏见吧，我一直觉得，"青春"，只有借大学这块领地才能演绎得淋漓尽致，其它舞台上的青春都是打折的。我说的"青春"，并非一个年龄符号，而是一种与"青春"匹配的生命状态和心灵风光：从自然性上讲，"青春"乃生命力最鲜活、最旺盛之时，就像一枚能量充沛到峰值的电池，前后都是减量的了；从精神性上看，"青春"是最心旌摇荡的季节，情感枝叶最茂密，梦想的天线架得最高，像夏日里的爬墙虎，疯长到一切可攀之处。而在我眼里，大学恰恰是"青春"的天堂，只有在校园如此纯粹和宁静的特区里，像"花样年华"之类的词，才能得到真正的孕育和演绎。

如此美好的时节，怎样才不辜负它呢？

作为一个驶过了车站的人，一个妄想将它再来一遍的人，有什么要对你们说呢？想来想去，聊几点值得珍惜的细节吧。因为，这些细节正愈发成为我——一个远离校园者——的羡慕与怀念。

2

珍惜"共栖"。

在我眼里，大学生活有一道迷人的风景线：同窗共栖。

无论教室、餐厅、宿舍、礼堂、操场、夜自习、林荫道……你都不是形单影只，你都和孤独无缘，你的前后左右都是同窗（仔细想想，"同窗"是多美的一记汉语！）……那种簇拥的热烈、被众多体温环绕着的感觉，那种平等而亲密的伙伴关系，那种无须周折即可缔结的友谊和情义……多年以后，置身成人社会后的某一天，你会突然发现，"单位""科室""同事""级别""职称""头衔"这些词的含义，比起"班级""宿舍""课堂""同窗""室友""闺蜜"们来不知复杂和深奥了多少倍，冷漠和乏味了多少倍！大学，它把你们的青春设定为天然的"连体"和"同盟"关系，它为每个人都预备了那么多的同伙，你们应学会感激、珍惜，因为它不复再来。多年后，当你站在大街的茫茫人海中、坐在自家的居室里，你会深情地怀念操场上的挥汗如雨、赢球后的举杯相庆、夜自习的灯火阑珊，还有寝室里那些小小的风暴；当那曲《同桌的你》或《睡在我上铺的兄弟》悠然飘来，你会隐隐动容，微笑或惆怅……

曾经，我所在的央视《社会记录》做过一期节目，用镜头记录了毕业前几所大学的日常生活，有一幕画面让我感动：2007年6月1日晚，北理工的操场上，几千名毕业生席地而坐，他们屏息静气，等待着某种诞生。对面宿舍楼的灯全熄了，很快，一间屋的灯亮了，一连串的屋亮了，操场开始沸腾，最后，夜色中浮现了五个灯火缀成的大字——"再见，北理工"！面对那些热泪盈眶的青春，我的心也湿了。我知道，这是青春的告别，这是大学的童话。为了这一声"再见"，他们用了13个楼层、几百间宿舍，所有人都参加了演出。再见了，朝夕相处的日子，同窗共栖的生活……他们用灯光完成了最后一次牵手和拥抱。

"同窗共栖"，这是大学送给你们的独家礼物，这是青春特有的生活图案和精神方阵。在我这个过路人眼里，它多像一片向日葵地，金黄、灿烂、碧绿、昂扬！好好守护，学会欣赏和迷恋吧。有报道说，现在一些大学生厌倦了宿舍，在外租房独居或与恋人同居，我听后有些黯然。说实话，我不认为这样做违反了什么纪律，我只觉得辜负了一份天然契约，辜负了生活的一份美意。要知道，你们有的是机会从伙伴们身边溜走，有的是光阴躲在格子里享受私密，那是你们今后几十年的状态，漫长的成人岁月等着你们，而"宿舍"的风景将不复再来，成为永远的绝唱。我不想指责谁，只是为你们提前与伙伴失散而遗憾，这是青春的隐痛，这是校园的损失。

某次，有人让我评价一下易中天们的"百家讲坛"，我说："它让千百万成年人又回到了教室，成为了'同学'。"这样说一点讥讽之意也没有，确是我对"百家讲坛"的观感。看电视时，我很留意现场"同学"的状态，尤其表情特写，你会看到，尚未开讲，那些大龄面孔、那些拿着小本子和钢笔的手指，就开始闪烁一种兴奋，无论台上讲得如何，那种幸福的光彩从未消失过……后来我明白了，这种坐在教室里的机会、这种饰演"同学"的体验，本身即很让成年人满足了。他们会想起什么呢？或许，会有一种恍惚，觉得自己又年轻了，又回到了济济一堂的青春……这算是一种"情景美学"吧。我想，对电视机前的观众来说，这种"回到教室"的幻觉也会有的。至少我有。

啰嗦了这么多，我只是想传递一个信息：珍惜你们最后的教室时光吧！珍惜你们被唤作"同学"的每个春天吧！多年后你将发现，那是青春最美的徽章和证件。

2014民生散文选

3

珍惜"阅读"。尤其缓慢的纸质阅读。

大学是领略知识和艺术的最佳时令，据我的体会，人生最重要的拓展阅读，都是在大学不知不觉完成的。尤其那些专业外的营养，文学、历史、艺术、哲学、宗教、科普、民俗……无形中，它们将撑起你心灵美学、精神理念和价值观之核心部分。在我看来，人的发展有二：智力和心性。智力是一辈子的事，心性更是一辈子的事，但心性有个特点，那就是它的奠基很重要，决定一生的走向，而大学就扮演了这个奠基角色，影响人一辈子的书多是大学里读的。步入社会后，劳务繁忙和俗事纠缠将大大剥夺一个人的精力，与书的缘分越来越淡，即使有暇，但心境已荒，搬弄的也多是快餐类和应用类读物。

在大学，我强烈推荐你们多做"纸质阅读"。我有个固执的己见：惟有纸做的才叫"书"。一旦离开了纸质，书的血肉和风骨即荡然无存，只剩一堆信息。这是个信息载体日益多元的时代，尤其对青春而言，网络传播、影视文化、数码产品有着巨大的时尚诱惑，我一点也不否认其魅力，我只是提醒：不要因此而轻慢了书籍！对现代人来说，书实实在在有被废掉的危险。

作为几千年的文明载体，书册承载着笔墨文化特有的美学细节，它会给你信息之外的许多东西：它有分量、体态、气质，它可拥、可携、可藏、可赠，又可圈可点、可展可掩，它是会呼吸和有灵性的，它染有每届主人的指纹和体温——属于"贴身文化"。人有人格、人品，书有书香、书魂，人与书之间那种肌肤相亲的偎依感、愉悦性，乃电脑远不及。在阅读情景和消费状态上，书与电子品截然不同：书是独立自足的系统，不像电脑需要复杂的配置和昂贵的支持，其消费极清廉，随时随地、简便易行。另外，最特殊也为我最看重的，乃纸质阅读对心性的熏陶与濡染：它氛围朴素、恬静，节奏舒缓、悠闲；它鼓励目光的停留，鼓励掩卷冥思和逐字逐句；它支持一个人的从容、静气和定力……而网络阅读的高速滚动和声光电，激弹起的往往是人的焦灼和仓促情绪。再者，从信息储存的安全性上看，书显然更守信用，像个君子，值得托付。

我还建议多做些"重磅阅读"和"漫长阅读",即试着多去拜访大师和大书,去叩响那些"经典"的厚重之门,比如《卡拉马佐夫兄弟》,比如《约翰·克利斯朵夫》,比如《往事与随想》(我以为,一个人即便只读这几部书,精神也足以变得高尚与伟岸)。我想,对现代人来说,一生中接触大书的机会,十之八九是在大学里。你实在想不出,除了大学,还有什么样的环境和心境能让一个人面对这些"务虚"和"漫长"之物。再提醒一点:无论专业是什么,在你的书单上,都别少了诗歌、哲学和长篇小说。这几样很重要,像一组不同色调的家具,它们搭配起来,你生命的那栋房子——智识客厅、精神阳台、心灵卧室,会更优雅、辽阔和温馨。

大学乃书的殿堂,其尊严和根基源于书的厚度。

大学的空气即"书卷气"。大学的使命即培养"书生"。

千万不要为"书生"一词感到羞愧,否则一定是你误解了。在我看来,"书生"的最大内涵就是"理想主义"。评价"书生",就看他和书的亲密程度。

4

珍惜"动情"。

和青春形影不离的词中,最敏感和最美妙的,非"恋爱"莫属了。我没用"爱情"这个词,我有个己见:爱情是一件开始很早、理解太晚的事。若非意外,一个人至少要到30岁后才懂爱情,才可能触摸爱情。而"恋爱",我视为一个动词,也就是说,你可以做出这个动作,但未必真的懂。换言之,人未必要等到懂了后才做出这个动作。我想,我对恋爱的态度已明朗了。

青春怎会不动情呢?"动情"是春天里最美的事。(我个人觉得,它比恋爱还要美。)从"动情"到"恋爱"还有一段距离,如果说"恋爱"是一个事实,那"动情"则是一桩秘密,而且是青春最大的秘密,像花园深处的小径,只适于一个人走进去。其实,我希望你能在这条小径上走得慢一点,走出足够长、足够深……不要让它匆匆结束。

"动情"是个关于"心跳"的故事,有一个丰富的美学系统:邂逅、萌动、慌乱、羞涩、期盼、惴惴不安……各种元素和细节你最好都充分体验，别省略，别偷工减料、急于求成，按它的自然原理和节奏，像小说里的情节那样，像对待一项使命那样……在我心目中，"动情"是一个长篇，长篇叙事诗。太短则是损失。

接下来，可能就是"恋爱"了，就变成了两个人的合作。这是一个交换过程，也是一部成长故事。无论结局如何，我都想推荐席慕容的那首诗给你们——

　　在年轻的时候，如果你爱上了一个人，
　　请你，请你一定要温柔地对待他。
　　不管你们相爱的时间有多长或多短，
　　若你们能始终温柔地相待，那么，
　　所有的时刻都将是一种无瑕的美丽。
　　若不得不分离，也要好好地说声再见，
　　也要在心里存着感谢，感谢他给了你一份记忆。
　　长大了以后，你才会知道，在蓦然回首的刹那，
　　没有怨恨的青春才会了无遗憾，
　　如山冈上那轮静静的满月。

　　　　　　　　　　——席慕容《无怨的青春》

无论是一个人的动情，还是两个人的恋爱，都要怀揣一颗神圣之心。别轻浮，别鲁莽。因为这件事实在太美，像天上的云。

最后，我想小心翼翼提一个建议：不要随意和过早地尝试性。你打开了一扇门，即等于关上了一扇门，从审美的角度看，最美妙的门一定是虚掩的那种。青春最美的是绽放，而非收割和斩获什么。花朵总是比果实更鼓舞人，春天里，为何要急急做秋天的事呢？秋总要来的，而且漫长。否则，你会因秋的提前降临而怅然，会因激情的透支而疲惫，甚至荒了心野。

和外面的世界相比，我一直认为，大学生活，应有一种精致的"慢"：慢慢地读一本书，慢慢地写一封信，慢慢地喜欢上一个人……在

一个什么都贪图速效的快餐年代，这尤为珍贵。

（按说恋爱属极度个人的事，外人不宜说三道四的，可我还是说了些。一己之言，不足为据。）

打着"珍惜"的旗号，我已唠叨太多。其实，对青春，怎么想象和演绎都不过分，你们是自由的，每个人的青春都不重复。所以对青春的你们，我只道"珍惜"，不说"必须"。你们遭遇的"教导"已太多太多了。

建国初，有人写过一首著名的诗，叫《时间开始了》，抒发的是新生活从此诞生之激动，我觉得此激动用在你们身上也合适，你们也开始了，开始了，一段值得羡慕的人生开始了……

祝福你们。

本文为《王开岭作品中学生典藏版·心灵美学卷·序言》

山西教育出版社 2013 年出版

到来一只狗

南　帆

一

　　到京城参加一个著名会议之后返回家中，我的旧毛衣已经垫在一个不大的竹筐里，毛衣上坐着一只小黄狗，毛茸茸的小家伙用栗色的眼睛无辜地看着我。天气寒冷，小家伙的两条前腿有些抖。

　　太太解释说，狗窝异常重要。初入家门，小狗会把毛衣上的气味永久贮存在记忆之中，作为第一主人的标记。挑选我的毛衣，即是委托我做第一责任人。小黄狗舔了一些牛奶之后蜷曲在竹筐里睡着了，如同乘坐一条小竹筏漂来的不速之客。没有籍贯和家族姓氏，没有品行鉴定档案、来访动机，一个带有体温的小生命不由分说地塞到手上，拒绝已经来不及了。

　　一个成熟的男人似乎必须有些特殊嗜好，譬如吉普车，加上一条大狗。这两者将与粗布牛仔裤、翻皮高筒皮靴以及辛辣的烟卷气味共同组成男子气概。粗犷与孤独是男人的境界，狗是一个孤独男人的唯一伙伴。野旷天低，暮云四合，一个男人坐在门槛上默默地吸一支烟，一条狗安详地趴在他的身边，电影都是这么演的。尽管如此，我还是没有准备好养狗。我是一个怕麻烦的人，况且也不怎么孤独。

或许我得承认，我还有些脆弱。一条狗的寿命只有十来年；一个活蹦乱跳的生命不可阻挡地在主人的眼皮之下衰老，皮肉松弛，动作迟缓，最终气息奄奄，但是，它对于主人的依恋始终不泯，最终的诀别攫人心肝。卷入这种伤感的故事不啻于额外的情感折磨。我宁可回避。另外，一个友人遭遇的情节也多少吓住了我。由于偶尔施舍了几块面包，一只流浪狗不屈不挠地尾随这个友人返家，再也不肯离去。不久之后，友人察觉这只流浪狗已经怀孕。照料一窝小狗显然超出了他的负担能力，友人决定放弃。他驾车载上狗，辗转数十公里来到一个相对富裕的村庄。各安天命吧，他将狗推出车门后一溜烟地疾速驶离。然而，当他驱车返回家中，这条狗已经躺在门口大口喘息，长途奔跑之后几近虚脱。它泪眼汪汪，目不转睛地盯住友人，企图挣扎起来。事后他说起这一段依然心有余悸：一条狗进了门，你就绝不能再想抛开它。

我听明白了，我的选择权仅仅是——要不要让一只狗进门。

然而，这条小黄狗自作主张地破门而入，而且已经大咧咧地睡到了我的毛衣之上。太太叙述这件事的时候使用了"缘分"一词。进入花鸟市场，路过一个装满小狗的铁笼子。一大堆小狗在笼子里翻滚嬉闹，惟有这只小狗趴到笼子的栏杆上冲着她摇尾巴。她拐个弯走到了另一侧，这只小狗又蹒跚地转过来，双眼无邪地仰望，尾巴摇动如旗。太太再也挪不动双腿，她断定这就是"缘分"，于是掏出一千五百元把它带回。她所能了解到的资料仅仅是：拉布拉多，来自加拿大东南部的名犬，亲善快乐，资质优良者可以训练为导盲犬——但是相当贪嘴。女儿无双为这只狗取了一个略为欧化的名字——卡普。因为她的一只绒毛玩具狗就叫卡普，同时，她正在画的三册绘本是一只卡通狗的故事，这只卡通狗也叫卡普。

我对于"缘分"这种说法将信将疑。上帝真的在两个生命之间设置了密码吗？但是，我相信没有多少人可以拒绝笼子里那些憨态可掬的小狗。遇到街头的狗贩子，我多半硬着心肠尽快离去。否则，那些天真无邪的眼睛和柔软的小爪子很快会叫人迈不开双腿。

有次小黄狗睡得从竹筐里摔出来，四脚朝天地滚到地上。它居然没有醒，一只小爪子盖在脸上继续打呼噜。真要是个没心没肺的家伙倒好办，我心里暗暗企盼。

二

我估计太太带回这只小狗，多少受到友人间话题的影响。如今养狗的人如此之多，坊间传颂着形形色色养狗的趣事。一个友人在屋顶上养了五条狗。晚上坐在客厅里看电视，五条狗一溜地趴在面前，专注地研究他的表情。他的一颦一笑都会产生不小的骚动。友人满意地感叹：这不就是帝王的享受吗？另一个友人养了一大一小两条狗。他端坐在沙发上，两条狗分别占住了他的左右手。他抚摸了一下右边的大狗，左边的小狗就会不满地哼起来，吃醋争宠。这不就是一妻一妾的梦想吗？

然而，我始终觉得，养狗是一件严肃的，甚至严重的事情，不可轻易触碰。养几只金鱼，养一只啁啾的画眉或者一只肥胖的猫，这些事无非怡情养性，闲暇的时分逗自己一乐。而一只狗的到来，性质远为不同。我们可以得意地享受狗的忠诚，然而，过多的忠诚必定演变一副沉重的枷锁，牢牢地将双方铐住。即使主人轻率地背叛抛弃，狗从来不会企图报复。它的一如既往终将逼迫主人无限内疚地返回。所以，没有足够的热身，我们的内心无法负担这种忠诚。日本拍摄过一部影片《义犬八公》——狗的主人上班途中出现意外不再返回，这只狗每天傍晚来到车站等待，十多年始终如一，直至皮毛不再光滑，四腿无力再也跳不上车站的花坛。许多人甚至不敢看这部影片，过重的情义也能深深地刺伤人心。我常常想，狗的性格如同古典社会的遗风：义重如山，一诺千金。现代社会的一个特殊品格是轻佻。整个世界正在大拆大卸，弃旧图新，没有多少人愿意画地为牢，为自己套上各种精神重轭；现代人潇洒如风，善于抛弃或者替换，从陈旧的服装和家具、款式过时的冰箱和汽车到相互厌倦的情人。这时，一只狗摇着尾巴坚定地追随左右，不离不弃，简直叫人不知所措。如果重新决定一个负责的选择，我现在大约还是要勾 no。

卡普的到来是太太即兴开始的一个故事。现在，我不得不抖擞精神，对付诸多的后续情节。当然，最初我怎么也料想不到，那些细枝末节在后续情节之中占有如此之大的分量，譬如狗毛。事先为什么没有听到人们抱怨无所不在的狗毛？墙角，衣服上，客厅里，四处飘拂的狗毛犹如春风里让人打喷嚏的柳絮。当然，更为麻烦的是狗屎。遛狗之际必须带上小塑料袋，必要的时候得将手套在塑料袋里抓起地上的狗屎蛋。没有在马路上抓过热乎乎的狗屎就称不上养狗。我曾经抱怨狗屎的臭味，太太正色地说：美国总统的私人庄园里，那些签署总统令或者按核电钮的巴掌照样要抓狗屎蛋。我不知道这是否杜撰，但是，她的严肃态度迫使我接受这种观点：清理狗屎显现的是一个人的责任心。嫌弃臭味显然是纵容个人品德的缺陷。

太太负责的工作相对文雅，譬如，培养卡普的高贵风度，调理卡普的浮躁性格。这些活计肯定比预想的困难，我猜她时常受挫。我曾经在书房里听到她在另一个房间愤愤地对卡普说：你真是无聊呵！知道什么是无聊吗？不知道上百度去查！我暗笑，猜想卡普是端坐在她面前聆听训话，还是不耐烦地逛来逛去。

当然，太太的工作还是显出了初步成效。卡普很快学会了按照主人的口令坐下、握手和趴下。不过，这些举动显然用于换取口腹之乐。卡普常常专注地盯住太太手中的食物，一面敷衍地伸出前爪拨拉一下充作握手。如果看不到吃的，它多半兴致索然，甚至讪讪地转身而去。太太不止一次地用恨铁不成钢的口吻叹息：卡普呵卡普，你真是没有出息，你那小脑袋里百分之九十九的想法都是怎么吃。

这的确是一只无比贪吃的狗，什么都吃得津津有味。肉食、青菜、地瓜、萝卜、马铃薯、各种水果、糖、鸡蛋壳；我们甚至不得不费神猜想，它究竟不吃什么？太太曾经将辣酱装在一个盘子里送到它跟前，卡普舌头一卷，半盘辣酱不见了，再一卷，盘子干净了。还曾经喂它半杯的高度白酒，喝下不久它有些步态摇晃，在客厅走出了两条 S 形的弧线，眨眼之间又泰然自若。我不止一次地想象，它的腹腔里究竟装备了一个多么强悍的胃？

卡普似乎永远没有吃饱的时候。每一回端出狗食，它总是欢欣鼓舞地原地打转，然后凌空跃起表示庆贺。不是刚刚吃过一顿，怎么如同饿了两个星期？风卷残云般地吞下配给的狗食之后，卡普会专注地将铁锅的每一个角落舔得锃亮。确认再也没有什么可吃的，它气恼地叼起铁锅往空中一甩，哐当当地一阵响，直至铁锅倒扣在地。如果顺手扔给卡普一根大骨头、一个馒头或者一枚生地瓜，它要围绕着战利品前仰后合地跳一阵桑巴舞，制造各种仪式延长获取意外之财的巨大欢乐，然后专注地趴在地上，用前爪圈住战利品，呲牙咧嘴地慢慢享用。

我们家匀出一条狗的口粮大致不成问题。然而，卡普的可恨在于，常常让我们在大街上难堪地颜面尽失。套上狗链子带它出门，卡普无论如何装扮不成一个有教养的绅士。它总是伸长脖子在马路上东嗅西嗅，发现什么可吃的就一口叼住。对于这条狗说来，"可吃"的范畴远远超出了通常的认识。除了一般食品，包装食品的塑料袋、泡沫饭盒、方便面的纸罐子乃至冰棒棍子都是它的捕猎对象。有时我们不得不蹲在马路边，费力地将这些垃圾从它嘴里抢下来。我从未在马路上遇到这么不体面的狗。别人的狗迈着小碎步跟住主人，昂首挺胸，尾巴翘得高高的，骄傲的神态如同一个穿上了钢箍长裙的公主。自惭形秽之余，太太终于忍不住牢骚：拉布拉多，也算出身名门，卡普呵卡普，你怎么会如此没有尊严呢？

那一天我带卡普出门。经过楼梯拐角，它竭力挣扎着向一边伸出头去，我只得略为松了松狗链子。看到它兴冲冲地伸出舌头将抛在墙角的一枚烟蒂卷入嘴里，气得我一脚狠狠地踹在它屁股上。卡普吃惊地嗷了一声转过头来，满眼疑惑。

我后来猜想，它肯定无法明白：胃口好又有什么不对呢？

三

忙碌而琐杂的日子里，卡普不过是我们心目中一个长毛的大玩具。玩具的大部分时间肯定是扔在某一个角落，我们没有耐心仔细揣摩卡普的心思。一条狗又有什么资格要求特殊的精神待遇？所以，很久之后，我才试图用另一种眼光解释卡普发动的著名战役——对于家里的鞋子展开全面攻击。

我想不起来这个战役是什么时候开始的。总之，很短的时间内，家里的各种鞋子惨遭卡普利齿的摧残。皮鞋的鞋面咬破了，高跟鞋后跟的带子断了，塑料拖鞋仅仅剩下半截。太太拍下了损毁的皮靴照片发布在网络上，赢得了一片同情的啧啧之声。我从鞋柜里取出一双崭新的皮鞋，惊愕地发现鞋子内里的皮垫子不见了。太太宽慰我，没有人能看得到鞋子内部；我的调节能力一定会很快适应行走之中左高右低的感觉。当然，狼狈的场面最终还是不可避免地出现了。入住宾馆的时候，收拾房间的服务员偶然看到搁在墙角的皮鞋，她脸上流露的神情令人发怵。相当长的时间里，家里所有鞋子的摆放位置必须超过一米五，太太几双珍贵的鞋子甚至小心地搁到冰箱顶上。

攻击鞋子大获全胜之后，卡普开始扩大战果。它放肆地撕咬嘴巴够得着的一切玩意。茶几上的电视遥控器，沙发上的老花眼镜，甚至嚼烂了墙角插座的电线——不知道为什么它的鼻子居然避开了电流的袭击。可以预料，它最终必定会踩在沙发上入侵我的书架。某一天早晨睡眼惺忪地从卧室出来，忽然发现客厅的地板上铺满了残破的书籍，一只狗嘴里叼着几张书页冲着你洋洋得意地摇尾巴，你会不会想大喊大叫？

我的确有好几次真的大喊大叫。脱下脚上的拖鞋抓在手中气势汹汹地扑过去的时候，卡普迅捷地钻到楼梯底下，蹲伏跳跃，卖力地向我展览各种战斗姿态，它肯定认为逗乐的时刻开始了。直至被揪住项圈拖出来，嘴巴和屁股遭到狠狠的抽打，它开始浑身发抖，翻着白眼一声不吭地坐在那里接受惩罚。必须承认，这时我的脑子里肯定冒出了扔掉它的念头。

远在异地的无双对于卡普充满了童话般的浪漫想象。她的持续叙述之中，卡普显然扮演了一个可爱的小精灵，以致于她的众多小伙伴甚至打算长途跋涉，来到这个城市探望卡普。听到我们的愤怒控诉，她总是这么安慰：这是狗的青春期叛逆，一年之后它就安静了。一年的期限到了，无双小心翼翼地打来电话：卡普是不是变成小天使了？得知这个家伙顽劣依旧，无双自作主张地延长了期限：一年半之后保证脱胎换骨。一年半的期限到了，卡普的冥顽不化终于让无双心虚起来。她委婉地引用网络上的一条消息安慰我：据说某个人家的一条狗淘气得让主人受不了；一个炎热的下午，男主人单独将这条狗带到街心花园密谈了两个小时，从此这条狗老实了。我再度天真地燃起了希望——怎么遗忘了思想教育的伟大传统！我连忙请她在网络上查询，男主人阐述了哪些励志的格言。不久之后她回话了：网络上的大部分留言都是求演讲稿，不幸的是，那一位男主人再也没有下文了。

如今回想起来，大约是另一条消息阻止了我的怨恨持续上涨：专家研究表明，狗常常因为孤独而产生破坏欲。报复性地咬坏各种带有主人气味的物件，这是狗思念主人的特殊形式。想象一条狗孤独地卧在各种碎片的中央，嗅着这些碎片上的主人气味安慰自己，我的内心突然感到一阵酸楚，于是决定谅解卡普。

卡普特别憎恨我和太太上班使用的包。它常常扑上来，凶猛地撕咬我的公文包，甚至跳起来把太太的挎包从肩上扒下来。它显然已经发现，这些可恶的包不断地把主人带到一个它无法企及的世界。上班时间整装待发，卡普总是追到门前百般阻挠，甚至不知羞耻地一把抱住我的大腿。这时，我与太太不得不相互掩护着撤离。一个人向远处扔一块饼干，或者引诱它攻击一个空的矿泉水瓶子，另一个人疾速地开门。侧身闪到门外的时候回头瞟一眼，总是发现兴高采烈的卡普突然怔住了，痴痴地望着我们。

这时，必须立即把门掩上——哪怕迟疑一下就可能丧失关门的勇气。

四

所有的人都知道狗依恋主人，然而，只有狗的主人才知道每一条狗不同的依恋形式。

我与太太每天晚上都在二楼的电脑前工作，卡普必定坐在通向二楼楼梯的最高一层——我们用一块窄窄的木条拦住楼梯口，阻止它上楼捣乱。卡普嘴里发出各种哀怨的小声音吸引我们注意；若是恩赐般地看它一眼，它就会持续地摇动尾巴，以至于它身后的那一面墙壁被尾巴刷得油光发亮。长成了一条肥胖的大狗之后，楼梯的狭窄木板几乎无法容纳它的身躯，但是，卡普仍然夹紧屁股颤巍巍地坚持在那里。有时疲倦得无法支持，它会跑到楼梯的拐角小睡片刻，醒来之后立即又不懈地坐到原处。

偶尔有机会上楼，卡普念念不忘的一件事情是抢占我们的卧室。它一定意识到，主人在每个晚上总是长时间地消失在卧室的门板背后。发现我们开始睡觉之前的洗漱，卡普立即会抢先进入我们的卧室。它站在床铺旁边探头探脑，对于门外的饼干等各种诱饵高度警觉——有机会扑上前一口叼住立即退回屋里。有时必须两人合力才能把卡普拽出房间。即使被项圈勒得两眼翻白，它的屁股仍然顽强地下坠，四爪撑住地面竭力反抗。

一个人悠闲地靠在躺椅上阅读，一条狗驯顺地卧在他的脚下——这种经典的电影镜头从未出现于我们的家里。卡普的参预感太强了，它随时试图插手家中正在发生的一切事情。也许，这是它慷慨地表达自己的爱意？种种迹象表明，我们与卡普使用的语言系统无法精确地互译对接。至少，卡普的示爱话语过于草率和粗豪。

人类的示爱话语是一门深奥而微妙的学问。眉目传情，鸿雁传书，"欲得周郎顾，时时误拂弦"，西门庆勾搭潘金莲的时候，王婆为之设计了十几道严密的程序，缺一不可；阿Q鲁莽地跪在吴妈面前，露骨地宣称要和她"困觉"，于是，鸡飞蛋打的时刻到了。卡普的加拿大祖先哪里传授过这些秘诀？所以，这个家伙总是把一个柔情似水的场面搅成混乱的无厘头。

为了制造亲切感人的家庭气氛，我不时会伸手抚摸卡普。可是，这个家伙的毛躁配合多半不得要领。它激动地伸出爪子又抓又挠，甚至勾住衣服的袖口，以至于我不得不尽快地缩回巴掌。星期天上午阳光甚好，卡普逛出阳台造访书房，太太正在那儿敲打电脑键盘。卡普犹犹豫豫地把它的前爪搭上太太膝盖，试图爬上去。这个没有眼色的家伙始终不明白，它那六七十斤重的躯体怎么可能搁到太太的大腿之上？太太不耐烦地扭开转椅甩下它的爪子，它又换一个方向重新尝试。无趣地碰了三四个钉子之后，卡普就会来到另一张桌子和我搭讪。我正得意地挥毫泼墨，它把前爪搭上桌子摇头晃脑地欣赏。可恨的是，这个家伙的伪装甚至维持不了一分钟。我正待蓄势落笔，它的一只爪子啪地按到了宣纸上；我愤怒地把它的爪子推开，另一只爪子以更快的速度伸过来。除了立即把它轰走，这种故事不会有别的结局。

携带卡普出了家门，它觉得遇到的每一个路人莫不如同失散多年的亲眷。卡普撒欢地向人们奔去，起劲地摇动尾巴乐呵呵地表示亲善，然而，它的过度热情总是换来一阵阵恐惧的尖叫。每逢这种时刻，我们只能竭力抽紧狗链子，嘴里一迭连声地道歉，再道歉。

五

我终于向太太提出了这个问题：咱们家的卡普是不是有点儿傻？用北京话说，就是有点"二"。承认这个痛苦的事实需要一些勇气，犹如承认自己的子女不怎么聪明。

卡普初入家门的时候，我们殷切地期待它长成一条聪明伶俐的大狗，骄傲地充当左邻右舍的谈资。太太曾经多次提到当年住宅附近的一条明星狗。这条狗每天早晨与傍晚单独出门两次。第一次嘴里叼一个篮子，其中零钱若干，一张纸条注明主人所需的早点。这条狗目不斜视地跑到早点的摊子，如数买好之后，叼着篮子矜持地跑回家中。傍晚它又在众目睽睽之下出现，嘴里仍然叼有零钱若干。它跑到报亭要一份晚报，而后转身一颠一颠地离去。这个街区所有的人都认识这条狗，它的出行如同每日不辍的定时表演。相形之下，卡普黯然失色。一个多年养狗的作家曾经语调铿锵地鼓励我们：什么人养什么狗，你们家的狗肯定傻不了。现在，我猜太太一定有些失望了。所以，提出这个问题的时候，我已经想好了安慰之辞：傻一点儿没有什么关系，我们又不指望卡普考一张名牌大学的文凭，家里也不需要它为各种开销算账。

卡普没有机会参加海关缉毒或者刑事案件侦破训练，也不会到马戏团里表演加减乘除。它的日常时间大部分生活在阳台的玻璃门背后，一日两餐的等待无法显示它的小脑袋拥有多少智商指数。我的记忆仅仅搜索到它的一项擅长：开门。如果没有锁好阳台的几扇玻璃门，它能够在最短的时间夺门而出，呼啸着冲进客厅。一个友人家养了一只藏獒，一样隔离在阳台的玻璃门背后。试图进入客厅的时候，藏獒只有一种单调的表述方式：伸出强壮的前爪，执拗地敲打在玻璃门的同一地方。藏獒看到的世界没有缝隙。卡普显然愿意动一些脑筋。它在玻璃门背后来回踱步，伸出爪子哗哗地抠每一道可疑的裂口。如果哪一个插销没有扣上，它会迅速地察觉。然而，这种擅长没有多少意义，鸡鸣狗盗之技而已。

况且，智商指数超过藏獒算不上什么。藏獒素来以剽悍忠勇著称，过多的思想只能对这两种品质产生干扰。一个足智多谋的军师决不会满足于与一个骁勇的武士比试智力。

卡普有点儿傻——我的内心曾经不断地躲闪和回避这个结论，但是，某些事实还是不容置疑地搁到了面前。譬如，遭受斥责或者惩罚的时候，卡普的简单态度是不是证明了智商的低下？一个友人的狗听到主人责骂儿子，它就会知趣地躲到床下，等待风暴的平息；另一个友人的狗遭受批评之后会低头羞愧一个下午，并且在适当的时候讨好地用头轻轻地蹭主人的裤腿表示歉意。卡普从来不可能如此多愁善感。它表示不满的发泄方式是：站在玻璃门背后斜眼盯住人两秒，然后一甩头不屑地扬长而去。事情的可笑在于，卡普的生气通常维持不到一分钟。仅仅在阳台上绕了一两圈，它已经忘了刚才的不快；走完第三圈返回的时候，它的内心创伤已经平复——它又开始起劲地摇尾巴了。哪怕是犯了过错遭受体罚，它似乎皮厚肉实记不住疼痛，没有过多少时间就故伎重演。太太感慨地说：这条狗的脑容量太小，记不住多少事情。

当然，由于它的简单性格，卡普的为非作歹始终不存在阴险的意味。它叼着一块毛巾逃走，一面斜着眼看我们，力图引诱我们参预它追逐与逃亡的游戏——这就是它所能设计的最为复杂的圈套。另一个友人的狗显然老谋深算。它的主人从餐桌上带回一块肥肉，到家之后顺手喂了家里的另一只小狗。这只狗对于不公的分配方式持有异议，但是，它不露声色。它的报复方式是，乘着主人到浴室洗澡的时候，悄悄地将他搁在茶几上的手机叼起来，扔到院子里的雨水之中去。

心头无事一床宽。卡普是一只没有心计的狗，它常常坦然地在阳台上酣睡。我不断地回想起第一次看见它睡得从竹筐里摔出来的情景，一个没心没肺的家伙。卡普那天依旧躺在阳台的阴影里，我在玻璃门边站立了很长时间仍然没有把它惊醒。卡普的四条腿伸得笔直，嘴里叽咕几声犹如梦话。我突然觉得，这哪像是一条狗，这不是一只猪吗？就是在这个时刻，我清晰地意识到卡普的智商问题。

不过，如今我已经不再为这种愚蠢的问题伤神。一个晴朗的傍晚，我在自己的忧虑背后听到了上帝的笑声。我终于醒悟，这种问题的提出仅仅证明了我的虚荣。我们习惯于按照人的模式衡量狗，聪明与否的尺度是智力、思想而不是嗅觉。狗是上帝送给人类的一个忠诚伴侣，它摇着尾巴围绕在膝盖前后，陪伴我们共渡纷扰的世事，彼此排遣孤单和寂寞。可是，我们习惯了居高临下，试图逼迫狗模仿人类坐在餐桌旁边吃饭，热衷于竞选总统和谈生意赚钱，偶尔写一写诗歌，并且精通电脑程序——我们忘了，一条狗的智商是为自己的生活配备的，它没有必要冒充初级版的人类。

尊重卡普的智商即是尊重上帝赋予另一个生命的职责。我没有资格自作聪明地评论，上帝为什么分配给众多生命不同的天赋。庄子已经意识到，万物齐一。我想，我更适合做的事情是，完整地解读卡普。

这样，我渐渐地看到了另一个卡普。

六

卡普从阳台夺门而出，在客厅里一阵疯跑。它弓起身子箭一般地跃出，四足腾空如同一匹草原上的奔马；背后看上去，耸动伸缩的背脊如同一道起伏的黄色波浪滚滚而去。通常，卡普总是要憋足一口气往返奔跑六七趟，躯体积蓄的能量才会稍稍释放。家中的走道很短。接近走道尽头的时候，它的奔跑不得不急速煞车。最后的一两米，卡普往往后倾躯体、撑直四足溜冰似的滑过去——我仅仅在美国动画片《猫和老鼠》之中看到这种镜头。当然，这种特技常常失手，它多次因为速度过快而咽地一头撞在了门板之上。尽管每一回卡普都将家里的桌椅撞得乒乓乱响，但是，我决定不再制止它发疯。我相信这是它独享的某种绽放生命的仪式。

家里太小的客厅拘禁了卡普的步伐，它的梦想一定是漫山遍野地奔跑。嘈杂拥堵的城市怎么可能接纳这种梦想？于是，我幻想当上一个小学校长。星期日学校放假，我可以和卡普一起在操场的跑道上驰骋。

无论如何，阳台是一个过于憋屈的天地，卡普无时不在渴望出门。晚饭之后，看到我取出狗链子，它一定要激动得大声喘息，甚至按捺不住咬着链子不放。乘坐电梯从楼上下来，它焦躁不安地坐在门口等待。电梯门哗地打开，它就迫不及待地扑出去。我担心它的出门动作过大惊吓他人，这时总要勒紧链子，放慢速度。卡普被勒得站立起来，仍然不肯改变前冲的姿态，因而总是靠两只后脚撑着身躯一步步跳出电梯，看起来形同一只笨拙的澳洲袋鼠。到了大楼外面，卡普疾速冲到一丛竹子下面，翘起脚来对着竹根哗地激射一泡憋了许久的尿，然后扬眉吐气，顾盼自雄。

开始了社区的巡视之旅，我与卡普都是一副东歪西倒的姿态。它伸长了脖子，试图把我拖入路边和小树丛或者草地，我不得不拔河似的把它拖回。有时它会笔直地伫立在马路中央，警觉地掀动耳朵，如临大敌。我知道无非是一只老鼠或者一只青蛙闪过路灯下，但是，我没有理由取笑它小题大做。这不就是它心目中企图颠覆社区的恐怖分子吗？当然，我也不想劝诫它，不要恃强凌弱，威风凛凛地追赶树丛中一只瘸腿的老猫。如果它摆出一副慈善家的嘴脸，一定是破坏了狗世界的江湖行规。卡普曾经与一只土狗打过一架。尽管对方的个头比它小一半，但是，卡普竟然被咬破了鼻子。当然，这也是不打紧的事。哪一家的男子汉出道之前没有遭受几下暗算？路上遇到陌生的狗，卡普仍然猖猖地吠着，想要挣脱链子往前扑。有了这种架势我就满意了，至少它不是一战丧胆的孱头。

卡普还没有恋爱的经历。不知道理应促成还是绕开各种姻缘？附近一户人家站在窗口看到了卡普的堂堂相貌，曾经托人为他家的母狗说媒。我们没有积极响应。卡普鸿蒙未开。可是，开启欲望之门，带来的是痛苦还是欢乐？"人生识字忧患始"，一条狗又何尝不是？许多时候，知道的愈多，苦恼愈甚。

我们的耐心开始增加，卡普的另一些细节进入了视野，例如讨吃时故作端庄地调整坐姿，尾巴360度飞快打转；生气时下巴一翘头一甩，一边跑动一边斜视着我们，鼻孔哧哧喷着气；受罚时则梗着脖子一动不动地认罪服法，神情几乎是大义凛然的。我们同时还发现，卡普极不愿意被人摸脑袋。主人的抚摸会使多数的狗很快安静下来，然而，卡普总是在我们的巴掌之下触电似的跳起来，并且疾速转过身来严阵以待。太太猜想，它之前一定遭受过某种特殊的创伤，只不过它无法陈述痛苦的记忆罢了。另一个奇异之处是卡普对待洗澡的欢乐态度。几乎所有的狗都对洗澡深怀恐惧，一个友人一拿起专用的那条浴巾，他家的狗就飞快躲到柜子底下。这种人类的清洁方式尚未在狗的基因之中登记注册。然而，卡普多半是雀跃地进了浴室。莲蓬头里的热水喷到身上的那一瞬，它突然安静地坐了下来，任凭热水浇遍全身，甚至伸出了脖子，温顺地把头靠在太太的胳膊上，任人搓揉。这时，我突然想到了无双的那句问话：卡普是不是变成小天使了？

有一天我突然发现太太一个新特点：说起卡普时会下意识模仿它的动作，无论是坐姿，还是翘下巴甩头，甚至那种逆来顺受的表情，都与卡普的神似。我会心一笑，卡普真的成为家庭一员了。

七

追随人类的众多动物之中，狗的名声稍逊于马。二者的共同性格是忠贞不贰，至死不渝，但是，名马的传奇往往与历史典故或者赫赫战功联系在一起，例如项羽的乌骓，关云长的赤兔，刘备的的卢。马的身后是苍莽的草原，险峻的边陲，风驰电掣，大开大阖，楼船夜雪瓜洲渡，铁马秋风大散关；相对地说，狗是家常的，如同一个家臣奔走于住宅周围，主人与狗的情义交织在无数家长里短的细节之中。

一个友人转来了美国养狗证上的九句话，每一句话都是以狗的口吻叙述。通常，这种小温情的语言对我已经失效。但是，有了一只卡普前后跑动，这几句话突然悄悄地打动了我。

九句话之中的第三句话是："你有你的生活，你的朋友，你的工作和娱乐，而我，只有你。"对于卡普来说，这是一个简单的事实，可是，我先前始终未曾意识到。我们每一天早晨风风火火地出门，谈天说地，嬉笑怒骂，阅人无数，百般滋味；卡普竟日枯坐在阳台的玻璃门背后，等待我们回返的那一刻。无论我们是春风得意、酒足饭饱还是身心俱疲、烦恼丧气，卡普总是等在那儿，决不失约。这种交往当然不对等，可是它心甘情愿。下班之后返回家里，卡普在阳台的玻璃门背后焦灼地蹦跳、吼叫，要求得到及时的安慰，甚至委屈得声音都变了。我常常觉得不耐烦，记不起来它的焦灼积累了一整天等待的重量。我们以主人自居，慷慨地提供食物和居所，可是，这并不能弥补对于它的感情亏欠。

不少时候，感情债务的偿还要比钱财难得多。一个明智的做法是尽量削减感情投资的往来。太太多次表示，内心要与卡普保持一些距离。我当然听出了她心里的纠结。一条狗只有短短的十余年。当它不得不离去的时候，我们的内心会因为收不住脚步而狠狠地摔伤。然而，这种担忧的存在表明，我们的感情投入已经太多了。

　　这时，九句话之中的最后一句提醒我们，不能仅仅沉溺于伤感，或者说，伤感不能成为后退的理由："当我已经很老的时候，当我的健康已经逝去，已无法正常的生活，请不要想方设法让我继续活下去，因为我已经不行了，我知道你也不想离开我，但请接受这个事实，并在最后的时刻与我在一起，求求你一定不要说'我不忍心看它死去'而走开，因为在我生命的最后一刻，如果能在你怀中离开这个世界，听着你的声音，我就什么都不怕。"

　　卡普到来之后，我已经没法继续推托还没有准备好。我开始接受太太使用的"缘分"一词，当然，需要重新解释："缘分"不仅意味了一个注定的偶遇，不仅是开心地相聚、逗乐或者一同到草地上嬉戏；也不仅是购买食物、遛狗、洗澡以及收拾狗屎，而且，"缘分"还包括直视一条狗的生与死，承受由之而来的各种精神损耗。一条狗总是毫无保留地将自己抛给了主人，所以，"缘分"的认可包含了承接的勇敢——这种勇敢意味的是，用一双胳膊托住另一个生命的重量。

原载《作家》2014 年第 4 期

一不小心，我侵权了

黄传会

　　拙作《中国新生代农民工》获第六届鲁迅文学奖，自然是高兴的。然而高兴劲儿还没完，星期一刚上班，本书责任编辑的电话打来了，来不及寒暄，她便严肃地说："你的大作侵权了！"

　　"侵权了？我侵什么权？"我疑惑不解。

　　编辑说："我们接到一位农民工的短信，说你在《中国新生代农民工》一书中，引用了他的两首诗，既没得到他的同意，也没付给他稿酬，他要讨个说法，准备跟出版社和作者打官司。"

　　我愣了十几秒之后，赶紧翻开书，一找，发现确实在第四章《皮村文化》里引用了这位青年农民工的两首诗。

　　那是 2009 年岁末，我正在高密度地采访新生代农民工。为了了解他们的文化状态，我找到了京城东郊一个叫皮村的地方。在皮村这个与大都市紧密依存的"打工者部落"中，有他们自己的子弟学校、艺术团，还有他们创建的打工博物馆。在采访艺术团负责人时，他送给我一本《打工者之歌》小册子，这是他们自编自印的，内容有歌曲、诗歌、故事、小话剧等，都是反映农民工生活的。尽管作品还比较粗糙，但都是农民工自己创作的，因此显得特别鲜活，特别有生活气息。后来，在写作《中国新生代农民工》时，我在书中引用了几首农民工的诗作，包括这位准备与我们打官司的小伙子写的两首。坦白说，当时在引用时我压根儿没有想到会不会侵权的问题。

放下电话，心情有些沉重，搞了30多年创作，从来没侵过权，没想到这部写农民工的作品，因为引用了农民工的诗作，却被诉侵权了。

不过，我心头又升起一团疑雾——我侵权了吗？没错，我是引用了他的两首诗作，但我署上了他的名字啊。如果这算侵权，那么以后在作品中要是引用鲁迅、郭沫若的诗，引用艾青、贺敬之的诗，算不算侵权呢？如果都是侵权，那可麻烦了。

我觉得当务之急必须弄清楚到底是不是侵权的问题。

我把第一个求助电话打给了时任中国作协创研部主任的梁鸿鹰，他一听，马上说："兹事体大，关系到著作权问题。你应该请教法律专家，作协不是有个权益保障办公室吗？它是专门负责维护作家著作权益的，你可以找他们咨询。"

我也想起来了，中国作协是有个权益保障办公室，只是因为从来没有遇到什么官司，所以从来也没与他们联系过。

电话拨到权益保障办公室，接电话的是吕主任。听完我的叙述，她第一句话就是："你侵权了！"

我不明白为什么会侵权。

吕主任问我："我们办公室经常赠送给作协会员一些有关著作权知识的小册子，你看吗？"

我不好意思地说："翻过，但没认真学习。"

吕主任开玩笑说："你看你看，平时不注意学习法律常识，遇到问题着急了吧？"

吕主任解释说："著作权法规定，所有的自然人在去世50年后，他们的作品便进入了公有领域，在尊重著作人的精神权利前提下，即尊重作者的署名权和作品的完整权，可以自由引用。但引用去世不到50年的及在世的自然人的作品，必须征得其本人或其继承人的同意。如果引用的部分不构成引用者作品的主要部分或实质部分，并且量和比例也适当，才算作'适当引用'，可以不经授权。你在《中国新生代农民工》中，引用了别人的两首诗，都是全文引用，且未经本人授权，也未付稿酬，当然是侵权。"

我真侵权了！我呆愣在办公桌前，脑子有些发蒙，想不到，不经意间竟会侵权了。

侵权了，怎么办？

我对责编说："我们侵权了，应该怎么办？你去征求一下你们出版社法律顾问的意见。"

律师的意见是此事已过了诉讼期效，可以不予理睬。

我刚轻松了片刻，却又陷入矛盾之中。不理睬是最省事省心的，但可以不理睬吗？我一直认为农民工是当今社会的弱势群体，却苦于手中无权无钱，不能给予什么实质性的援助，只能用自己手中的笔，从道义上为他们鼓与呼。特别是对社会上一些人无视农民工权益，我总是心怀不平。现在，我自己侵犯了一位地位卑微的青年农民工的著作权，我能借口因为自己是无意的而原谅自己吗？不行，我不应该原谅自己，错了就是错了，必须承认自己的过失。尽管已经过了诉讼期效，仍然必须赔礼道歉并赔偿对方的损失。当然，期望能友好协商解决，最好别打官司。

吕主任嘱咐过，如果自己难以处理，也可以授权由权益部帮助解决。我思考再三，觉得解铃还需系铃人，既然是由于自己的无知惹下的"祸"，还是应该自己亲自去解决。

我拨通了那位小伙子的手机："你好！你是某某吗？"

对方应答："我是某某，您是谁？"

我说："我是《中国新生代农民工》一书的作者黄传会。"

隔了几秒钟，小伙子有些警惕地问："你要干什么？"

我说："你发给出版社编辑的短信，我看到了。我想再听听你的意见，怎么把这个问题友好解决了。"

小伙子问："你们打算怎么解决？"

我说："首先，我要诚恳地向你表示道歉，在没有得到你授权的情况下，引用了你的作品，侵犯了你的著作权；同时，我愿意按照国家的规定，双倍付给你稿酬，你觉得怎样？"

又沉默了片刻，小伙子说："你让我想想吧，明天答复你。"

第二天，我又拨通了他的手机，这回小伙子口气明显变得缓和了，他说："黄老师，我同意您说的解决问题的办法。"

我高兴地说："那好啊，感谢你的理解和支持。"

小伙子说："黄老师，别客气！"

我说："你的诗歌写得很不错，一看就是从生活中来的，也挺有文采，现在还写吗？"

小伙子说："基本不写了，实在是没时间，忙不过来！"

我鼓励说："你应该坚持写下去。我虽然不写诗歌，但有写诗的朋友，你如果有作品需要请老师指点，我可以帮你介绍。"

小伙子感激地说："谢谢黄老师！"

两天后，我将拟好的《友好协议书》寄给了在湖北的他。

《友好协议书》上写的双方友好协商决议如下：

1. 黄传会郑重就自己的侵权行为向某某致歉；

2. 黄传会愿意按照国家规定的稿酬标准的双倍付给某某这两首诗作的稿酬；

3. 鉴于《中国新生代农民工》是一部宣传农民工、歌颂农民工的非赢利、公益作品，在黄传会做出上述两条举措之后，某某对此事表示谅解，以后不再就此事追究作者和出版社的责任。

一个星期后，某某将签了名的《友好协议书》用快递寄给我。里面还夹着他写的一封信：

> 尊敬的黄传会老师：您好！
>
> 拜读了《中国新生代农民工》一书，（后记）里讲到您在去湖北天河机场途中被农民工司机撞伤却未索要任何赔偿，我内心被感动，我可能永远达不到您的境界。
>
> 我读书少，初中未毕业即出外打工，在北京打工9年，通过自考获得文学学士学历，有幸进入文学媒体工作。因家庭小孩4岁的压力，写作时间少，但仍坚持在搞创作，但量少。
>
> 本来，以我个人狭隘的思想，以为"版权索要报酬"之事，

可能"得罪"了您这位大作家，但看了您的书和您亲自致电给我这个小辈后生，言辞恳切谦和，无愧将军的胸怀。

斗胆写这些掏心窝子的话，希望以后在文学之路上，有机会得到您的指教和点拨。

祝您身体安泰，再创大作！

信写得很真诚，充满着宽容与理解，看得出小伙子是通情达理的，我为问题得到圆满解决而高兴。

小伙子在信中提到的"您在去湖北天河机场途中被农民工司机撞伤却未索要任何赔偿"，事情的原委是这样的：

2009年7月6日清晨6时，细雨蒙蒙。结束了在武汉采访农民工的工作，我搭乘一辆吉普车去天河机场。

"嘭！"我已记不清当时是否听见了这一声巨响。可能是在失去知觉几秒钟后，我本能地用双手捂住正在流血的左脸。此刻，整段马路已经乱成了一锅粥。我蹲在马路牙子上，只见中间的隔离墩被对方的小面包车撞裂开十几米，小面包车斜横在马路中央，肇事司机飞出驾驶室仰面瘫在路面上。

第一辆救护车鸣着笛声急速驶来，我冷静地对救护医生说："先拉那位司机，他快不行了。"

第二辆救护车把我送到同济医院急诊室，外科医生在缝合我左额上的13个伤口时（都是被粉碎性车窗玻璃击伤），我听见他与护士在轻声议论："这位军人命够大的，这个伤口离左眼只有半公分，再近点，这只左眼就没了。"

我既后怕又庆幸，还好，没伤着眼睛。

后来，我听说那位肇事司机只有23岁，也是个农民工。那天清晨，急着将一批服装送到批发市场，路滑，车速太快，出了事故。他在急救室里昏迷了三天后，才醒过来。

听处理事故的同志讲，对方很担心我会提出什么过分的索赔要求。我说："算了，农民工兄弟，还能要求他赔偿什么？我担忧的是他会不会伤残，以后还能不能工作？"

我把这段经历写进《中国新生代农民工》后记里，没想到小伙子看到了，还被感动了。

读着小伙子的信，我暗自思忖，小伙子这9年的打工生活是怎么过来的？他初中都没读完，是怎样完成大学学业，尔后又怎样进入媒体的？这一切我都特别感兴趣，于是，我又拨通了他的电话。

这是一次真诚交谈，这是一次倾心交流。

小伙子1983年出生于湖北孝感农村，家里实在太穷，只能勉强供一个孩子读书，作为哥哥，他把这个难得的机会让给了弟弟。辍学那年，他才16岁，极不情愿地扛起犁耙跟在父亲身后学耕地播种，混混沌沌地过了两年。他不想重复祖父、父亲那样的生活：种地，娶媳妇，生娃，然后渐渐老去。他渴望新的生活。

18岁那年，小伙子离开了家乡和土地，外出打工，他干过建筑工、流水线工人、推销员、保安员。8小时之外为了打发时间，大量读书，他记得离开保安岗位去国家图书馆退借阅证时，卡上显示竟然借阅了900多本书籍。这期间，他还参加了北师大继续教育学院中文专业自学考试，5年中通过了24门课程，拿到了大学本科自考文凭。尔后，被一家媒体聘用。小伙子说，每当面对挫折时，他总是哼着郑智化的歌：风雨中这点痛算什么，擦干泪不要怕，至少我们还有梦！

小伙子的经历让我感动，我们相识太晚了，否则，他一定也会被我写入《中国新生代农民工》书中。

片刻，小伙子又说："黄老师，发生了这件事，我，甚至所有农民工，都给您留下了不好的印象吧？其实，我并没那么坏，我也根本没想要讹您的意思，主要是农民工一直不被社会所承认，心里多多少少总有一些怨气……所以当发现我的诗歌被您的大作引用时，我才采取了那样的行动。其实，从我内心说，您引用了我的诗作，是对我的肯定，也等于为我做了宣传，我还应该感谢您！请黄老师谅解和理解……"

我连忙说："我理解，我完全理解！"

小伙子已经成家，并有了一份稳定的工作，他说不管干什么，都会像农民伺候土地一样认真。他还说，生命因着期盼而活跃，日子因着活跃而明朗。

　　不久，小伙子寄来了几首诗，诗写得真不错，带着土地的芬芳和青春的思考，我觉得有责任将它推荐给报刊。

　　因为侵权，我增强了著作权、版权意识。处理这件侵权事件，我感悟到在当今这个充满着矛盾的世界里，只要你真心、真诚，许多问题都是可以化解的。

　　由无意间侵权而带来的后续故事，令我三思，又让我感到非常温馨……

原载《文艺报》2014 年 12 月 17 日

奔跑者

塞 士

一

今年元旦，我参加了马拉松迎春长跑比赛，至今我都无法解释参与的动机。挑战自我？锻炼意志？强身健体？如此正确的理由，在我看来却是荒谬的，我从未在奔跑中注入速度的概念，竞赛的概念。为了获得一套耐克的运动装？我笑了。那天，39岁高龄的我在女子组中显得特别醒目，我是年纪最大的女选手。年轻的同事们表现出异常的兴奋，齐声一遍一遍地拍手喊着，塞老师加油，这让很多陌生的目光投向了我。我忽然意识到，这是我毕业后第一次公开地跑步，在白天跑步。枪响之后，我淹没在人流中，跟过去的任何一次都不一样，因为没有夜色，原本在起初紧贴我后背的那块黑暗没有如期而至，没有慢慢涣漫到全身，当睁着眼睛只看到黑暗的时候，心眼就开始打开，后来就有光照进来，有大块大块的影像在眼前晃动。在这肉身彻底消失的疾奔中，我是一匹马，黑夜的长毛将我覆盖，我纵蹄如飞，时光回溯，在那里，我看到了村庄、工厂、呼啸而过的火车，一个人的童年，我看到了离别、迁徙、深夜的哭泣和一张一张原本已模糊的脸……可是那一天，我的肉身如此之重，越来越重，阳光太亮了，世界的喧嚣洪水般涌向耳膜，浊重的喘息，我被清醒的规则引导，被速度追赶，我的主体强烈地在场，由规则引申的意志集中在一个点上：超越。这是非常糟糕的一个体验，沉重的肉身从未离开我一秒。一小时三十五分钟之后，我到达了终点，按照规则，跑步由此结束。沮丧中，瞬间做出决定，我再也不会拿跑步去跟人比赛。

由于那次体验的陌生感及不适感，我开始正视伴随我多年的跑步习惯。不，准确地说应该是奔跑，它是那种关于精神、意志、飞翔、梦境、痛苦、迷茫、内省以及完成灵魂自我修复的放逐。它是隐秘的，我从来不是因为锻炼身体、训练毅力这样的理由去奔跑，虽然，从另一方面来讲，奔跑本身能够获得健康的体魄。站在镜子前，我打量着自己的身体，155厘米，49公斤，乳房挺拔，小腹平坦，结实有力的臀部和大腿让我有稳健的底盘，球状的小腿肚饱蘸着力量，仿佛每个毛孔都在呼吸，它时刻醒着、敏感，像只小兽，有一种特别狠的倔强气息，仿佛随时准备接招来自命运的暗算。相比十年前的42公斤，那薄薄的背影，全身满是扎手的骨头以及扎人的性格，干净的瘦骨，灵魂滚烫。那个时候我是易碎的，烈性的。我认为，十年中身体增加的这7公斤，它既不是脂肪，也不是肌肉，它是某种历练慢慢积累的生命之重，它包括灵魂的钙质及铁性，它加重了血液之盐。当我在奔跑中，在黑暗的甬道里，我一遍一遍地把遥远的、几乎遗忘在岁月深处的时光一一擦亮，我要不断地看见自己，打捞自己，重新面对过往，悲伤与幸福，我要确认，我是至始至终都没有变的那个人。

我最初从奔跑中收获的是自我的调息，包括平衡与遏制。最终在疾奔的惯性中，我获得了安宁，安宁永远属于低温，啊，那冷却之后的空旷的心灵广场。我遏制了妄谵、偏执还有疯狂。表面上，我沉静，善于微笑，给人的印象一直是怯懦、没有声息。可是，我实在不是一个安静的人，焦虑、躁动、没有定力，游移，而且粗暴。最要命的，我似乎只对自己施暴。我记得第一次坐立不安、无助、悲痛、恐惧的那一天，那是 1991 年春天的一个下午，我的堂兄轩子遭遇车祸当场去世了。我至今没有为他写一个字，曾尝试着去写，可是瞬间我就会看见他的脸，那张躲不掉的让人心碎的年轻的笑脸。我的哥哥轩子 20 岁就走了。那天我的家人都赶到现场，现在，这个现场再一次出现在我面前，这么多年过去了，那惨烈的一幕依然触目惊心。紧接着我婶娘一声凄厉的哀号，我立刻把这个画面切换过去，然后闭上双眼，任眼泪长流。我哥哥骑着摩托车被迎面而来的汽车撞飞，身体飞出两丈远。人是无法去细述这个画面的，就像无法写出告别。

每年涨水的季节，长江都会往下漂来一些尸体，这些尸体肿胀，发臭，令人作呕。在江边长大，我们从小见惯了这样的死亡。这些与己无关的死亡总是能为我们这些孩子带来猎奇的愉悦。啊，是个女的，手上还戴了个镯子；是个孩子，双手被捆着呢；这是一男一女，手脚绑在一起呢……我们议论纷纷，猜测关于死亡的种种可能。我从来——我竟然从来都没有为这些生命发出过惋惜和感伤。而我哥哥的死才第一次让我感知什么叫死亡。那么近，那么真实，那么痛彻心扉。仿佛有人从你身上偷走了什么东西，就像春天抽走绿，玫瑰抽走香气。我快要失控了。"当初是谁同意给他买摩托车的？""那天下午到底是因为什么事情一定要他出去一趟？""撞人的家伙他必须偿命……"我不知道为什么会变得如此不可理喻。面对这珠连炮般的质问，可怜的婶娘只得呜咽着抱住我。我精神恍惚，并没有过分哭喊，嗓子却哑了，嘴唇干裂，说不了话，我突然没了睡眠，整夜地睁着眼，还长了满脸的痘。我应该是全身着火了，觉得一刻也不能那样待在屋子里。多少年后，我南下广东，火车在夜晚疾驰，车头的灯光闪烁，这多像烧着了自己痛得使劲奔跑啊。当我看到这个意象，我就想起那些个夜晚，寒冷的春夜，月光泛滥，我先沿着田埂跑到铁路边，沿着铁路，耳边是樟树叶飒飒的风声。我拐进村里的民办小学，然后，我开始在空无一人的操场上无休止地转圈，直到筋疲力尽摔倒在地。在机械地奔跑中，殡仪馆那震耳欲聋的哀乐在头顶盘旋——是那种铜管乐器吹奏的，它散发着招魂般的死亡气息，恐怖多于悲伤。我哥哥从太平间抬出来然后又被送进冰库里，我们匆匆瞻仰了遗容，接下来的火化，我看到的是，火葬场上空的两个大烟囱排出长长的黑烟，而周遭绿树葱茏得可疑。我哥哥死了，我毫无准备。然而最让我毫无准备的是，这人世间存在着死亡，孤独及生离死别，我——也身在其中，且无从逃离。那一年，我 17 岁。我目睹一个人的死亡至入土的全部过程，然后被迫接受，一个人如同障眼法一般，无端地消失。

奔跑，就这样开始伴随着我。这独自面对魂灵的精神之旅。时间消失了，肉身消失了，多年以后，我只在写作中找到类似的体验。当我回望少女时代、青年时代的每一次奔跑，我看到的是，在与孤独的博弈中，我一次次尝试对迷茫人生的突围，自我警醒、激励以及重申对未来的希望。奔跑，奔跑，在大学的校园，在工厂空旷的料场，在家乡一望无际的水稻田埂。在失恋、失业中，在书里读到了卡夫卡、乔伊斯、马尔克斯、福克纳、米沃什、艾略特、莱蒙托夫和曹雪芹们，在没有信赖的人、没有可以实现灵魂对话的令人窒息的漫长的青春期，我在工厂与村庄之间犹疑，不甘贫乏的心被卑微笼罩，我不断地点燃自己又浇灭自己。我一次又一次地在黑夜里奔跑着，在那里，总会有一道光向我照过来。

二

2004 年以前，我叫红。那个时候，我的世界里没有文学，而且从未想过此生会与文学结缘。十年了，我成了一个作家，我不只一次地想，如果拿掉文学的部分，我的生命还剩下什么，我真的是通过写作来确立自我的存在吗？如果不写，那是不是意味着，我将什么都不是？不，我不同意这个说法。我怎么能去轻易否定自己曾经是一名出色的吊车司机，一名优秀的钢铁光谱验质员，一名坚持新闻理想的正直记者，辣手文案，职业经理人，以及混迹于广州、深圳、佛山、福州、东莞的那些流浪的岁月，我曾热衷于职场的打拼，深陷两情相悦的甜蜜爱情，所有的这一切，在我的生命中，它们毫无意义吗？我结识了萍水相逢但终生难忘的朋友，我历尽他人即地狱的黑暗深渊，美好及短暂的独自旅行，还有那些在陌生的城市醒来的第一个清晨，踌躇满志紧握拳头下定决心人生再一次重来的铮铮誓言。尽管我一路走来，一路丢弃，把它们埋进时光的废墟。这里面没有刻意的择拣成分，是一种自然而然的行为。然而，从2004年至今，我居然定格于写作，不离不弃。我得说，即使我不写作，我依然是一个丰富的人，精神世界始终响亮地存在，我的主格在场，我始终在路上，在奔跑，像被火灼烧，痛得使劲奔跑，我奔向那扇只为我敞开的门。

20岁那年，我进入本地最大的国营钢铁公司上班，分配到一个露天钢铁料场上工作。我先是开龙门吊天车，紧接着拿起激光光谱仪验钢。那个时候的我，多么厌弃生为普通工人的红，蓝色工装，红色安全帽，脖系白毛巾，笨重的绝缘靴，帆布手套，青春被灰色的情绪笼罩，卑微，还有对命运满腹的怨怒。我的几位进入政府事业单位的同学来钢铁厂看我，我正从料场返回，没来得及更衣，满面灰尘，双目呆滞，腋下夹着沾满机油的帆布手套，手里拿着一个旧搪瓷茶缸。因为风的缘故，我迎面给他们带来了料场上生冷的寒意和浓浓的铁腥味。我的同学都笑了，当然，这笑声里并没有嘲讽的意思。可是我在一瞬间意识到，我有了截然不同的气味，那种底层人生的气味。黑暗的一天，紧接着是黑暗的第二天，第三天。我开始了奔跑，在奔跑的漩涡中，我的憋屈，愤怒慢慢滋生出凶狠的狼性：我要想尽办法奔到高处，离开这里。

我是多么不喜欢那个时候的红啊，投机、虚荣、肤浅、偏激，最要命的还自命不凡。那个时候，我从来没有意识到钢铁工业、劳作、技术、机械设备、马达、火车、激光、电焊以及满是机油味的蓝色工服，所有这些，它们对于一个女人的青春来说是多么弥足珍贵的给予啊。多少年之后，它们让一个名叫塞壬的作家引以为豪，并时常矫情地玩味这其中的暴力美学。离开之后，我再也没有去过那个钢铁料场，我的生活从此也远离了铁腥、激光，远离了机械马达以及跟体能、汗液相关的粗砺元素。而现在，我要说起那个钢铁料场，竟激动得双手在键盘上抖动，有泪涌出。那么多的夜晚，澄澈的星空下，红，像一匹发着光的黑马，在奔跑。掀开的劲蹄如翅膀一般，用倔强擎着薄薄的命运，那孤独，让人心碎。

料场临江，风从江面上鸣咽着吹过来，打着旋，然后深入钢铁的腹地。一米多高的厚铁墩围成的料仓延绵两百多米，并列四条线，五个料仓，天车像庄稼一样林立在那里，铁轨静卧，远处的探照灯时常瞬间扫过料场，总会引起猝不及防的响动，光着屁股的男女仓皇失措，天车高处传来怪异的哈哈大笑。红是多么不屑跟这样一帮粗俗的人为伍啊，她总是清高地拿着本书，摆着臭脸，谁也不理。车间班组的那种工作生活偶尔也会让红感到心头一亮，但那仅仅是偶尔。想要奔往高处的心，一刻也没有动摇过。每一个工人的性格都清澈如水，他们几乎没有秘密，拿一样的工资，干一样的活，他们的快乐和愤怒简单而直接。在那样一个世界里，更大的人生奔头已经没有了，在那种被限死的命运里，人们整天围绕着奖金、性，想方设法占国有企业的便宜以及为一点点好处投机，人跟人之间的温情、善意与屌丝人性暴发出的尖锐与顽劣都合情合理地上演。因为不随和，我是落单的。几乎没有朋友。有男人曾在我面前开色情玩笑，被我掴过脸。啊，那个时候的红，真叫我不喜欢——我为了不再当一名低级的天车工，竟借口眼睛近视无法在高空作业为由，向厂工会一连写了四封申请书，强烈要求换岗，最终，在我频频制造的几次工作失误后，这可耻的伎俩得逞了，我拿起了激光光谱仪。这个工作，听上去，多少有一点科研的成分，要高端得多。但是，我依然是苦闷的。唉，那个时候的红，真叫我不喜欢。

我是长期上夜班的。从晚上十一点到第二天早上七点，两趟活，分别在十二点和凌晨两点。火车运来的钢料被天车工卸进料仓，然后我们拿着光谱仪进仓检测钢料，把它们分类，并做好标记。四点多钟活就干完了，工友们各自回班组睡回笼觉。而我，开始了在空旷的料场上奔跑，我睡不着，我的青春大片大片的精力被荒芜，我的激情无处安放，奔跑，被放逐的青春，我梳理阅读的书籍，念叨着一词一句；无望的爱情，暗恋团委那英俊的宣传干事，因为自尊不屑暗示，因为自卑而强压思念；那些日常的小烦恼会在此时被我无限放大，奔跑，在黑夜无止尽的深水里泅渡。泅渡，直到江面上空出现鱼肚白，直到朝霞染红一片天空。

有一次我听到身后有奔跑的脚步声在紧跟着我，一阵惊悸掠过全身：变态狂？我猛地回头站住，故作镇定地与来者对峙。黑影近了，看身形，我认出是班组的小菊姑娘,她呼哧呼哧地大口喘气:红,我是小菊啊。这位小菊姑娘长得很胖,双手只好撒着,夏天大腿内侧因走路而擦伤,溃烂。她双颊肥硕,高过鼻尖,眼睛总是流露出因做错了事情才有的那种深深的抱歉感,仿佛在等待你的责备和训斥。小菊在班组技术最差,没有人愿意跟她搭伙干活。她是弱势的,自卑,少语,没有朋友。红跟其他人一样,是势利的,这又丑又蠢的姑娘,我从来都不屑一顾,更不会去跟她交朋友。我继续奔跑,完全当她是空气,然后进入自己的个人世界里。然而,这又胖又笨的小菊似乎也当我不存在,她居然跟我一起跑到了天亮。在以后的几个夜晚,她都来了,我们照例不说话,各自闷头奔跑。可是,我并非每晚都跑,如果身体累,或者下雨,抑或某种不安的情绪以及无可名状的沮丧与焦躁,都会让我放弃奔跑。我的奔跑被工友解读成锻炼身体,且由来已久,虽然有时被戏谑成"发神经",但至少,没有人围观注视我,然而,这个小菊加入进来后,我开始有点不自在了。我觉得,在夜幕下,两个年轻女孩一言不发地在钢铁料场上奔跑,这个画面太诡异了,无法解释这其中的荒谬,我觉得自己像一个傻子。于是,有一天夜晚我中途突然抽身离去。回到班组休息室,天下起了大雨,心里好生庆幸自己跑回来,没有淋到,而那个傻子在无处藏身的料场一定被大雨浇了个透心凉。等我从澡堂子出来,雨势已收住,小菊还没有回来。瞬间,好奇心顿起,我扔下毛巾,一口气狂奔至料场,被眼前的一幕惊呆了,被大雨淋透的胖子,打湿的工裤紧贴在她水桶般的大腿上,她昂着头,双脚不知深浅地乱踩,毫不规避地面的水坑,她缓慢而笨拙地奔跑着,像被放慢的电影镜头,她的表情看上去很陶醉,我读出,她在享受飞翔,且旁若无人。这个美妙的状态,我感同身受。更要命的,我忽然有种物伤其类的悲凉:我们都是那么孤独。

随后的几天里,我没有去料场奔跑。但我忍不住去留意那个胖子。她每晚都准时在料场奔跑,风雨无阻,从凌晨四点到早上六点半。算起来,有十几天了。我忽然很想走进一个人的心,一个一直没让我正眼瞧过的人的内心。因为现在我可以肯定,小菊不会放弃这样的奔跑。我非常清楚能够真正做到这一点是极不容易的,它需要魔鬼般的意志,强大的信念,并在肉身疲累的煎熬中进入纯粹的精神世界,飞翔,让肉身和时间消失。这是一个足以让我仰视的灵魂。而我，竟耻于跟她一起奔跑，竟觉得这一切荒谬。

我来了。我一次一次的超越她，又一次一次地在下一回程中与她迎面相缝，无声，但是默契已经在我们之间形成，我们彼此在心灵上有了某种微妙的感应。以至我经过她身边会轻声地说，小菊加油。我们终于坐定聊开了。如果说，当时23岁的我对于自己是一名普通工人而感到人生灰暗无望，那么，在面对长期深陷自己的失败感、焦虑感而无法自拔且无视他人世界的青春，我第一次，为自己感到羞耻。小菊跟我说，钢厂马上要裁员了，如果她被裁掉，不，自己肯定会被裁掉，那么她活在世界上，将会成为家人的累赘。她必须减肥才有可能在社会上找到工作。这是唯一的活路。这让我的人生如此失败如此毫无光彩的工作，而有人竟然以拼命的姿态去争取，过往所谓的清高，不屑，对这份工作的嫌弃，种种细节此时历历在目，我的人生，还从未拉低到考虑活路这一命题上，然而，除了小菊，班组应该不止一个人在考虑活路及下一个人生的去处，危机笼罩着人心，恐惧蔓延。我跟这样的人同处一个时代，跟这样的人鼻息相闻，而我却活得像个局外人，还耻于跟他们一起面对这共同的命运。人们都小心翼翼地隐藏着这份恐惧，假装对裁员毫不在意，人跟人的微妙就在这里。可是小菊，她已经无所谓隐藏了，所有的人都拿她当裁员的垫底。

我第一次主动地做出了一个无关自己利益的决定。不，应该说，是关乎一个人的灵魂质量的决定。因为小菊初中未毕业，物理化学方面的知识几乎等于零，所以她对光谱的技术难以掌握。师傅也没有耐性去教她。因为自尊，也因为怕给别人添麻烦，她也不敢开口请教。我决定手把手地教她学习激光光谱验钢技术，我把料场常见的钢种挑出来，让她练习。我为她打开了铬、钒、镍、钼、钨、锰的世界，在蓝、绿、橙的光谱变幻中，小菊第一次体验到技术带给她的快乐。她激动地把我抱起来转圈。当你凝视着她的笑脸，你会百感交集，你终将体会一个长期备受歧视的人对生活那种热切的渴求。一个很小的进步，一句漫不经心的赞许，对她来说希望的口子在慢慢变大。我从来没有这样活过。在这个过程中，我对讲述一个又胖又笨的姑娘的励志故事毫无兴趣，我更不觉得自己具备某种美德。不到一年，她最终成功瘦身，并且留在了钢铁厂。这种故事丝毫没有所谓正能量的代表性，它只是一个极端的个例，我相信，极少有人能拥有那种可怕的毅力。包括我，在她那种坚不可摧的意志面前也只能甘拜下风。23岁的我，目睹一个人在生死边缘与命运较量，在激烈地挣扎中，生命的壮美与悲凉让人战栗。而我，真正看清了自己，并开始认知真实的世界。我不再回避，慢慢摩挲我所拥有的一切，此时它们都像宝贝那样发着光，我的蓝色工装，白毛巾，红色安全帽，绝缘靴，帆布手套以及冰冷而优雅的激光光谱枪，还有我的塑胶饭票，搪瓷饭盆，我的厂牌。对着镜子，我还有一张鲜艳的年轻的脸，朗目红唇，散发着清新、健康的气息。我的命，由这一串卑微的名词铸就，它只能属于奔跑的红，属于有体积、有重量，迎面飞奔撞痛青春的红。而奔跑继续。

三

　　来广东十三年，在很多次的梦境里，隆隆的火车声，我瘦弱奔跑的身影在眼前晃动，浊重的喘息，仓皇的脚印踏遍我熟睡的脸。在陌生的城市醒来，这漂泊不定的命运，落魄的气息，唯有影子相伴。枯坐，独对四壁是可怕的，你会感到它们由四周向你的肉身挤压，缩小周遭有限的空间，然后把人困在窒息的墓穴里。我需要旋转，奔跑，需要不停止地跳动。每到一个陌生的城市，租房，我会选择靠近广场的地方，如果是小区，就选择有篮球场、环形跑道或者有林荫道的。2008年，我在东莞某镇一家大型商城的市场部工作。这个时候，我已经是作家塞壬了，在写作中，我找到了另一种奔跑，它让我实现穿越个人黑暗地狱而抵达天堂的澄明。然而，即便我找到了写作这种表达方式来消解孤独，但留给我的时间空白依然巨大地笼罩着我。我不善交友，因为这需要讲很多话，还要经常出门；我不看电视，它的噪音和明晃晃的光影那么赤裸地照见一个人的孤单。而阅读，时常会让我激动的不能自已，在深夜大笑，或者大哭，狂拍大腿，捶床，有时从床上一跃而起，继而，身体唤起奔跑的记忆，在此刻，我需要的是，夺门而出。啊，我真是一个奇怪的人啊。

　　有一段时间，我的作息变得无序，晚上八点我就犯困，一直睡到凌晨一点。醒来后，如同满血复活，打开电脑，管涌般的语言涌向双指，我感受写作带来瀑布般的激荡与飞扬。而有时，我一个字也写不出，于是穿上宽松的睡衣，下楼，直奔篮球场。跟我同住一个套间的同事南茜姑娘曾经跟我提过，她说，其实我可以通过性爱来缓解。她以启蒙般的语气神秘地告诉我，作为作家，性爱带给我的体验将是一种难以言表的肉体与精神的双重狂欢。这是跑步所无法企及的。因为她从未看过我带男人回来过夜，在公司也没有男人来找过我。面对她的建议，我友好地笑了笑。我实在没有必要在一个不相干的女人面前表达我对性爱的见解。在我看来，这个世界上最为孤独的事情莫过于男女之间的性交了。甚至包括两个相爱的人。我希望，性爱可以实现让两个人成为一个人，在接通的瞬间，可以融进对方的生命与血液。撕咬、揉搓，疯狂与温柔，不顾一切地把身体嵌入对方，融成为一个人。这不是单纯的生理行为，是因为我们太渴望彼此相拥的灵魂了。而事后的沉默与伤感，是因为我们全意识到，我们不是一个人，你还是你，我还是我，像左耳和右耳，两个独立的单元体，孤独依旧。可是我，总是希望长久地与一个人连为一体，需要从他那里取暖，需要成为彼此生命的一部分，成为他的魂器，进入他的命运。我一次一次地说，再来，再来一次，我需要再来一次，需要这样死去。这是红，或者塞壬所认知的人世间的性与爱情，悲凉，被孤独浸透，是薄薄的命运里，危险的毒药。此外，我还流连过赌坊，我活着，始终与时间为敌。在肮脏、烟雾缭绕的私密麻将馆，我跟妓女、二奶、饭馆老板娘、有钱的闲女人一起，没日没夜地沉沦，天昏地暗，直打得自己只剩下一副骸骨的身子。卡里的钱，成千上万地消失。在经历割肉般的痛苦的同时，我开始老老实实地找公司上班，写稿，维持着生计。然而过不了一年半载，我就会再发作一次，去输掉一大笔钱，然后再一次地恶性循环。我不知道，为什么我的生活总是失控，我非常清楚，爱情、赌博、写作，这三样，足以让我走向毁灭。一个人，只要对一样东西上瘾，他的人生就会失控。然而，奇怪的是，这么多年，我极少遇到一个让我膜拜的痴人，一头栽进致命的信念里，直奔死亡，而这样的人只存在于凡·高、三毛、川端康成、杰克·伦敦、芥川龙之介、托尔斯泰、海明威、海子等这一长串卓越而天才的名字。我们活得如此理性、平庸，善于悬崖勒马、见风使舵，精于算计得失。我注定是失败者，缘于不可救药地上瘾，失控。然而，我终究是个俗人，我绝不会自杀，我要死皮赖脸地活着，平庸而绝望地活着。顶多，落得个别人在背后指指点点：那个神经病。但是，奔跑，这唯一是我重拾希望，一次一次踌躇满志，发着誓言人生要再一次重来的精神之旅，在愈跑愈勇的黑夜里，我攥着对人生的信念，一次一次从深渊中突围。

凌晨一点半，我醒了。我再次穿上干净的睡衣，波鞋，快步奔向宿舍楼下面的篮球场。然而这次我又发现已经有一个人在那里奔跑。是企划部的设计师罗生。我喊了他三遍，他才回应我。我是不会将自己的奔跑暴于他人的视线中，既然这地方又被人占了，我只能去广场。罗生突然慢下来走到我跟前，问我是否可以跟他一起去消夜。这个邀请是很难拒绝的，面对罗生，我相信公司的每一个人都不会拒绝多陪他一会儿。

这是 2008 年的 8 月。公司企划部设计师罗生是四川汶川人。他的妻子和七岁的女儿死于那场地震。公司曾为他发起募捐，但被他拒绝了。从此，罗生就陷入了无法自拔的巨大悲痛中，办公室很少见到他的人影，时常喝得烂醉如泥。即便如此，公司领导也没有炒掉他，还带着礼品来宿舍慰问过几次。所有的人对他说话小心翼翼的，生怕触到了他那根悲痛的神经。

我们来到一家潮汕牛肉火锅店，他点了肥牛片、牛肉丸、牛百叶和一堆青菜。我注视他的脸，干黄，双颊凹削，一张皮绷在颧骨与两腮上，双目无神，布满血丝，嘴唇起皮。油腻的长发搭在他的额头，由于刚刚结束了跑步，他身上浓烈的汗臭阵阵散发开来，但我没有扭开脸。锅底冒着热气，他用网给我捞起两颗牛肉丸。

"因为不愿意进入睡梦中，我才起来跑步的。"他讪讪地跟我解释，"酒精也不能阻挡那些可怕的梦。只有跑得筋疲力尽，我才能勉强睡上一会儿。"

我不想看他的眼睛，也没有问那些是什么样的梦。但是他却自顾自地说起来。他说，妻子和女儿的尸体没有找到，那应该是埋在地底。罗生跟我说起他那奇怪的梦。说是，作家大概是可以理解的。梦境是在一个类似于倒塌的废墟般的旧厂房，像墓地那样荒凉，他趴在地上，盯着一个缝，她的妻子和女儿被埋在倒塌的建筑堆里，她们向外面的缝伸出求救的手，她们只是用恐惧的眼睛盯着自己，不，用恐惧的眼睛盯着死神。却听不见任何呼喊。罗生说近在咫尺他却无法靠近。不，他纠正道，我已经觉得她们是在另一个世界，眼前的缝很近，却是永远够不着的，她们已经在另一个世界。

我怔怔地看着他，惊讶他的梦如此具体。他突然声音大起来："你知道吗？我经历了一种可怕的死亡……"因为有个缝，总会有丝丝空气灌进去，所以妻子和女儿很久才死去。在这个过程中，另一个世界的他，每一分每一秒都跟她们一起经历着，直到突然无法呼吸，他才大汗淋漓地醒在床上。他垂下眼睑，说，作家，我想请你帮我一个忙。

后天是农历七月十五，按照汶川的习俗，要祭拜死去的亲人。因为要燃鞭炮，烧纸钱，所以祭拜只能选在少人居住的偏僻的地方。罗生要我帮他写一篇祭文，可是我这辈子没有写过祭文，但我还是犹豫着答应了。因为，我马上想起《红楼梦》有过类似的情节，藕官为死去的药官烧纸，在园子里被夏婆子捉住，偏被宝玉撞见，宝玉哪里见得这等痴事，傻事，以他的性情，是一定会帮这藕官的。我深知祭拜亲人备有祭文是相当隆重的，这一仪式后被很多人省略，而罗生此次要备祭文，我怎么能让他有这个遗憾。

那天我也去了，天一黑，我们来到附近一家没有建好的楼盘后面，靠山的那边，有一处堆放废弃木条和钢铁架的地方。他摆了一个香案，两样水果，一鱼一肉，共四样。把两小捆香纸摊在地上，我看到"中元大会之期化洋钱一包"的字样，毛笔写的，"故妻罗氏xxx收用"。他一一摊好，妻子的，女儿的。他蹲在那里，手法细致，轻柔，非常虔诚。他应该洗了澡，头发很干净，还换上了白色的T恤。我甚至还闻到清新的香皂味。他抽出三支香，并在一起，点燃，把香合在手中，跪在地上拜了几拜，然后插在泥土上，站起身。此时，我们一句话也没有说，罗生拿出一串鞭炮，示意我走开，不要靠得太近，我退了两步，把耳朵捂上。心惊肉跳的爆竹声过，一地浓香，一地碎红。罗生再次蹲下身去，点燃了香纸。我把祭文递给他。当他读到"恨不能追到地下，与你们团圆"这句时，他突然放声大哭，我的眼泪也夺眶而出。火熊熊燃烧起来，罗生哽咽着把祭文念完，然后抛入火中。

我捡来红砖垫在地上，我们坐在火堆跟前，灰屑飞舞，我们的脸上，头发上都是灰白的纸屑，火渐渐熄了，烧过的香纸打着卷，发出噼啪的响声。罗生突然对我说，你知道我刚才为什么大哭吗？我疑惑地看着他，难道不是因为悲痛而失声痛哭吗？罗生转过脸来，说，上次我跟你提到那个梦了吧，其实我并没有全部都告诉你。他再次失声痛哭起来：当我把手伸向那个缝，可是，我发现有一股力量把我往下拖，我碰到死神冰冷的手。当时我只有一个意念：我不愿意跟她们一起死！我要逃离，不愿意死去。我立即收回了我的手。可是……我为什么连在梦中都不愿意做个假，为什么梦中也不愿意跟她们一起去？

——这个梦每天折磨我。我可耻地活着，活在假装失去她们的痛苦中。为了试探自己的内心，有几次，我爬上了天台……可是，我依然想活着。

这才是真正痛苦的根源，我读懂了这个在深夜奔跑的男人。生命本源性的矛盾让他痛苦。在灾难面前，在死神面前，人心是不堪试探的。一旦静止，让思绪有机可乘，他就会面对灵魂的责难与自我的羞辱。奔跑，是一种密不透风的麻醉，是短暂的放逐，而筋疲力尽之后睡眠可以让他的灵魂得以安歇。那么，我大可不必担心这位罗生，生命的本能会让他活下去，即便终生背负失亲的阴影，然而，我还是相信，他会有春天，会再次发芽，会灿烂如花。

深夜的篮球场上越来越少见罗生的身影。而我，显然要不可救药得多。我解释不了，为什么我的人生并没有遭遇灾难性的巨痛，我却硬是把它捣腾得满目疮痍。

四

去年秋天，我采访了东莞的一个奇人。他叫薛军，在一家鞋厂打工。2012 年，他从江西瑞金负重起跑，历时 141 天跑完了红军两万五千里长征路，过了草地，翻了五座雪山。一时间被媒体热议。我素来对铺天盖地的新闻报道不太有兴趣，诸如"中国阿甘""马拉松狂人"这类媒体式标签，我以为遮蔽性太大。我之所以对他有兴趣，是因为奔跑。我隐隐觉得，跟这样的人会有某种隐秘的汇合，我们应该有相同的那部分。采访中，他说："我像一个疯子一样在马路上奔跑，人群纷纷从我身边逃开。我被当作是疯子……"这个矮小的河南男人，一身农民的气质，颇为健谈，他不停地跟我说起诸如荣耀、毅力、励志之类的话题，我都不太听得进去。直到他说，我的身体有火，而且这火天天在长。这是我对他的采访中，唯一感觉跟我相同的那部分：身体里的火。

"如果我不跑，我就是一个农民"，听到这一句我笑了，塞壬啊，如果你不写作，你以什么来确立自身的存在？然而，薛军现在是一个探险的英雄，他觉得除此之外的人生毫无意义。奔跑成就了他，他的奔跑指向世俗的成功。这是他苦心经营的事业。我跟他的不同在于，即便没有成为塞壬，我依然觉得红的人生一样意义非凡，一样是一个强有力的存在。

在一次文学的沙龙活动中，有一个陌生人向我走来，他问我是否在东莞虎门待过。我点了点头，说自己在虎门待了两年。来人自我介绍说，自己是一名业余摄影师，有几张照片想要送给我。他把一叠照片递给我，我一张一张地看，眼泪涌出。这应该是 2006 年拍的，当时我在虎门。照片中，在广场深夜奔跑的我，咬着唇，绷着小脸，是那么不甘，路灯的红光映入眼中，我如同一头生猛的小兽，那么狰狞，那么凶狠。我穿着紧身的 T 恤，并没有戴文胸，乳房怒放，它圆滚滚地激突出两点，几乎夺衣而出。这就是奔跑中的塞壬，生腥，狂野，身体里装着马达，在黑夜疾奔，在无边无际的孤独中警醒，紧握拳头，奔向属于自己的那扇门。

原载《人民文学》2013 年第 12 期

歌姐的女儿叫艾平

艾　平

没人知道我少女时代有个伙伴叫来歌。

没人听到过我在一片漫染着青柞叶气息的山野里叫她："歌姐、歌姐、歌姐……"没人知道我四十岁的时候常常想起她来，在大雪笼罩的夜晚里翻出那个蓝色的日记本。我和歌姐共有的那段纯洁又浪漫的岁月，在这个蓝色的布面日记本里静静地度过了二十五年。

蓝色的日记本布满了歌姐娟秀的字迹，在这些字迹的中间夹着几十片树叶。不同的是它们姿态万方的形状，相同的是它们片片了尽青汁嫩色，变得淡似残胭、薄如羽翼，唯见得叶脉丝般地结下桔色的光网，熠熠楚楚。记忆中的那个夏天仿佛就在眼前：林地、霏霏细雨，青白色的石板路氤氲成一抹淡淡的绿。歌姐的声音从这幅画中走出来："每一片叶子都不相同，每一次经历对人生来说都不可重复。"或许就是为了纪念歌姐的这番话，我渐渐养成一个习惯，就是每当到了一个留下美好记忆的地方，就摘一两片树叶带回来。而我最早的一片树叶，是歌姐从树上摘来送给我的。

在这个日记本的扉页上贴着一张我和歌姐的合影。那个年代照相，都要在上面题一句主席诗词之类的豪言壮语，诸如"风华正茂""指点江山""敢叫日月换新天""战地黄花分外香"等。可是我们的这张照片上题的是个一点都不豪迈还透着些许无奈的句子：献给未来的回忆。

那一年，父亲从"群专"的监狱里给放了出来，而我家已经被迫搬到了一间只有十几平方米的简陋的平房里。母亲只好把我和弟弟、妹妹送到大兴安岭东麓的小镇扎兰屯外公家去暂住。

歌姐和一个外公家邻居的一个女孩儿是同学。记不得歌姐是怎么到的我们院儿，只记得歌姐当时给我讲了一个十分好玩的故事——从前有这么兄弟二人，叫大林和小林。大林请小林帮助他做一件事，小林开始的时候有点不大情愿，大林就说你要什么说好了。小林说我要一块蛋糕一块蛋糕一块蛋糕。大林说那没问题。于是，小林就把那件事情做好了，当然是一件很小很小的事情。后来大林就拿着一块蛋糕来报答小林，小林说你应该给我三块蛋糕才对，我要的是一块蛋糕、一块蛋糕、一块蛋糕……

歌姐的外表文雅端庄，皮肤白皙，一双黑黑的单眼皮的大眼睛亮亮地漾着层水，她的微微向上翘着的嘴配上这样的一双眼睛，人好像是总在笑着。她说话的时候轻声轻气的，即使当她的听众已经笑得前仰后合的时候，她仍然是轻声轻气地笑着，发出很好听的声音来。看不出歌姐有一点爱打扮的心思，但却是极干净的。那个年代没有什么洗发的专用品，我记得自己用肥皂洗头发总是把头发搞得涩涩的像是生了锈，而歌姐的头发竟保持着一贯的清爽乌亮。她穿一身北京蓝纯棉质地的学生装，已经洗得蓝里透白，翻出一个带着小碎花的白衬衫领子，越发显得朴素秀美。后来我才知道，歌姐也是用肥皂洗发的，她用的那种肥皂只要一毛二分钱一条，比我用的肥皂还要粗糙，不同的是歌姐是在河里或者用雪水洗的头发。她的带小碎花的白衬衫其实是她用碎布头缝制的一个衬领，还有她脚上时常更换的带拉拉的布鞋，也是她自己的手工。歌姐有一个蓝色的布面笔记本，里面是她从读过的书上摘录的一些很美的段落和诗句。歌姐和我在一起的时候，便会把这些很美的语言轻轻地背诵出来。歌姐还是个讲故事的好手，就是《青春之歌》《欧阳海之歌》那样的长篇也不消片刻便讲得清清楚楚而且打动人心，可是如果来了别人，歌姐会马上闭上嘴巴，她属于那种稳稳当当不爱显摆的女孩儿。

我的童年是在工厂宿舍区度过的，由于父亲是厂长，"文革"开始以后，我失去了继续上学的可能，每天躲在家里，一听到外面有锣鼓响，就吓得心惊肉跳，渐渐成了一个孤独的少女。歌姐那轻轻的声音犹如一阵轻轻的风，猛然间吹开了我心中紧闭的门；歌姐那温柔敦厚的情怀和善解人意的性格，复苏了我原本快乐开朗爱说爱笑的天性。我和歌姐一整天一整天地彼此诉说着。我们的谈话从来就没有主题也没有目的，只是轻轻地说着，轻轻地笑着。

　　我把心里想了许多回的秘密一股脑儿全说给了歌姐——为什么那些被叫作小姐的女人不是拍电报的女特务阿兰、资本家的姨太太林宛芝，就是威虎山的土匪"蝴蝶迷"、瞧不起无产阶级的冬妮娅之类，并且全都长得非常好看呢？如果"小姐"两个字并不是好人的意思，那么那些往我们家窗户上贴大字报的人凭什么称我善良的妈妈和大姨小姨是"齐氏三小姐"？难道他们的错误是她们的美丽？还有，我们长大了就一定要结婚吗？为什么只有结婚才会生小孩？我要是长大了一定要生一个白白的穿白雪公主那样裙子的小女孩，但我是绝对不结婚的，因为我的班主任老师结了婚就变得又丑又凶。歌姐很温柔地用五指作梳子为我梳理头发，绞尽脑汁地化解我固执而又迷惘的质疑。歌姐结的辫子要分六股，一股一股地编在一起，几天不梳都像刚刚编成的那么好看。歌姐的那些诸如"假如生活欺骗了你，不要失望不要心急……""笑骂由人笑骂，我行我素而已"等选录在那本布面笔记本上的名人名言虽然也可以使我的眼前柳暗花明上一阵子，但是深深打动我的是歌姐在听我讲话时那微微皱着眉头十分专注的神情。她那样耐心地听着我的话，从不轻易地打断，而且往往在我表达不清楚的时候轻轻地递过来一个足以点题的句子，使我把自己的意思尽可能淋漓尽致地表达出来。这让我知道她不仅不认为我的话傻里傻气或者完全与她没有关系，而是从心灵里需要和我对话。歌姐同样地把她的心思交给我——她说她在一个春光明媚的早晨，用一个罐头瓶子在玫瑰花的花瓣上接得了一些露水，她把这瓶子封好，放在了地窖里，没有几天那水就有臭味了，而且里面还漂浮着黄色的花粉和黑色的小虫子，这雄辩地证明林妹妹和宝哥哥在槛外人那里喝的梅花雪水茶纯属虚构；她说自从知道了许广平原来是鲁迅的学生以后，一想起来心里就有点乱，怪不得鲁迅总好像是海婴的爷爷。她还说她跟我的想法差不多，也是不准备结婚的。她的一个同学初一没读下来就结婚了，班里的同学去看这个新娘子，人家正盖着大红的缎子被在炕上发烧，不洗脸不梳头不系扣儿完全变成了一个脏兮兮的大妇女。结婚实在是太可怕了。歌姐还说一定要带你到柞树林子里看蚕。蚕宝宝是很娇气的，千万不能用带香皂味儿的手碰它们，它们一闻到香皂味就噗噗地摔到地上，染上土的蚕宝宝特吓人，就像被拉直了的大毛毛虫。柞树林子的草窠里能找到沙半鸡蛋，出了柞树林就是香瓜地，到了香瓜地你可以尽情地挑最好的瓜吃不要钱，只是一旦开了的瓜就得吃掉，瓜师傅不许人糟贱瓜……我们就这样不吃饭不睡觉一气聊下去，我们的话好像老是说不完。

我知道歌姐正是那个我等了很多年的朋友。

我们的足迹布满了晴朗的夏天，我们的笑声自由自在地飘扬在青红色的果园里、天一样纯蓝的小河边。我们撩开细密的灌木丛，去摘一种叫黑天天儿的野果，差一点儿掉进暗隐在其间的潜流丢了性命。在歌姐的一个农人亲戚家，我们两人竟然一顿啃了二十一穗又嫩又甜的青玉米。我窥见了蚕宝宝吐丝的秘密，也领略了歪瓜裂枣的甘甜。我们早出晚归，在山野里徜徉，忘记了随时有可能迎面扑来的野兽，忘记了悄然而至的夜幕；山坡上丛生的带着灰毛毛的四叶菜，开着白色小铃铛花的玉竹，翩翩起落在玫瑰花蕊上的大蝴蝶，嫩柳条皮做成的柳哨，河滩上拾到的毫无奇异之处可放到水里立刻花纹纷呈的石子……大自然的任何一个小小的细节，都能引发我们无休无止的话题和无边无际的遐想。终于，我们在一片青黄色的草丛中发现了沙半鸡栖息孵卵的家园。我在无意间掀开草丛，看见一窝浅褐色的沙半鸡蛋泛出柔和的光泽，像一些亲密的兄弟又像漂亮的宝石。"真美、真美……"我惊喜得快要跳跃起来，马上伸出手去触动那些可爱的小东西。歌姐在后面轻轻地拽住了我。

忽然歌姐好像想到了什么，她分别从蛋窝里拣出两个沙半鸡蛋，小心翼翼地用一捧干草托着。

我说你不是说大沙半鸡回来会伤心的吗？

歌姐说每窝丢一个蛋它是不会发觉的。

歌姐说她要这两只蛋不是用来孵小沙半鸡的，她要做成空蛋送给她的好朋友。

　　除了我还有谁是歌姐的好朋友呢？一路上我默默地想着这个问题。

　　第二天，我还是放不下那两只蛋，来到了歌姐家。歌姐正在厨房里忙着做早饭，我像一个影子似的跟在歌姐的身后，看歌姐像变戏法儿似的打开那口大大的用泥固定在锅台上的铁锅，在一片蒸汽和粮食的香味中一个一个地铲出那些金黄色的玉米饼，装了满满一盆，连同一盆稀稀的小米粥一起端到里屋去……歌姐把我介绍给她的全家。她似乎已经忘记了昨天的事情，从此没有提起过那两只沙半鸡蛋。

　　歌姐的家境和我预先的猜测完全不一样。歌姐的父亲是一个普通职员，因为"文革"期间被打成"内人党"而双腿致残，不能上班，每天坐在炕上看书或是躺着休息。歌姐的妈妈个子矮矮的，手指的关节非常明显地粗大，是个风湿病患者。歌姐还有一弟一妹，都在读小学。歌姐一家人都不大说什么话，我来了，他们笑笑就算是打过了招呼。歌姐家给我印象最深的是两个擦得透亮的窗户和一铺用牛皮纸糊过刷了清漆的火炕。歌姐家不可能再有别的什么物品了，因为歌姐一家五口全靠伯伯的六十元工资生活，日子是很拮据的。可是歌姐家总有那么一种和颜悦色的气氛。后来我经常在歌姐家吃饭，每当歌姐把一盆玉米饼端进屋的时候，弟妹们就会放好炕桌，然后给爸爸妈妈盛粥，要是赶上有菜，全家就会让来让去地半天，最后歌姐就会像一个节目主持人似的，给弟妹少分一些，其余给需要补养的父母吃，而她自己是舍不得吃一口的。爸爸妈妈定要夹些给她，她马上就夹给了弟弟妹妹。吃完饭歌姐还有好多事情要做，给爸爸抓药，洗全家人的衣服，给淘气的弟弟做鞋。这个家事实上是由歌姐撑着。

　　我真的为自己整天地缠着歌姐陪我东游西逛后悔，因为我发现歌姐要因此起得很早，提前把家里一天的事情做好。歌姐总是在拉风箱的时候看书，在大毒日头的中午去河边洗头发。我开始管着自己尽量不去打扰歌姐，可是每次到底还是去了歌姐家，而歌姐两天不见我，就好像我已经给大灰狼叼走了似的急忙来看我。后来，我进了歌姐的学校上初二，低歌姐一年，歌姐差不多每天课间操时间都来看我。歌姐是全校闻名的好学生，我因此也光彩了好几分，当别人对我说："你姐找你来了，你和你姐长得真像。"我便含笑不语，一副得意的样子。

半年的时间流水似的过去了。冬天的时候学校组织我们野营拉练，要步行几百里，住解放军的营房，自己做饭，并且给解放军叔叔演节目。当我穿上歌姐给我借来的绿军装，听凭歌姐的指挥满头大汗地给自己打绑腿的时候，爸爸突然来了。爸爸说他已经被"解放"了，又像从前那样忙了，好不容易有空来接我，要我明天就跟他回家。我说明天我们还要去野营拉练呢，死活不肯脱下绿军装，后来就开始哭。没有想到的是歌姐会反过来劝我说回去就回去吧，看不出她有多少难舍难分的感觉。她轻轻地和爸爸说了些礼貌的话，就收回了绿军装匆匆地离开了。

中午，歌姐的妹妹来了，带来了歌姐给我的两件东西。歌姐临时决定早晨六点提前出发打前站去了。第一件东西是那个我熟悉的蓝色的布面笔记本，在布满歌姐笔迹的页间，平展地夹着歌姐在这个夏天里和我一块采集的各种树叶。第二件东西是个纸盒。打开纸盒，我看到了歌姐在匆匆之际写给我的话："小心别碰碎了它们。"在纸条的下面，是那两只褐色的沙半鸡蛋，不过已经给歌姐抽空了蛋汁，变成了玲珑剔透的工艺品。这些蛋壳底下衬着浅绿色的野草，就像我第一次在柞树林子里看到的一样。

歌姐以她独具的方式，向我表达别离之情。原来歌姐夏天说的那个她最好的朋友就是我。

回到父母身边，我开始像一个热恋中的小情人似的给歌姐写信，有的时候这封信还没有发出去又来了新的述说愿望，于是，拆开信封一加又是好几页。不久，我到新的学校上学。老师、同学、每天上学路遇的行人、每一次失败或者成功的考试，统统成了我向歌姐汇报的内容。歌姐的来信虽然不如我的信那样洋洋洒洒海阔天空，然而她那淡淡然不见矫情不见粉饰的文字更有一种真切的力量，时时呼唤着我的思念之情。有一段相当长的时间，我在新的班级里几乎是独往独来、沉默寡言的。到夜晚来临，窗外旧教堂的院子里落雪无声，我便捻亮一盏橙黄色的小台灯，怀着一片圣洁的心境与歌姐娓娓而谈。

我和歌姐的通信持续了三年。在这三年期间，由于父亲的重病我退学到邮电局参加了革命工作，十分不情愿地离开了无比眷恋的课堂，带着十六岁的孟浪和清纯走进了不可知的社会。歌姐她也已经初中毕业，由于家庭困难，她没有能按着自己的壮志豪情上山下乡，而是去针织厂当了一名绣花女工。我曾经去扎兰屯看过歌姐一次，那时她还不知道将被分配到哪里工作，我也因为不能继续读书而感到命运不济，前途叵测。我和歌姐就是在这样的心境中，拍下了那张题有"献给未来的回忆"字样的照片。

歌姐在一次来信中突然对我说，艾平你要记住，你一定要上大学。后来她的信就越来越少了，她给我的最后一封信是在我高考复习白热化的时候收到的。这封信写得很短很短，只是告诉我她已经结婚了，丈夫是一个天津知识青年。

歌姐怎么不说一声就结婚了？歌姐的天津知青是一个怎样的人？歌姐婚后的生活幸福吗？这些甚至在考场上都会从心底冒出来的问题，被我强抑了好几年。那几年我被周围的工人阶级褒贬参半地称为大学迷。我的大学梦一次次地像美丽的肥皂泡一样无声地飘起来又无声地落下去，可是我一年年咬紧牙关坚持着，我始终没有忘记歌姐的话。

我带着大学录取通知书去看歌姐。她正站在窄小的屋里为我的到来包饺子，面粉沾在她的衣襟和刘海上，她的身后是糊着牛皮纸的火炕和简单的行李。外面下雨，屋地有些泥泞。歌姐的脸和眼睛发黄发锈，头发不如从前那样整洁了。我进门的时候她反过身来看我，我没有找到那熟悉的微笑。

歌姐的天津知青在一家国营小食杂店里做营业员，歌姐在告诉我的时候突出了"国营"二字。他正帮着歌姐忙碌着，我偷偷地窥视着这个突兀地在我和歌姐之间走来走去极尽地主之谊的陌生男人。我看见他腮上浓重的胡须和微驼的脊背，我看见他有一双粗糙的手，上面的指甲和手纹是黑色的，那是常年劳作的印迹。他似乎有些窘迫，嘴里嗫嚅地说着一些我一句也没有听清楚的客气话，而且每说一句话，就扭过头去看一看歌姐。我还看见他背向我时，发旧的衣服上，泛着碱花似的汗渍……

歌姐说，你有对象了吗？

2014
民生
散文选

我说，就算有了吧。

歌姐说，也是大学生吗？

我说，是大集体的……

歌姐转过脸去看她的天津知青，我看不到她的表情。

在这次期待已久的会面中没有发生期待中的娓娓长谈。歌姐已经不再属于那个山清水秀的夏天，不再属于那些浪漫而灵秀的故事，歌姐她已经把自己的手放在一双男人的手里，面向一种完全不同的生活走去，她是准备与这个男人相依为命的。虽然这个男人的工资只有三十几元，只能给歌姐一个漏雨的长着茅草的新房，只能给他们即将出生的孩子一个衣食窘迫的童年，但是，这个男人会给歌姐一份可以厮守一生的安定。生存的第一笔代价歌姐已经开始付出，她正在毫不吝惜地忘记生命里的一些东西，而这些东西恰恰是连接我和歌姐的纽带。歌姐艰难地移动着身子到大门外送我，在泥泞的秋雨绵绵的午后，我躲在伞的下面一句告别的话也说不出来。

我不知道该怎样给歌姐写信。已往的话题已经苍白，而讲述大学里快乐雅致的生活，我又担心会成为一种炫耀引起歌姐的伤感，毕竟歌姐她是个天性极高的女子，她比谁都知道世上还有许多幸福本来与她十分相配。就这样，我读书、毕业、分配到西部，渐渐和歌姐断了音讯。

直到有一天，我已经有了为人妻母的经验，在生活的长河里被磨炼成了一颗既可以随遇而安又坚不可摧的石子，便经常一个人坐在灯下，长时间想着歌姐，翻阅歌姐送给我的那本蓝色封面的笔记本；笔记本的纸页已经泛黄，歌姐的字迹已经模糊，岁月已经遥远，歌姐的声音却由远而近：每一片叶子都是不相同的……

歌姐，你在哪里？我向每一个熟悉歌姐的老同学问询歌姐的消息，从冬到夏，许久许久。

歌姐的声音终于从远方传来。

歌姐说她的天津知青在完全死心踏地地准备在扎兰屯扎根一辈子的时候，突然收到了返城通知，歌姐带着他们的两个孩子跟他去了天津。歌姐的工作问题始终不好解决，后来一想算了，就在一家大学里做了清洁工，工作也不怎么累。歌姐说她的大女儿已经读到高中，是个品学兼优的好学生。歌姐还说当年没有机会告诉我的是，因为歌姐怀她的时候老是想我，就以我的名字给她起了名……

歌姐的女儿叫艾平。

原载《北京文学》2014 年第 8 期

神秘神圣的文学圣地

陈忠实

我第一次和陕西作家协会发生联系，诱因是文学刊物《延河》，这是 1957 年我读初中二年级发生的事。我在语文老师车老师自选题目的作文课上，写了平生的第一篇小说《桃园风波》，时年十五岁。之后的某天早晨上早操时，车老师到操场上来找我，示意我跟他走。我心里不无忐忑，会不会哪儿出了错被领去训斥？尚未走出操场，车老师的一只手搭在我的臂膀上，这个亲昵动作且不说让我受宠若惊到有些慌乱，倒是瞬间便化解了犯错受训斥的疑虑了。车老师却不说话，领着我走进语文教研室。

刚刚踏进语文教研室，看见四五位男女老师坐在自己的办公桌前，突然听到他们接连说出两三个怪里怪气的人名，顿时爆发出哄堂大笑，我顿时被吓得蒙住了。引发他们哄笑的三个人名字，是我在作文本上写的小说《桃园风波》里的几个人物的绰号。我那时刚刚读过赵树理的几部小说，他的小说里的人物大都有一个别致的绰号，正在热衷到崇拜赵树理的我，很自然地也为我写的第一篇小说里的人物起了绰号。能引发几位语文老师的开怀大笑，可以见得那几个绰号还有点意思吧。这是我事后的估计，当时却愣着蒙着站在教研室里动也不敢动了。车老师随即把我叫到他的办公桌前。

车老师告诉我，西安市要搞一次中学生作文比赛，要求每个学校推荐两篇作文，一篇叙事文，一篇议论文，本校语文教研室已选定《桃园风波》作为叙事文参赛。这是我做梦也没有想到的令人鼓舞的事，姑且不赘。说完这话，当我准备离开之际，车老师又接着说，他想把《桃》文投寄给《延河》。我又是发蒙。车老师料知我对此举的无知，当即解释说，《延河》是省上办的文学刊物，发表小说诗歌散文等文学作品。我听得似懂非懂，却是随车老师觉得怎么做就做吧。车老师末了又说，你的钢笔字不大行，我另用稿纸抄一份寄去。我当时尚不会说感谢之类的话，依旧站着。车老师用稍低的声音又对我说，要是能刊登，会有稿费的……

我便知道且记住了《延河》。当时的省作家协会叫什么名称，我已无记，却一直记着《延河》，也大略知道了投稿；如果稿子能发表，会给稿费，第一次听说写小说能挣钱。我后来想到，车老师最后说给我的"会给稿费"的话，大约不是诱惑，而是出于怜悯，我到城里读中学的两年里，一日三餐吃的是开水泡馍，相伴的是咸菜，绝大多数时月里用开水泡的是死硬死硬的苞谷面馍……如若车老师说的话能落实，我就可以吃上白馍了。尽管此事再无下文，我却记住了《延河》。

1959 年春天读书到初中最后一学期，我已转学到离家稍近的东郊一所中学，从学校的阅报亭的某种报纸上看到一条消息，柳青的长篇小说《创业史》即将在《延河》连载。我此时已经知道陕西的包括柳青在内的几位大作家，却没有读过他的作品。随之到学校附近的邮局探问是否有《延河》零售，得到肯定答复，我便把家里给的买咸菜的两毛钱存在口袋里，随后便买到了柳青的《创业史》首发的《延河》。那时尚不能称《创业史》，名为《稻地风波》。第一次发表的是《稻地风波》的篇幅不小的《题叙》，一读便入迷了。之后每月盼到《延河》在邮局首发的日子，我便买回一本，迫不及待地在宿舍阅读起来。我的崇拜不知不觉间从赵树理转移到柳青，且不说两位作家作品的各自优长，单是把《稻地风波》对关中生活语言艺术升华的魅力，就令我倾倒入迷了。我也是从《延河》的版权页上得知，这是陕西作家协会所办的文学刊物，在西安建国路。

随之在《延河》上读到杜鹏程、王汶石的小说，我对柳、杜、王的崇拜便形成了。崇拜情感里便隐约着神圣，文学的神圣，有柳、杜、王等令我崇拜的大作家坐镇的陕西作家协会，也有了神秘亦神圣的文学圣地的感知。

再次和陕西作家协会发生关系，已经是十多年后的 1972 年末或 1973 年初了。文学朋友徐剑铭给我写信，告知一条重大新闻，"文革"中被砸烂的省作家协会开始恢复工作，不许沿用作为旧名称的作协，改称为"文艺创作研究室"，坐镇的仍然是获得"解放"的柳、杜、王等老作家和老编辑。刚刚开过一个以工农兵业余作者为主体的会议，要出版的文学刊物《陕西文艺》实则是《延河》的代称，《延河》作为"封资修"的标本不许再用。编辑们向参会的业余作者约稿，徐剑铭在应诺自己写稿之后，向主持人推荐了我，随后又把我在《郊区文艺》上发表的散文《水库情深》送给《陕西文艺》的编辑。我很感动徐剑铭的推荐。不久就接到署名路萌的来信，内附《水库情深》的用红色钢笔修改多处的稿子。此稿发表在《陕西文艺》试刊的第一期。手里捧着印着我习作和名字的《陕西文艺》，终于在"《延河》"上露面了，兴奋之情无以言表。尽管手里捧着的是《陕西文艺》，心里浮现的却是《延河》……想来颇有趣，给《延河》的两次投稿，均非我为之，一次是我的语文教师车老师，一次是文学朋友徐剑铭，真可谓良师益友。尽管我尚未踏进过陕西作家协会的大门（此时已改称陕西文艺创作研究室），然而似乎已经消解了那种不无神秘的距离。

第一次走进作家协会的大门，约略是 1973 年的春末。我借用在郊区党校参加一个学习班早起早睡的时间，写成一篇万余字的短篇小说《接班以后》，投寄给《陕西文艺》，不久便接到电话，对《接》基本肯定，还有一些需要修改的意见，我便利用到城里开会的机会，第一次踏进作家协会的大门。不过不是原本的陕西作家协会的大门，而是陕西戏剧家协会的大门；陕西作协设在建国路的大院，据说被什么军管会占据，刚设置不久的陕西文艺创作研究室，被安排到东木头市的陕西剧协院里办公。在我意识里没有差别，见到《陕西文艺》的编辑，就算进了陕西作协的门了。记得当时给我修改意见的是已经在电话上说过话的路萌，随之又见到了董得理，肯定地告诉我，将在第三期《陕西文艺》刊出，免不了鼓励性的好话……这是我平生发表的第一篇小说。此后，已经记不得哪年哪月，我再到《陕西文艺》编辑部去说什么事时，老董拿出刊有我《接》文的刊物，小说的第一节有不少修改的字迹，老董让我一处一处看过，最后才神秘地对我说，这是柳青修改的。说他和编辑部的人去看望病中的柳青，带去了新出的《陕西文艺》，随之又得到柳青修改的文本。我在那一刻有点迷茫，这是意料不及的惊喜所发生的反应，须知我自初中三年级读《创业史》起直到那个时候，柳青如大山一样在心里崇敬崇拜着，却没有单独拜见的机缘。看着柳青对《接》第一节的多处修改的字迹，那种崇敬崇拜的心理又注入一种亲近的情感。

新时期伊始，陕西作家协会回归自己原有的建国路大院，陕西文创室的名字和"文革"一起被废弃了，堂堂正正的陕西作家协会的白底黑字的牌子挂在大门立柱上。《陕西文艺》也自然地终结了，《延河》重现其本真的风采。我已记不准何年何时踏进建国路的陕西作协的大门，却无可怀疑的是去得比较频繁了，或是送新创作的文稿，或是应召到此开各种文学话题的会议。难忘的一件事，发生在1979年初夏，我已经从公社（即今时乡镇）调动到西安郊区文化馆，比之事务杂乱的公社，到文化馆读书写作的时间太多了。我的一个短篇小说《信任》在《陕西日报》发表，王汶石当即给《人民文学》前来向他约稿的编辑向前推荐转载，这是向前见到我的时候告知的。之后一两日，我到《西安晚报》参加一个座谈会，在门口遇见也来参会的杜鹏程，一见面就说，你的《信任》我看了，写得挺好。王汶石和杜鹏程都是我久仰的老师，高中时我和三四位喜欢文学的同学组织了一个文学小组，曾经在课余时间到学校旁边的灞河沙滩上反复讨论他刚刚发表在《人民文学》上的短篇小说《沙滩上》。两位前辈对一个后来者的习作的关注，其文品人品的高尚就成为我直接的情感记忆了。

20世纪80年代，我因行政区划变更回到离家更近的设在灞桥镇的灞桥区文化馆。不过一年多时光，我得知陕西作协党组决定调进包括我在内的三个青年作家，到专业创作组搞创作。能有幸进陕西作协大院搞专业创作，在我自有不胜荣幸的欣喜，却也潜存忧虑，万一创作难再发展提升，坐在那个专业位置上的滋味是很别扭的。在我刚刚得知这个消息不过几天时间，西安市文联一位素未谋面的领导驱车来到灞桥文化馆，见面握手之后便直言相告，要调我到他供职的市文联去。尚未等得我表态，他又直言不讳地说，他已经得知省作协要调我去的消息，当即和相关领导交换意见，要调我去他那里。我也当即表示不愿去他那里。他听后呵呵一笑，说他早预料到了我的这种态度。接着说，他已经给人事局交办过了，不许放走我；说我既不愿去他那里，也去不了省作协。我第一次和他见面，却被他坦白直率的性情所折服，便随之回话，那我待在文化馆也挺好。我说的倒是真话，调回到灞桥区伊始，区委领导在一次干部大会上宣布各个部门干部任职的时候，任命我为文化局副局长兼文化馆馆长，并做出特别例外的规定，让我只参与文化局和文化馆的大事议定，不安排具体工作，把主要精力投到写作上。我曾经很感动，有这样关心一个作者的党政领导，在我是幸运的，其实我和专业创作没多少差别。我对这位初次见面的坦率无掩的市文联领导竟无抱怨，反倒觉得在文化馆不会产生到作家协会写不出东西的心理压迫。这样，我便心安意静地在故乡灞桥古镇上继续着读书和写作。

时光不觉间匆匆过去近两年。秋末的一个晚上，一位在灞桥区委工作的老同学到文化馆来很高兴地告诉我，市上要求下属区县为市上推荐两名年轻的备选干部，本区推荐的人中有我。他向我祝贺，无疑是一个难得的提升的良机。他走后我却陷入慌乱，早已确定以写作为事业的我，根本不想再回到行政部门。我担心一旦一纸调令下达就麻烦了，当即决定到省作协通报此事，原先要调我到作协的事还有效么？第二天一早便乘公交车进城，找到时任作协秘书长的王绳武说明原委。王秘书长很热情，又说了他到市人事局调人遭拒的事，一时似无良策可循。意想不到的幸运随之到来，记不得哪位朋友道出一条途径，说王汶石的老师大作曲家张寒晖的夫人是市人事局局长，可找王汶石给其说说话或写封信。王秘书长当即找到王汶石老师。果然，此事很快就办妥了，我在当年十一月调入省作家协会，安排到专业创作组从事写作。我进入意识里早已储存着的神秘神圣的文学圣地了。

这无疑是我最理想的人生位置，也是后半生的位置。在我过去不敢设想现在确已进入的这个位置之后，欣喜之情很快过去，原有的压迫感占据了意识和心理的主导位置，挂着专业作家的牌号，不要说写不出作品，而是说写不出好点的作品，那样的日子将会不堪设想怎么过。我自然会想到年龄，正好年过四十，勉强还被称作青年作家；再说自家底细，缺失正规的高等教育，依靠自学获得的知识难免残缺；我不能再耽误时间，既想抓紧写作，又需要继续学习弥补先天性知识空缺……大约在跨进省作家协会大门的同时，便决定回归原下老屋，那是一个清静的所在，有利于读书，也有利于回嚼曾经经历的生活。

　　我从此就回到白鹿原北坡下灞河岸边的祖居的小院，不觉间竟有十年……

原载《黄河文学》2014年第 7 期

遥望珠穆朗玛峰

刘上洋

一

去年夏天，我们踏上了被誉为地球之巅的西藏高原，亲眼目睹了珠穆朗玛峰神圣而又瑰伟的风姿。

我们是早晨从日喀则出发的。从这里到珠峰登山大本营约有200多公里的路程。过去在我的想象中，珠穆朗玛峰作为世界第一高峰，在前往它的路途上，一定都是高山峻岭，一定都是悬崖深谷。人坐在车上，一定会感到心惊肉跳，一定会吓得魂飞魄散。但是实际情形却恰恰相反，车子行了很久，就好似在丘陵地带行驶一样，不仅很难看到巍峨高峻的大山，而且还不时会出现一片片绿树、庄稼以至宽阔平坦的田野。倘若不是远处的雪山在蓝空下泛着银光，你肯定会觉得这不是在雪域高原而是美丽江南了。

然而，随着车轮的飞转，路边的景色却渐渐地发生了变化。就在我们不经意间，路边郁葱葱的树木不见了，绿油油的青稞不见了，取而代之的是一些矮小的灌木蹲长在山谷之间，到后来灌木也消失了，展现在眼前的是一片片草原。这些碧绿的小生命从山下的低洼处一直铺向山顶，用微不足道的身躯汇织了一张连绵起伏的天然绿色巨毯。在这无边无际的绿茵中，时而会有一团团乌云和一絮絮白云在飘动，那乌云便是牦牛，那白云便是羊群。放眼望去，碧绿的草原连着湛蓝的天空，地上的羊群辉映着天上的云彩，让人不由得产生一种壮阔而灵动的诗意。在一些山口或高处，挂满了五颜六色的经幡，风儿吹来，掀起阵阵彩色的波澜。看见车子来了，路旁的牧民和小孩不断挥手频频向我们致意，那憨厚善良的神态，使我们想起了藏族寺庙里大大小小的佛像。不知从什么时候起，草原突然隐退了，除了嶙峋峥嵘的光山秃岭就是乱石遍布的沟壑，一切绿色的生命在这里戛然而止，毫无生机的荒凉使人感到一种窒息，一种恐怖，一种似乎进入了月球似的孤寂。

有人告诉我们，这里海拔已经超过了 4500 米。但一路上大家似乎觉得没有在登高，这也许是因为路途曲折漫长在慢慢爬坡的缘故。其实人生又何尝不是这样，许多新的高度都是在前行途中不知不觉登上去的。

在柏油路的尽头，终于遇到了一座高山。寸草不生的山坡上盘亘着一条简易裸露的土路。车子在凹凸不平的路面上跳跃着、颠簸着，我们被抛得一上一下，身子就像散了架。特别是车子在经过一个个之字形的弯道时，巨大的惯性一会儿把人甩向左边，一会儿又把人甩向右边，连续大幅度的激烈摇摆，不仅使我们本来由于缺氧引起的头痛变得更加厉害，而且又使我们感到一阵阵的头晕目眩，以致肠胃翻腾，直想呕吐。还有令人讨厌的是，因为是土路，前面车子卷起的尘土，拖成一条长龙，滚滚飞扬，遮天蔽日，使后面的车子根本看不到前方，只有放慢速度拉开一段距离远远跟行。幸好山的坡度不算很陡，所以尽管山道弯弯，尘土弥漫，这段行程还是比较安全和顺利的。

翻过高山，便是一个村庄，大家惊奇于在这样一个自然环境十分恶劣的高海拔地区竟然有人居住，可见人的生命力是何等顽强。在村庄的后面是一片宽阔的石头河滩，一条小河在中间哗哗奔流。同行的藏族同胞说，这是由珠穆朗玛峰的冰雪融化汇流而来的。在藏语中，珠穆朗玛是"大地女神"的意思，怪不得这河里的水是那么的纯净，那么的清澈，那么的晶亮，甚至还带有一种神圣的味道。

沿着河岸而上，又行了一段路程，前边山脚下出现了一座寺庙，这就是世界上海拔最高的庙宇——绒布寺。前方是一片开阔的沙石谷地，没有公路，只有车轮碾压出的道道印迹。这时，只见司机加大油门呼啸着向前冲去，那种无拘无束，那种放纵任意，充溢着一种野性，张扬着一种自由。就在大家为此而血脉贲张、豪情澎湃时，车子吱的一声急刹，猛地在一块不大的土石坪上停了下来。

原来是到了珠穆朗玛峰登山大本营。大家的脸上不禁泛起了一阵惊喜。

二

天公作美，阳光灿烂。

此时的珠穆朗玛峰，像一座巨大无比的金字塔，披着银装，晶莹剔透，在蓝天下光闪闪地屹立着，并显露出一种少有的冷峻和阳刚。但没过多久，一团白云又飘然而至，裹在她的身上，若隐若现，半有半无，这时她又像一个披着轻纱的羞涩仙女。面对着这座神往已久的世界最高峰，大家都不约而同地向她久久行着注目礼。

不知为什么，我忽然觉得，仰望中的珠穆朗玛峰，并没有此前心目中的那样高大和雄伟，没有那种直插云霄的冲天气势，没有那种"唯我第一，舍我其谁"的王者霸气，没有那种叫人一看就叹为观止的震撼与刺激。不要说和西藏的其他雪山相比没有什么大的不同，甚至在观感上还没有内地的一些山峰那样显得高耸挺拔。人们曾在鄱阳湖上遥望过庐山，曾在齐鲁大地上仰视过泰山，曾在关中平原上远眺过华山，胸中都会油然地涌起一股顶天立地、高不可攀的感觉。其实这三座山峰的高度也就在海拔 1500 米左右，加起来的总高度也只有珠穆朗玛峰的一半。它们尚且会让人产生如此巍峨壮观的印象，那么天下第一高峰珠穆朗玛峰那种给人的冲击力肯定就无法比拟了。试想，一座高达 8844 米的山峰耸立在人们面前，那该是一种怎样的景象啊！这恐怕是用任何语言都无法形容的。

在登山大本营边的一块台地上，立有一块珠穆朗玛峰高程测量纪念碑。看着上面用醒目的红色数字标明的珠峰高度，再抬头望了望远处的珠峰峰顶，一个问号始终如珠峰的云彩一样在脑子里盘旋，为什么在世界第一高峰面前会产生不是很高的感觉呢？这种落差和错觉是怎样形成的呢？这时，正好旁边有人在问珠峰登山大本营的高度，一声5200米的回答使人恍然大悟，这不就是因为我们所处的位置高吗？站在这样的高度看珠峰，当然就不会觉得很高了，世界第一高峰的形象也就大打折扣了。这其实也给了我们一个很重要的启示，对于一个人来说，在前进的道路上，一定要不断地提高自己的相对高度。只有这样，才能观高不觉高，也才能看到一座又一座更高的山峰。

在登山大本营看珠穆朗玛峰没有"世界第一高"的感觉，还有一个重要因素，就是珠峰不是一峰独立，不是唯我独高。在它的周围，可谓群峰争雄，竞相昂首。仅在方圆20多公里的范围内，高达7000米以上的山峰就有40多座。在其南面的3公里处，耸立着8516米的世界第四高峰洛子峰和7589米的卓穷峰；在其北面的3公里处，耸立着7543米的章子峰；在其东面不远处，耸立着8463米的世界第五高峰马卡鲁峰；在其西面附近，耸立着7855米的努子峰。如果说有大山就有群峰的话，那么有群峰才有高峰。正是这些林立的高峰，使得最高峰珠穆朗玛峰不能鹤立鸡群，而只能默默地和其他高峰并肩而立，以至让人乱眼迷离，难分高低。这样，珠穆朗玛峰的"世界第一"自然也就模糊在人们的视线之中了。

身为最高而不显其高，这也许是一种最高的境界。

三

登上珠穆朗玛峰峰巅，是世界上多少人梦寐以求的愿望。

一个多世纪以来，在珠峰那银白色的险峻陡坡上，闪现着一批又一批攀登者的背影。

也许是因为西方人喜欢探险，最早向这座地球最高峰发起挑战的是英国人。

那是在一个气候适宜的春夏之交，一个名叫豪伍德·布里的英国人，率领着一支登山队来到了珠穆朗玛峰脚下，拉开了人类首次攀登世界第一高峰的序幕。不用说，这无疑是一场险象环生、生死未卜的战斗。在攀登的过程中，他们不仅要越过锋利无比的冰刀脊、险峻异常的冰陡崖、或明或暗的冰裂隙、迷宫一般的冰塔林和随时发生的雪崩区，而且要应对变幻莫测、反复无常的恶劣天气。结果可想而知，他们失败了。在此后的数十年里，英国人曾经 8 次试图问鼎珠峰，并有 10 余人遇难，但却没有取得一次成功。直至 1953 年，才由他们的后继者埃德蒙·希拉里和丹增两人第一次把人类的脚印踏上了珠穆朗玛峰峰巅，开创了人类首次登顶成功的新纪元。

在英国人登上珠峰后不久，中国人也不甘示弱，奋力迈开了攀登的新步伐。20 世纪 60 年代初期，王富洲、贡布和屈银华以大无畏的英雄气概，把鲜艳的五星红旗插上了珠峰之巅，谱写了中国人第一次征服地球最高峰的历史新篇章，他们的名字因此被广泛地传颂着，他们的事迹也因此被镌刻在中华民族的史册上。然而很多人却不知道，就是在这次攀登中，有一个名叫刘连满的人，在登至"第二台阶"时，毅然地把氧气给了队友，虽然自己没能登顶，却为队友的攀登成功竖起了一架坚实的人梯。

在人类不断攀登的陡险征途上，我们常常把赞美和荣誉献给那些成功登顶的人们，而容易忽略背后那些默默奉献、勇于牺牲的人士。殊不知，这些人也是成功者，同样应当为他们建造一座辉煌耀眼的纪念碑。

随着时代的变迁，攀登珠峰的内涵也渐渐地发生了变化。如果说过去的登山是为了显示人的意志力而挑战自然极限的话，那么现在的登山则是为了和平与友谊，让人类的明天更加美好。

1988 年春天，这是一个令人难忘的季节。由中国、日本和尼泊尔三个国家组成的联合登山队，兵分两路，从珠峰的南北两侧同时攀登，从而创造了会师峰顶，双向跨越的伟大奇迹，友谊之花第一次在珠峰之巅绽放。时过两年，也就是 1990 年，中国、美国和苏联的登山队员相聚在珠峰脚下，并一道成功登顶，他们以这种独特的方式，向全世界宣示爱好和平的心愿。1993 年，中国海峡两岸的登山队员，怀揣着同一个梦想，首次携手挑战珠峰取得胜利，在实现祖国和平统一的伟大事业中留下了自己厚重的足迹。最激动人心的莫过于 2008 年 5 月 8 日上午，肩负北京奥运火炬接力珠峰传递任务的中国登山队，经过艰苦攀登顺利到达峰顶，由藏族女队员次仁旺姆高擎的奥运"祥云"火炬在地球的最高峰熊熊燃烧，其辉煌的光焰照亮了天地，照亮了世界的每一个角落，不仅把奥运精神提升到了一个前所未有的高度，而且推动着人类的和平、友谊与发展进入到了一个更新更高的境界。

　　然而，近些年来，在攀登珠穆朗玛峰的队伍中，也出现了一些不该出现的身影。他们当中，有旅游爱好者、有好奇探胜者、有一试身手者、有盲目冒险者，甚至还有白发苍苍者和身患残疾者。这些从全球四面八方而来的人们，不仅使珠峰狭窄的登山小道变得人满为患，而且那些随意丢弃的废物和垃圾严重地污染了珠峰的生态环境。更有那么几个富豪，凭着自己的财大气粗，不惜动用人力和物力，硬是装模作样地登上珠峰，以此向世人展示自己超凡的身价和本领。珠峰这座世界第一高峰，正在成为世界的最高娱乐场和最高名利场。攀登珠峰，已经从神圣走向了庸俗，从美好走向了丑陋，已经失去了它本来应有的意义。

　　人类应当永远牢记，地球上只有一个珠穆朗玛峰。让我们怀着敬畏和虔诚小心翼翼地保护好这座冰清玉洁的世界第一高峰。

原载《江西日报》2014 年 6 月 6 日

大地·花朵·川流

鲍尔吉·原野

这是一个关于土地的故事，也是一个关于爱的故事。在花朵、山川、河流之间，我们看到的是土地，是长粮食、长水果的土地，是农民可以站在那里赏花、是朱鹮可以在其上飞的土地，是沙漠里长出绿洲的土地，也是生长着孟浩然们的土地……

华兹华斯说："春天草木中的一阵颤动，将比所有博学者，教会人们更多的道德善恶。"爱，不是抽象的字眼。爱的情感，一定是从土地、自然中生长出来的。离开自然与土地，爱将是空洞的。

——编者

引 子

这几年出差，回来爱跟跑步的朋友说见闻。我一露面，这帮因流汗而皮肤发亮的跑步人就围过来。一天，跑步人散了，建国从树后跑过来，羞涩地——他六十五岁了，还羞涩呢——说：给你拿点东西。我说啥东西？他不好意思。我把东西从他衣服里掏出来——一个早年的铝饭盒，打开，里边是酱焖小土豆。我问送这干啥？建国说，求你个事儿。

他说老父亲九十九岁，今年9月10日过百岁生日，让我出差捎回点当地的水。我说飞机不让带水，他说你把水快递回来，他老父亲过生日那天用祖国各地的水浇一盆长寿花，吉利。他拿出一个防雨绸兜子，里面装十多个白色的小塑料瓶，瓶口系着两米多的渔线，瓶底黏了一个螺丝帽。他说有线在河里取水就方便了。建国是工厂退休工人，办事细致，我说妥了，你就等着祖国各地的水上你们家汇合吧，你们家就是水库。

万亩梨花

我见到好的地名比见到好的书名更羡慕，觉得人活在好地名里是一种幸福。神木、仙游、福鼎，这些地名多好。丰县也好，它是我今年出游第一站。繁体字的丰字上头站满麦穗，下面有豆撑腰，看着就富足。人来丰县，咸称其丰。丰子恺如果活着，肯定一年来一回。当年有人问他姓哪个 feng，他答丰收的丰，对方不解。丰子恺说汇丰银行的丰，人始悟。子恺辛辣，天下哪有比丰收更丰的事情呢？

在江苏省丰县，我看到最丰美的景物是万亩梨花。入四月，我老家的凹地还有积雪，而大沙河畔的梨花园已成花海。如此宽广的大地，竟被梨花开满。枝头似雪，树下却青草离离，蜜蜂在枝头缭绕。梨树怀抱大，枝条平伸，把花开到别的树上了。花瓣在枝上奔跑，金色花蕊是它们的接力棒。在梨花下行走，走走就泄气了，梨园太大，走到太阳西沉也走不出梨花的天下。这个县宋楼镇的梨园有六百多棵百年梨树，最大的一棵梨树王胸径八十多厘米，每年挂果四千多斤，厉害吧。吉林省梨树县也未见有这么大的梨树，丰县有，丰字真没白叫。丰县果树面积五十多万亩，栽种红富士苹果二十八万亩，白酥梨十万亩，它是全国水果十强县。丰县的蔬菜种植面积达六十万亩，牛蒡、芦笋等果蔬已成为江苏省出口创汇基地，这个县完成了由粮食大县到果蔬大县的转变，丰！

县城有护城河，开挖于战国时期。我拿建国的小瓶取水，这些小瓶特好用，瓶底有螺丝帽，嗖地入水，咕嘟咕嘟灌满了。我拎上瓶子，拧盖。心想，丰县把战国时期的护城河水献给了建国他爸。

陕南行

我南行的第二站是陕西省汉阴县。这里的凤堰梯田最好看。清晨，梯田从白雾中露出曲线，柔和秀美，大地犹如盛满黄金稻穗的盘盏。苍鹭穿过梯田上方，飞到汉江边上。淡蓝的炊烟从村庄孤直升起，大地一片晶莹。

凤堰梯田位于秦巴山脉的凤凰山上，临汉江，连片面积达一万二千多亩。据记载，梯田于清代同治年间长沙移民吴氏家族创建，集山、水、田、屋、村于一体，梯田在河流交汇处渐次升高，引山涧水从上而下自流灌溉。山坡上梯田罗布，有的坡几十级梯田，有的坡上千级梯田。水漫过上一级梯田的石头围沿，浸润稻秧，流到更下一级梯田，一直流下去。

梯田用石头围沿抱着金黄的稻子，如怀抱子孙。在崇山峻岭围垦万亩梯田需要多少石头啊？想象不出这里的先民肩扛石头垒田的情景，不知垒了多少年，这里无异于梯田的长城。而这一切的辛劳，只为了修田。人不来此地，不知耕地珍贵。世间万物，最珍贵的莫过于粮食。粮食哪里是用钱衡量的物品？在这里，粮食是天地大美的结晶，谁浪费粮食，谁不是人。

我在梯田的围沿上行走，若从天空看，我如走在玛雅彩石壁画上的一只蚂蚁。如果我会开飞机，会常常来凤堰梯田上空飞行，俯瞰这幅巨大的艺术品。说话间，几对苍鹭飞过梯田。好地方会有天使，这里的天使是高洁的苍鹭。它们展开灰色与黑色的翅膀，巡视如梦如幻的梯田。

在村里，见两个小孩做游戏。男孩用铲子垒泥成梯田，灌水，拿青草插秧。女孩挎小筐，在小梯田的水里假装摸螺蛳。我看了感动，问男孩姓什么？男孩说姓吴。女孩也抢着说姓吴。我手摸吴氏子孙的小脑袋，心想他们都是长沙府吴氏的后人。在此地姓吴让人羡慕，他们祖先是建造梯田的农家圣贤，连我都想改姓三天吴。

洋县离汉阴县不远，同属陕南。早上我在乡间跑步，灰白的水泥路分开竹林稻田。这里左手秦岭，右手巴山，汉江自西而东分开大山的南麓北麓。我看了半天，分不清哪座山姓秦，哪座山姓巴。松柏杂木分开山峦的深浅层次，雄浑苍莽。

过桥时，桥下流水清澈，鹅卵石像包在玻璃里，水声似更清脆。我想起忘带瓶了，跑回去取瓶，此时见到一对雪白的朱鹮掠空而过，飞得不高。它们翅膀的白羽透过阳光微微橘红，颈羽如流苏般随风飘逸。虽是一瞬，我看到朱鹮的颜面比一坨印泥还红，它长而弯的喙尖上还有一点红。我觉得相当幸运，四下看看，就我一个人，看到了两只朱鹮，这比包场还阔绰。

20世纪60年代，俄罗斯境内最后一只朱鹮在哈桑湖灭绝。70年代，朱鹮在朝鲜板门店消失。中国科学院刘荫增教授和他的团队走遍了大半个中国，于1981年5月在陕西省洋县姚家湾发现了当时世上仅存的两只野生朱鹮。三十年来，朱鹮数量已增加到两千多只，野外生存范围涉及二市七县，面积达六千平方公里。

朱鹮多数生活在洋县，这意味着洋县的老百姓种粮种菜不可使用化肥农药，以保证朱鹮食物的安全。大凡如朱鹮这么脆弱的鸟类可以生存的地方，均可命名为人间天堂，这里的水质、植被、气候和民风一定臻于优胜。朱鹮真正是好山好水的代言人。

跑完，我在稻田里取一瓶水。这水养的黄鳝、泥鳅是朱鹮的食物，浇花肯定好。

明月照白塘

我出行的第四站是徐州的睢宁县。因为不认识"睢"字，查《辞海》得知这个县出土的汉画像石"牛耕图"被中国国家博物馆收藏并印在门票上。1996年，文化部命名睢宁县为"儿童画之乡"，有一万五千多幅作品送往七十多个国家和地区展出，获金奖二百二十三次。

睢宁让我钟情的是白塘河湿地公园。想不到历史上战乱频仍，而今人口众多的徐州大地有一处湿地公园。

人们常把湿地归于人烟稀少的沼泽地，仿佛建是建不出来的。白塘湿地公园正是建出来的湿地，占地三点八平方公里，有水面一千多亩。这里有五处百亩林园——竹林园、柿林园、海棠园、山楂园、板栗园，还有梅花岛、桃花岛、樱花岛。登一座山即入一片林。我看到无边的山楂树站满山坡，心想这片山全归山楂了，春的白花和秋的红果是这座山的骄傲。以往没见过的海棠山和柿林山，这回都见到了。不同的树的姿态比建筑物更美，它们高低俯仰，疏密错落，塑造别样的景观，树们四季呈现变化的美，比呆板的房子更灵慧。树在风里飒飒，包藏花果，它们是微笑沉默的高士。

登山望水。水边聚集的仙鹤，如同白石铺设的岸。水鸟起飞，影子被微澜摇碎，树影模糊。

睢宁的睢，指睢水。以往十年九涝，把老百姓害苦了。如今湿地形成自然生态系统，水系安宁，为徐州大地储备一个清新吐纳的绿肺。在园区走，我发现游人大部分是农民，这让我很惊奇。人们太多时候看到农民在田边劳作，或在集市卖菜，仿佛那里才是他们站立的地方。在白塘湿地公园，质朴的农人手抚柳枝向对岸伫望，拿手机与桃花合影，我觉得这才是国家图景。以往崔莺莺和张生观花赏月的风雅印记被我从脑中删除。国泰民安的宏愿从民安体现，此地可作见证。

夜游湿地，水面收纳了夜空白茫茫的光带，月亮愈发皎洁。走走看看，来到公园内的水月禅寺。这是一处方正简约的现代建筑，没有飞檐斗拱，体现大道至简的禅宗美学。清风徐来，水面澄净，树木亲密偎依，罗列至远方。我抛瓶取得白塘湿地之水。

金子奔跑

小时候，我在母亲的集邮册上看到三枚"世界文化名人"邮票，线描人物，古装，他们是屈原、关汉卿和汤显祖。我惊异，咱们这么大国家，世界文化名人才仨啊？后来向家属院小孩巡回展示这三位名人，丢了两枚，只剩汤显祖。

这一次来到浙江省的遂昌县，拜访了汤显祖纪念馆，馆内悬挂汤显祖画像，与邮票上一模一样，就差下方有个"中国人民邮政"了。

汤显祖是明代的伟大戏剧家，在遂昌出任五年县令，他笔下的《牡丹亭》诞生于遂昌。《牡丹亭》的戏文高蹈绝美，我疑心与这里的山水关涉，悲剧与美如筋与肉那样是长在一起的。

遂昌山水不小气，清秀蕴藏沉雄，或者说它在江南山水的架构里潜藏野性。千佛山，距县城30公里，远看林木苍郁，走进去身旁悉为山泉，水流细小轻缓。可以状写此地山泉的形容词太少，所谓淙淙、潺潺均隔靴搔痒，水声比形容词更复杂与美妙，它不是一个音，而是复合的和声，如远又近、似轻还重。步行十余里，山泉始终迎送，或山瀑，或小潭，或山涧。我在潭里取水一瓶，坐石上闭目听水，听出水声之外还有鸟鸣，来自头顶。当辨识鸟语之单音节与多音节时，水声消失了。走上石阶，又闻水声。

遂昌有金矿。我们坐小火车进入矿里，参观了明代开采的矿洞。人在金矿的洞窟里行走，目光一定是贪婪的。我看同伴眼神，非但不贪婪，反而迷惘，他们谁也没在石壁上见到金子。行家说，肉眼看不到矿石里的金子。我想也是，肉眼能在石头里看见金子，世界更乱了。我觉得金子会在矿石里看到我们——一帮肉眼凡胎的人且走且望。金子也猜出了我们想念金子的心情，在岩石里笑。

过去听说，金子藏在贫瘠的土地下面。我老家好几处金矿的地表啥都不长，大自然补偿给它们一些金脉。遂昌的金子会挑地方，长在青山绿水之间。这里的人说，金子的矿脉会在地底下奔跑。明明勘察到一处矿脉，过些天却没了。我在新疆和西伯利亚也听过这个传说，相信金子有这个能力，说走就走。要不怎么能叫金子呢？《牡丹亭》里曾有一折，说杜丽娘于花园里倚几而眠，梦中与柳梦梅相会，二人惊诧"是那处曾相见，相看俨然"，这如同说外地来的金子们相见，都眼熟。

遂昌拥有许多国家级的称号：中国竹炭之乡、中国菊米之乡、全国旅游标准化示范县，等等。这里九山半水半分田，若要过得好，他们一定会爱手中的一切。在爱的心田里面，一切都是财富，这在汤显祖笔下表现得刻骨铭心。山水赋予人的，是心机之外的大智慧。

徒此揖清芬

诵唐诗宜来襄阳，这里留下李白、杜甫、白居易一大批著名诗人的足迹。《唐诗三百首》有二十七首涉及襄阳。读三国宜来襄阳，诸葛亮在这里十载躬耕，留下《隆中对》。学书法宜来襄阳，此地养育米芾，人称"米襄阳"。中国魅力城市的颁奖词说，这座城市"凭山之峻，据江之险，外揽山水之秀，内得人文之胜"。习家池、古隆中、米公祠等名胜古迹多达一千多处。

我来襄阳，没带唐诗，只带一双跑步鞋。襄阳有保存非常好的古城墙，在下面跑步十分高古。边跑边看城墙斑驳的砖石，包括箭镞的射痕，心生庄重。我不通晓历史，但我爱这里诞生的一位大诗人孟浩然。"吾爱孟夫子，风流天下闻。"李白这两句诗简直道出了我的心声。孟浩然诗歌恬淡、平缓、简易、深情，合到一起便造就大道风流。孟浩然爱写登高，我年轻时一度拼命背孟浩然的诗，登老家的南山背诵。如今我在襄阳，一面是古城墙，另一面是护城河，边跑步边回忆孟浩然的诗，算是默默献给襄阳的小礼物。整首诗已背不下来，但仍记得一些句子："相望试登高，心随雁飞灭。"每次登高，看飞鸟在视野消失，我都会想起这两句诗。那小鸟在飞行中翻翻身子就变成小黑点，倏尔，小黑点也没了，但心还沿着小鸟的轨迹寻找。"雪罢冰复开，春潭千丈绿。"写早春。"水落鱼梁浅，天寒梦泽深。"写襄阳。"我家襄水曲，遥隔楚云端。"也是写襄阳。《全唐诗》收录孟浩然诗二百多首，其中三十首写襄阳。

跑了一小时，记起这些诗句，倍感倾心。李白毫不掩饰对孟浩然的景仰，称"高山安可仰，徒此揖清芬"。而李白写孟浩然最著名的一首，当属"故人西辞黄鹤楼，烟花三月下扬州"。

鹿门山是孟浩然隐居处，距襄阳城南十五公里。在唐代，鹿门山与孟浩然一样有名，或因孟而获名。李白、杜甫、白居易、王昌龄均赴鹿门山拜访过孟浩然。登山时，我又想起他的几句诗："人事有代谢，往来成古今。江山留胜迹，我辈复登临。"我辈是李杜等前辈登过此山几百年后又登此山的景仰者，是想从山水里看出孟浩然哪怕一点点影子的人。山峰叠翠，古木杂生。我看到绝非唐朝的鸟儿在树梢掠过，觉得听到了与孟浩然所闻相似的流水和鸟的悦鸣。我辈在孟浩然走过的山上行走，见一处风景，便引颈远望，想象孟浩然也这么望过。摸摸泥土，摸摸树，唐朝在哪里啊？孟夫子去了何方？我羡慕鹿门山的小鸟和小虫，它们虽不背孟浩然的诗，但生活在这座孟浩然隐居十七年之久的山上，不白为虫鸟。

近黄昏，我辈吃完农家土菜下山了。我留在最后面，感到惆怅。这是潜意识作祟，因为没见到孟浩然。鹿门山虽无鹿，但涤除了孟浩然心中的尘泥，让他如此清新。那首全球华人尽知的诗——"春眠不觉晓，处处闻啼鸟，夜来风雨声，花落知多少。"最能透露他心里的澄明。孟浩然懂得如何让诗与时光相搏而不溃败，他懂得平淡即是恒久。

一个城市有一座名山就够了，如鹿门山；有一位名人就够了，如孟浩然。襄阳还有汉江，有三国遗迹，有昭明台，有宋玉……这样的地方让人嫉妒。我带着从鹿门寺石井里取的水，也带着满心的艳羡下山。这里是取水的第六站。

望绿洲

人们说，在冰冷的塞上沙原，这里流水叮咚，河里长着鲜绿的水芹菜。人们说，盛夏的沙漠酷热难当，这里竟下起牛毛细雨。人们说，这里乌鸦不来、青蛙不叫、沙土垒墙不倒。这就是国家级自然保护区——大青沟。

大青沟位于我的祖籍——内蒙古的科左后旗——境内。小时候回老家，所见皆为白茫茫的沙海。我和小孩摔跤，倒地身上一点儿土都没有，我还乐呢，说这地方多好，没土。是的，我老家土地少，耕地更少。小时候不知"没土"有多么沉痛。我的堂兄堂姐衣衫褴褛，食不果腹，因为他们的脚下没有土，只有沙漠。那时候，堂兄堂姐的脸上满是渴望，我不知他们在渴望什么。长大后，我才知堂兄堂姐渴望土地、雨水和绿洲。8月份，我回到老家——科左后旗的胡四台村。近暮，草原深绿，雾里钻出我堂兄朝克巴特尔的羊群，一只牧羊犬不必要地左右跳踉，仿佛它为羊群操碎了心。堂兄黑如檀木，眼白和牙齿如刷了白漆。他每天早上3点出发，晚7点回来，变成了非洲裔人。他的羊群加上养牛和种玉米，每年的收入可达十几万元，日子安稳了。

我在胡四台住了几天，坐朝克巴特尔的私家车和他们一起游览了大青沟。

科左后旗的草场，庄稼和防护林长势都好，但进入大青沟别有洞天。植被茂密，古朴如史前时期的绿洲。风景区实为两条沟，一条长十一公里的大青沟，另一条长十公里，名小青沟，两沟宽三百多米，深五十多米，我们在沟里步行十公里，犹如走入西双版纳的热带植物保护库。大青沟有七百多种植物，分成水曲柳、蒙古栎、大果榆三个植物群落。藤缠古木，苔藓侵衣，野花如同摇摆着向远方行走。朝克巴特尔对审美没有诉求，他不断弯腰捡野果和野菜，嘴里说"稠李、欧李、山葡萄、猴头、蕨菜、金针……"他的收获很快把提前准备好的布袋子装满了，眼睛充满笑意。我在小溪里取了最后一瓶水。

从沟里出来，登高远望，树的波涛从树梢翻滚而过，保护区面积达八千多公顷，打败了沙漠。朝克巴特尔说："这里的黑蝴蝶有燕子那么大，飞起尾巴带两根飘带。"他这个说法在大青沟博物馆得到了验证，那是乌凤蝶。博物馆介绍，这里有梅花鹿、黑枕黄鹂等三十八种动物鸟类，黑蝴蝶等一百三十八种昆虫，天麻等二百多种珍贵中草药。这些动植物的存在，对茫茫科尔沁沙漠来说是奇迹，但大自然无奇迹可言，所有现象均由相互依存的因果关系所决定。人觉得怪，是由于他们与大自然越来越疏远。

晚上，我们在大青沟观看一场篝火演艺表演。在火光中，旋转飞扬的蒙古袍惊醒了夜色，安代舞的红绸如火苗一样飘动。在咚咚的舞步中，似有一群精灵从地下跑过，它们是花朵、蝴蝶和树木的信使。

结　语

9月10日，我受邀去了建国的家。他老父亲身穿团花红衫陷入沙发，像弥勒佛一样笑。建国把我寄来的七瓶水冻在冰箱，化冻汇在大白碗里。我端详着透明的水，分不出它们的故乡来。建国搬来一盆长寿花，肉质叶子，四角形的小红花旋转着搭成了一个圆球，像挤着看老寿星长什么样子。老父亲端碗把水倒进花盆里，建国说："这是祖国大地的水，浇灌长寿花，祝您越活越健康！"我说："浇了这吉祥的水，还活一百岁。"他爸耳聋，这句话却听到了，说："我再活一百岁，他们得累死。"建国和他媳妇笑着说："我们愿意！"

原载《人民日报》2014年10月4日

我编斗笠送红军

林那北

　　"万泉河水清又清，我编斗笠送红军。军爱民来，民拥军，军民团结一家亲，一家亲……"我们跳这首曲子不是请人来教，而是去了福州，在市工人文化宫，那里有幢在当时我们眼里几乎与皇宫类似的房子，大门，大广场，大楼，楼的入口处耸立着高高的圆柱。因为海峡对岸的那个岛，福州解放以后一直是前线，"时刻有来犯之敌"的概念几乎妇孺皆知。并非危言耸听，1955 年 1 月 20 日，对岸数架飞机忽然降临，投下三十六枚炸弹，离文化宫一两百米远的小桥头一片火海，屋被毁四千余间，被炸死烧死一百八十八人，重伤九十人，这些都已被史料记载下来，不曾被记载的是母亲的火海逃生。她那时新婚不久，独自从乡下回娘家，娘家离小桥头也仅一两百米。炸弹从头顶狂泄下来时，母亲正在小桥头一位同学家里聊天，忽然警笛响，忽然轰隆隆飞机响，然后地动山摇。好动的母亲身手灵敏，她一直到八十岁仍然可以行走匆匆，和我一同出行，其速度甚至更胜一筹。那天在房屋倒塌的瞬间，母亲飞速钻入床底，然后又迅速跑出火海捡了一条命。身在异地的新郎吓得魂都没了，又无法通消息，差点连夜徒步赶往市里。后来父亲每提起这件事，都加重语气肃穆地说："要是那一次……就没有你了！"应了那句"一朝被蛇咬，十年怕井绳"的老话，活在枪口下哪还有安全感？福州乃至整个福建省在那几十年里都缩手缩脚不敢盖像样的楼，一眼望去低矮破旧的木头老房子乌压压一片，蝇飞鼠走，蟑螂纵横。

所以市文化宫青砖和钢筋水泥砌成的大楼房就突兀而立。工人阶级那时领导一切，主人翁地位显赫。在母亲的娘家，她继母还活着，同父异母的弟弟一家与之住在一起，那里就成为我们来福州的落脚点，常来，春节或者中途什么节日，母亲就照例带我们来一趟，住几天。她与继母虽有隔阂，但彼此礼数是到家的，倒也和和气气。我与表妹表弟都比上一辈简单，该说就说，该笑就笑，该玩就玩，一玩往往就玩到文化宫来了。周围唯有这里最开阔、热闹，广场上都是人，老人下棋，中年人聊天，小孩嬉闹。没想到有一天老师会把我们带到这里学跳舞。

《我编斗笠送红军》，是芭蕾舞剧《红色娘子军》里的片断，六个海南妇女穿湖蓝色的大脚裤、浅绿和本白拼接的短大襟衫，手拿大斗笠，优美而抒情地为红军女战士编织斗笠。教我们的是个削瘦的中年女人，不怎么爱笑，但很用心，一个动作反反复复地挑剔。不过最终她也没太费神，早上去，至下午拿下，傍晚我们回公社。有点像一支训练有素的作战小分队，每个人都有昂扬感，都相信这个节目一旦搬到公社的舞台上，一定很长脸，哗啦啦的掌声已经预先听到了。

公社电影院也属于父亲的管辖范围，电影放映队的几个人每天都在公社食堂吃晚饭，他们放下筷子走出公社大院时，后面通常就多出一个小丫头。即使当时没有跟上，在电影临开演前，我只要挤到电影院门口，那几个检票的人也不可能拦着我。《蔷薇前面》有这样一段文字："检票员看到黑压压的人群中钻出一颗黑瘦的脑袋，脑袋上梳着一个稀疏的小辫子，辫子朝天翘起，像一根芦苇划过水面，越过人群游曳而来。这时候，他们总是理所当然地扬扬手，甚至笑一笑，就把我放进门内了……"这个辫子朝天的黑瘦脑袋其实就是我，我差不多每天出现在这里，不出现的原因只有一个：电影院当晚关门或者我外出了。每场电影前总要先放几则《新闻简报》，毛主席接见谁了，毛主席又接见谁了。这不关我的事，可看可不看，但是接下来西哈努克亲王一出来，我的眼睛就黏到银幕上了。西哈努克亲王有个漂亮的老婆，这是其一；西哈努克亲王旁边有个歪着头不断滑稽地晃动的宾努亲王，这是其二；西哈努克亲王到哪里，哪里就会举办盛大宴会欢迎他——吃不到，看一看也好啊，这是其三。

真是太闲了，闲得除了这些，再没其他可消遣。几年前有次接受采访，记者问最初的文学启蒙是哪些，我脱口道出《红灯记》《沙家浜》和《智取威虎山》，这三出老牌样板戏当时我背得出所有的唱词和对白，它们滋润过我。

芭蕾舞剧《红色娘子军》那时刚被拍成电影，它的上映犹如一池干荷叶上盛开出一朵新莲。太新鲜了，居然可以用脚尖跳出那么波澜壮阔的故事。到处可见吴清华的剧照，最著名的是一张她在空中高高跃起的瞬间，这个丰腴饱满的女子身穿火红的残破衣衫，凌空劈开腿呈斜斜的一字形，上身后弓，左手握胸，右手向后舞动几乎与高翘的左腿触碰到一起——这个被定格的动作有个很霸气的名字，叫"倒踢紫金冠"。很少有人会在这个剧照前无动于衷，它太超越我们生活常规了，速度、力量、技巧，三者的有效叠加，尚且无法令其完美，最重要的是肢体在空中必须足够舒展优雅，那才是舞蹈语言的最高境界。

我相信白胖或者黑瘦老师必定也是在一遍遍看这部电影时，因血液流速过快，脑子失去判断，才忽然有了把《我编斗笠送红军》搬到公社舞台上的念头。

"呐，嗦，咪呐咪哆嗦，呐嗦咪哆咪呐咪，哪哆哪呐嗦，呐嗦……"多么悦耳的旋律，四拍子的，在每一个节拍的最强音和次强音中，我们贴着舞台底部，背对观众，一个接一个举着斗笠，用脚尖踩着小碎步上场了。

可是没有芭蕾舞鞋啊，学校根本买不起或者没打算买。有点骑虎难下，既然已经奔赴福州煞有介事地把舞学回来了，总不能半途而废吧。不知是谁出了一个主意，让我们穿塑料鞋跳，就是那种咖啡色的、脚趾部分密封的男式硬塑料鞋，从前部队里常见，普通人也爱穿，因为它便宜而结实。

内里拆空仅剩一圈厚厚风火墙的大房子，地面是方砖铺出，年久失修，已经遍布深浅不一的坑。从前我们不会在意地面，即使是跳《东风吹战鼓擂》这样非常费力气的舞，脚踩得再狠，也仍然无碍。从脚板到脚尖，与地面接触的面越窄，要求却越高。勒紧鞋带，把脚拇指夹紧，与其余四只脚指头夹成小角度的人字形，然后脚弓一使劲，膝盖一用力，整个人猛地高出一大截。

后来怎么想都觉得匪夷所思，有条件要上，没有条件创造条件也要上，在世界芭蕾舞史上，这算不算最怪异的一个品种呢？还没排练几天，我们的脚就出事了，首先是脚拇指破了、指甲开裂，接着其余几个脚指头也纷纷破损出血。但是老师仍然不打算后撤，我们也多少舍不得撤。涂紫药水、绑胶布，每天眼泪滴滴答答着居然也熬到了登台的那一天。

没有意外，非常轰动。隔着银幕毕竟在远处，哪能与眼皮底下的真实蹦跳相提并论？

"万泉河水，清又清"，这是诗歌中比兴手法的运用。"我编斗笠，送红军"，这一句才是精华所在，需要重点突出。送——红——军！第一段曲子到这里，舞蹈中的六个人在"送"字时，转到台前站成弧形的一排，背向观众，把脚尖往上一踮的同时，双手也把斗笠高高一举，然后在"军"字时，又迅速地、整齐地往后一转，再把腿一别，微侧着身子，霍地坐下了，双手仍然揪着斗笠的边沿，不是用手掌抓住，而是用拇指、食指、中指，轻柔地、优美地揪住。多么富有想象力的舞蹈语言啊，壮观、华丽，起落有致，感人肺腑。而第二段在到这里时更加妙不可言，在"送"字时，六个人斜斜地站成平行的两队，斗笠从身体的前侧横向送出，往前往上画一条弧线，然后在"军"字时，让斗笠从头顶上方猛然往下落，落到一半，又突然定住，定在胸前，而脚部，这是最关键的，脚原先是平踩地上的，在斗笠迅速下落中，左脚尖猛一用力，把整个人往起抬，而右腿则向前举起，举在斗笠的下方。

这个造型与"倒踢紫金冠""常青指路"一起成为《红色娘子军》中最经典的瞬间。

不记得究竟演出几次之后，终于要赴县里参加汇演了，学校领导于是下决心拿出钱买芭蕾舞鞋。鞋是粉红色的，上面有隐约的银光，鞋底高高弓起，鞋头是平的，有块梯状的橡胶物垫在里头，后跟则系两条细长的缎带，像拖着大尾巴。那天还是去市文化宫，还是在那间学舞的房子里，还是那个不爱笑的中年女人。大约是她帮忙买到的鞋，又是她教我们如何绷直脚尖套进鞋，再把那两根缎带从脚踝处交叉捆绑到小腿上。美观是必须的，结实也是必须的。

我们坐在地上，地上是木板的。因为鞋尖多出那块橡胶，绑好带子后，脚一下子陌生了，长出一截是其次，真正吓人的是突如其来的华丽、庄重、仪式感。小心翼翼地站起，踮起脚尖，行走，跨步，抬腿，旋转，地板咚咚咚响，像是敲击一个空置的木桶发出的，微弱的回声宛若私密的耳语。

许多年后的某天，我在半夜突然梦醒，然后睁着眼在黑暗中久久发呆，一遍遍回味着梦境中的那双脚——它们起舞了，居然穿着粉色的、闪着银光的芭蕾舞鞋。这能否理解为一种迷恋？在它离开逝去，再也不可能重新驾驭时，下意识里原来我竟是这般不舍。我不舍的究竟是舞鞋还是那段起舞的日子？

2013 年 7 月中央芭蕾舞团到福州演出《大红灯笼高高挂》，坐进剧院把一场戏看下来，会时不时恍惚一下，犹如梦中，不是因为舞美的华丽，也不是因为演员技艺的出众，都不是。咚，咚咚，咚咚咚，隐约的声响不断传来，它们在剧情之外，也与表演无涉，却被无限放大了，似鼓点，重重撞击着我的耳膜。演出结束后，演员正站在舞台中央接受当地领导的接见，我不禁也走上台，独自一人久久站在侧幕旁。多么熟悉的瞬间，连扑面而来的满是灰尘的空气都是昨日再现，灯光如水，偌大的舞台仿佛是魔法容器，霎时间就把所有人都挤压得弱小而单薄，比没有重量的影子更轻飘不真实。当年我们候场时，总是这样站在从屋顶倾泻而下的侧幕布边上，专注地等待着登台的音乐响起，又常常是从这个角度，观看其他人的其他节目次第上演。这个位置恰似一个神秘莫测的洞口，往前去，往里走，便能抵达另一个与现实毫无关联的世界，身体会被风托举起来，上下翻蹿。

几个女演员匆匆从旁边跑过，台上的职业性微笑此时迫不及待地卸掉，后背上已经湿透的衣裳证明她们的疲倦。她们跑，我眼睛也追着她们的鞋子跑。比过去精巧了，鞋帮明显窄小，弧线内敛，那两根鞋带也改成了隐蔽的肉色，或绿或粉的鞋子于是看上去不像穿上去的，而像是开在鞋尖上的花朵。很想拦下一个仔细看看，这当然不可能，她们兔子似的一个接一个跑远，像惊悸的逃循。定睛一看，舞台已经空了，领导走了，演员散了，一下子铅华洗尽，灯光开始渐灭。

我连忙转过身悻悻离去。

选自作者散文集《宣传队　运动队》

作家出版社 2014 年出版

我们都是鱼儿

邝美艳

　　我关上灯，快速地躺上床，身子蜷缩成婴儿状，紧闭双眼，我想快些进入梦乡，我希望一睁开眼就是天亮，然而，我努力保持的睡姿是僵硬的，睡意迟迟不来，我脑海中的思绪像是草原上脱缰的野马，在肆意狂奔。我的内心似暴雨前的天空，乌云密集，不断翻腾，挪移，变幻，越积越厚，低矮，躁热，压抑。心跳越来越快，越来越有力。那一瞬间，我感觉自己像极了一张拉伸绷紧的弦，在挑战着极限，"嗞、嗞"，我再也绷不住了，忽地睁开了双眼，在暗影里动了一下身体，我本能地想爬起来给他打电话。

　　可是，他才刚刚离开，还不到半小时，他离开前的那一眼还温热着，还完好无损地保存着，那一声叮嘱还在耳边回旋。和每次离开前一样，他身着深色西装，左手提着手提电脑，右肩上搭一个深蓝色旅行包，走出房间，打开楼道的门，然后转过身，看着我，眼神复杂，掺杂着各种情绪，像一团散落打结的毛线，我没有办法理清。那一刻的我像一只要遭到遗弃的猫，恋恋不舍地望着主人。他很快调整了情绪，快速叮嘱我："早点休息，在家照顾好自己。"然后义无反顾，甚至带着些决绝地转身下楼，像一块石头滚落下一口古井，留下一串"咚咚"的脚步声不绝于耳。

第一次送他的那个黄昏，我紧紧抱着他，眼泪"唰"地就流下来了。尽管只有两星期，我仍感到前所未有的恐慌，在这座城市漂泊多年的我，那颗敏感脆弱的心面对每一次分别总像是世界末日般恐慌，手足无措。为了赶车，他还是狠心地先放开了我。那个黄昏我失魂落魄地枯坐在房间里。

我不知道，他每次这样与我分别，他的内心会不会也和我一样，慌乱，忐忑，不安。如果也是这样，我必须学会隐藏，克制，我不想他过于担心。他一转身，我就快速地关上了楼道的门，夹着影子，然后背转身，眼泪流了下来。

楼道里的脚步声越来越轻浅，最终在楼下那道破旧铁门的"嘀"声响后消失，紧接着是关门声，车子的解锁声，车子发动，倒车调头，在这之前，他是一只风筝，我手中握着一根细线，他在那头，彼此牵引着，而当"轰"一脚油门后，线被彻底剪断了，他慢慢挣脱了我，我终于找不到一丝踪迹了。

一个小时前，他还端坐在手提电脑前整理客户资料，电话响了，几分钟后，他语气满是歉意却十分坚定的对我说："亲爱的，不好意思，刚接到上海那边领导的电话，临时让我去一趟厦门，参加一个行业展会，我得马上走。"我刚洗漱完，准备爬上床休息，多年寄居工厂的我，日常生活从来都是一成不变的，上班，下班，回家。每天晚上 11 点准时睡觉，早上 6:50 分准时起床，我的生活像一个永恒不变的方程式。而做销售的他迥然不同，他的生活没有一丝规律，他每天的工作都充满着变数——瞬息万变的市场，错综复杂的人脉关系，还有数不清的规则。

"你们领导有病呀，为什么不能早点安排呢？"我几乎情绪失控地骂道。这已经不是第一回半夜被安排出差了。"我当初和公司有签过合同的，就是随时听从公司派遣，再说福建确实是我的区域。"他还为领导申辩着。我怔怔地看着他，我在想这样一个老实巴交的男人要如何在销售这个鱼龙混杂的圈子里混，他将混得多艰辛。说完这句，他已经打开衣柜开始埋头整理，衬衣、西裤、领带、内裤、袜子、洗漱用品……紧接着是名片、资料、充电器……最终全部浓缩在那个不大的旅行包里。相比我每次换工厂的迁徙，他的迁徙来得更突然，更不可预知。认识他后，我才觉得工厂的生活是多么的稳定，安逸。我也越来越像一只温水中的青蛙。

"咚、咚、咚"，楼道里突然响起了一阵脚步声，我挪动了下有些僵硬的身体，同时竖起了耳朵。毋庸置疑，脚步声是男人的，不快，有力，实沉。我心里一惊，难道是他又折回来了？我有一瞬间甚至想爬起来，但我细听过几声后，就发现那不是他的脚步声，暗夜里，他的脚步声对我来说太熟悉了。"咚、咚、咚"，清脆，响亮，脚步声越来越清晰，转角，拐弯，掩饰不住的轻快。我飞也似地将门打开，门外的他，一脸微笑。

果然，脚步声到楼下就停了，接着是开门声。我应该是有些神经质的，他怎么可能又返回来？

他现在到哪了呢？他应该已经离开塘厦，进入黄江了吧，他现在是在竹山下一桥还是竹山下二桥呢？这个男人常常在深夜仍穿梭在这座城市，这是一座白天都让人担忧的城市，我对于这座城市的夜晚有一种本能的惧怕，我极少夜晚出行。我仅有几次从老家回来和他穿行在这座城市的深夜。深夜的城市，像散场后的电影院，空荡，凌乱，充满不洁的气息。车子平稳地滑行在城市的街道，我却像是坐在过山车上一样，全身紧绷，心提到了嗓子眼。我不敢直视眼前的这座城市，我觉得这安静中危机四伏，像一部恐怖片的开头场景，说不定下一秒钟就会蹿出一个吓人的镜头。我的担忧并非杞人忧天，他的一位同事就曾在深夜连人带车遭遇了一场洗劫。很久以后，我才无意得知，他从上海出差回来那次，在火车站经历了惊心动魄的一幕——凌晨的火车站，人不多，他刚出站，一个瘦得惊人的男子拦住了他，伸出满是针眼的胳膊向他要钱，他僵持着没动，对方就亮出了藏在雨伞中的砍刀，所幸他跑得快。我听得心惊肉跳。

那条弯弯曲曲，一会儿上坡一会儿下坡的小路是他每天的必经之路。他每次去东莞、深圳、广州，都会选择在黄江上、下高速，他说那条路的风景独好。其实我知道他不过为了节省几块钱高速费。自从金融危机后，原本就不大的市场近乎瘫痪，上海总公司一再削减开支，他现在除了那点可怜的底薪，再没有其他的了。市场比流水线绝对残酷得多。流水线啃噬你的青春时会象征性地付给你薪水，按时计，或以件计，多劳多得。市场绝不会因为你勤快卖力而有所打动，持续的低迷让人心生绝望。依着流水线成长的我没办法沉住气，什么格局，眼光，未来，这些都是虚无缥缈的，生存才是最现实的问题。有时候我都希望他改行或者换一份工作，我甚至想他在附近的工厂找一份工作，过稳定的生活。但他似乎很执着，执着地相信市场。

直到有一天，我为了表现自己的沟通力以及亲和力，便自告奋勇地替他拨打一个客户的电话。我声音甜美，语速适中，正当我有条不紊地介绍自己时，对方粗鲁地掐断了电话，握着传来忙音的电话我半天没回过神来。这时我才觉得那些三天两头将推销电话打到我的办公室或者手机上的人是多么不容易。面对无数次的冷漠拒绝，不耐烦，厌恶，甚至粗鲁地掐断，怒骂，他们需要多大的勇气和毅力继续拨通下一个电话。在工厂负责企宣课的我也曾经拒接，或者粗鲁地挂断他们的电话，有一两次因为心情不好，我甚至破口大骂："你们有毛病啊，三天两头打电话，不是说了嘛，我不需要，不需要，不需要……"感觉还不解恨，直接拉入黑名单。

我也曾在明知老板已选择了关系户开的一家文化传播公司制作公司宣传片时，还是在网上联系了数家深圳、广州、东莞的文化传播公司，约他们到公司进行所谓的洽谈。他们一律守时，着装整洁，面带微笑，恭敬地递名片、宣传资料，然后打开电脑，给我介绍他们的公司、经典案例，解说宣传片方案，看得出他们相当的专业，卖力。我端坐着倾听，偶尔点头，外加一两个眼神交流。听完介绍，我不经意地询问一两个问题，然后提点公司要求，个人看法，最后表示对方的专业水平不容置疑，希望对方能够尽快提供一份报价。洽谈就结束了，象征性地握手，告别，他们满含期待地离去。两天后，报价单如约而至，我的任务也就完成了。再接到他们的电话，我轻言细语地回复对方，报价单已呈送老板审核，老板暂未回复，还请等消息，一有消息将马上通知。其实那是一个永远也等不到的消息，我不过应老板吩咐为了要一份他们的报价做参考，仅此而已。挂上电话的那一瞬间我感觉自己有点卑鄙无耻。

我从来不知道他是如何给客户打电话推销他们的产品的，那似乎是一个秘密，我并不刻意窥探，但偶尔有一两天他窝在家里，我从他的拥抱中感受到他需要安慰和鼓励。

　　每逢节假日，他都会早早起来在电脑上发一圈祝福短信，几经打磨，简洁、温暖的话语在点击群发后显得欲盖弥彰，甚至有些图谋不轨。最终下落不明。短信、邮件、QQ、MSN、微信……营销途径越来越多，却也越来越无力。不过，不管怎样，这仍是一名销售最传统、成本最低廉的客户感情联络渠道。

　　当然，对方愿不愿意接受这个所谓的感情联络需另当别论，即使接受了这个感情联络，感情的分量大家都是心知肚明。交易，合同，付款，验货……这些一本正经的词语背后还潜藏着不可告人的秘密。

　　好不容易的一次假期，我们原本计划去周边游玩，临出发前他接到了肖总的电话。那是一个几乎可以与他称兄道弟的好哥们，我虽然没有见过肖总，但常常听他提起——一个四川籍小老板，开着一个小钣金厂。不过我对那位肖总并不看好，说是有意买他的设备，他却几乎成了肖总的免费维修工，三天两头让他去修机器，从来不付他一分钱。这次肖总主动约他过去，并在电话中透露要买他的设备，这可是千载难逢的机会，当然不能错过。他满脸高兴地挂上电话，当即带上公司资料、合同出发了。

　　下午，映着落日余晖，我看到他同保安室的大叔打招呼后，从那个工厂的小门出来了，脚步轻快，脸上挂着掩饰不住的笑意。他一打开车门，我迫不及待地问道："搞定啦？"他将电脑包中的合同丢给我，有些得意。"亲爱的，太棒了，签单了呀！"我激动地叫道。我一遍一遍看着那个合同，半个鲜红的公章，还有那个不可一世的签名，尽管显示着掩饰不住的狂妄，但我仍觉得亲切，我差点要俯身去吻。那一瞬间我似乎有点明白他为什么如此执着了。他显然没有我激动，他已开始联络货车司机，安排明天的工作。

　　隔天一早，他就和联系好的货车一同出发，打包机器，送到肖总工厂，拆卸，安装，调试，一直忙到深夜才回来。

　　我是半个月后才知道那台卖出的设备一周后又被拉回了他公司，那个称兄道弟的肖总不过是借鸡生蛋，用那台设备赶了一笔加急订单后，迟迟不付款，"你们合同不是签了吗？不按合同要付违约金呀？""违约金呢？""难道就让他们白白用一星期？"我气愤填膺地问道。他沉默不语。"卑鄙！无耻！""如此没有诚信的小工厂迟早要倒闭！"我不停诅咒着，诅咒着，我的眼里就泛起了泪，这比自己平日在工厂受的委屈更让我难过。

就在前不久，深圳一家大型电子企业倒闭，一笔6000块的尾款在拖欠了数年后，彻底倒账——那笔单，是他三年前签的，整单的提成不到6000块，全部化为了泡影。

我含着泪打量着眼前的这个男人，这个男人像一块沉默的石头，眼角已有了细密的皱纹，因为常年在外面奔跑，皮肤黝黑，脸上蒙上了岁月的沧桑，唯有那双眼睛散发着没有暇疵的光芒，掩饰不住的实诚，正是这一点，当年打动了我。可是在这个年代、这座城市、这个行业若想光凭着实诚成单那是有难度的。

很多时候，我只能选择坚信他，就像他坚信市场一样。我害怕他的沉默，有一次同行用更高的回扣从他手中抢了一个大客户，他连续沉默了好长一段时间，那是我见过他受打击最大的一次。那原本已经谈妥就等着签合同的客户，结果不想同行一个卖山寨设备的凭着高利润，承诺那个生产经理更高的回扣，硬生生地将这笔到手的单抢走了。

无良竞争、价格战这些销售中的黑幕我不是太清楚，但"回扣"这两个字我是不陌生的。"回扣"，在工厂敏感，忌讳，明令禁止，暗处却无处不在，肆意妄为，这是公开的秘密。

我的一个闺蜜曾经做过一段时间的采购，她坦白告诉我她每月的工资是不需要动的，除去每月的开支还绰绰有余，每天的饭局应接不暇。"在这个位置上，即使你清白，也没人相信的，何不欣然接受？"这个昔日和我一同走出校园的青涩姑娘显然在这个岗位上游刃有余。一年多的时间她就存下了一笔不小的数目，在这座城市的中心开了一家小的化妆品店，只是经营不到一年就倒闭了。

谁也想不到小凤竟然被工厂开除了。小凤是我上一家工厂的一个小仓管，那是一个文静腼腆的小姑娘，谁也不会想到就是这样一个见了生人多说两句话都会脸红的小姑娘居然与一家耗材供应商勾结，虚报入库数量从中谋取利益，若不是看到开除通告后面附的那张有小凤亲笔签名的检讨书，谁也不会相信的。

在负责新工厂目视化管理项目时，也曾有一两家广告公司向我抛出了橄榄枝，那些晦涩的短信，那些意味深长的话语，半遮半掩，只要不挑明，我故作不知。终于有一天那个矮胖长着一双滴溜溜眼睛的广告公司老板将一个信封推给我："这是2000块钱，这段时间给你添麻烦了。"我最终没有接，我选择拒绝并非自己有多高尚，我只是不想让自己的心不安，我也不希望自己的影子从此歪着，我觉得这是多少钱也买不回来的。

其实，每个人内心深处都住着欲念，只是有些欲念被圈养，有些欲念从来都是放养。圈养的欲念遵守着原则道义，性情温驯；放养的欲念野性十足，肆无忌惮；还有一些人天生就有着永远无法满足的欲念。显然，他没有摸清那个生产经理内心深处的欲念。

那段时间，他白天睡觉，晚上通宵钓鱼。我不知如何安慰他，我担心他，一天晚上，我忍不住偷偷跟着他去了钓鱼场。那是一个僻静的钓鱼场，四面环山，夜晚的钓鱼场，一片幽静，他娴熟地支上钓竿，系上浮漂，放上鱼饵，甩入鱼塘中央，一缕光恰好打在浮漂上，然后才坐下来，点上一支烟，我从来没见过他吸烟的样子。烟头在夜色中忽明忽暗，那一刻，我如此心疼这个男人，他从来不过多在我面前坦露他的情绪，他坚忍，沉默，他在选择自我消化。

来这座城市之前，他在海南待了八年，大学四年，工作四年，那是一座叼着牙签，趿着拖鞋，吹着海风，喝着啤酒，笑谈人生的城市。前两年受父母之命，他被迫移栽到了眼下的这座城市，他似乎很快跟上了这座城市的节奏，我却不知道他完成内心的切换还需要多长时间，尤其他现在从事的销售行业，他得花多少精力来补习关于"人性"的功课。

浮漂动了，一下，两下，他站起身子，轻轻拖竿，一条上钩的鱼儿，正垂死挣扎，他并没有将鱼儿留下，而是取下鱼儿，轻轻抛回了池塘中。如此重复，直到天亮，他才收起钓竿回家。

钓鱼的乐趣是什么？后来在不经意的一次钓鱼中，我问了一个同样做销售的中年人。那是一个资深钓手，他自称已经封竿了，却时不时还是会忍不住手痒，跑来钓鱼，用朋友的钓竿，过了瘾，同时也没有破戒。他说，钓鱼就是不停地换诱饵，不同的鱼儿需要不同的诱饵，投下诱饵后，目标只有一个，就是死死盯着浮漂，这时最挑战一个人的耐心。浮漂一动并不意味着鱼儿就上钩了，浮漂动的背后有许多种含义，有时需要眼疾手快，有时需要适时观望……当然，钓鱼最大的乐趣在于提竿时，与鱼儿斗的感觉，那是一种无声的较量。女人肯定难以理解钓鱼的乐趣，做销售的人都偏爱钓鱼。说完，他又意味深长地加了一句，有时钓鱼比信佛还管用。

就这一句，我全懂了。

"我想要怒放的生命，就像飞翔在辽阔天空，就像穿行在无边的旷野，拥有挣脱一切的力量……"我迷迷糊糊睁开眼，天已大亮，手机的音乐在欢跳，我接起电话。"亲爱的，该起床了，我已经到厦门了。"那端传来他被海风濡湿的声音。

我揉了揉有些发晕的脑袋，将手机扔到一边，昨晚我几乎彻夜未眠，直到天亮才迷迷糊糊睡去。我好像还做了个奇怪的梦，梦见了什么呢？我努力回想着，却怎么也想不起来。这时上班的闹铃再次响起，我翻身起床，准备刷牙，突然看到了一旁鱼缸中的一条小鱼儿，我脑海中终于蹦出了那个奇怪的梦。我梦到所有的人都变成了鱼儿，我和他也不例外。鱼儿们全都游弋在水中，我们一面努力寻找着食物，一面小心翼翼地避免成为食物，然而一不小心我们就被生活推上了岸。

原载《散文选刊》2014 年第 10 期

汪星人记趣

高洪波

我曾养过六条狗，六个"汪星人"。六条狗与我相伴时间全加起来也比不上第七条名叫"谷子"的牧羊犬。

谷子今年已经十岁了，换句话说，它在我家已生活了十年，十年一觉扬州梦，够长的。据说狗的一岁相当于人的七岁，如此说来，谷子今年七十整，资格显然够老够深，在人类社会，它已年近古稀了。

谷子刚进我家时才一个月大点，懦弱胆怯的模样，小可怜一个。在它之前我养过斑点犬斑斑，可卡犬库克，还有西施犬乐乐，腊肠犬豆豆，日本秋田犬大白，德国小猎犬克斯腾。当然，要说明的是这些狗不是同一时期在我家生活的，否则会让人误以为我是一个狗贩子。其实当时我家仅有一百多平方米的空间，除去人的生存需要，也仅够一只狗活动，注意：是正常活动，而不是剧烈运动。

谷子前面的六位前辈，好几位都是我家的匆匆过客，譬如乐乐，养了一个月后送给科幻小说名家郑文光先生，成为陪伴他晚年的最佳伙伴。后来我写了一篇怀念它的散文《小犬乐乐》，乐乐一点不在意。送走一年后，我与妻子去郑文光家做客，长大了的乐乐居然不认旧主人，抽冷子在我妻子手上咬了一口，害得她大过年去打预防狂犬病的疫苗，让防疫站的看门老头好一阵数落，很没面子。

还有腊肠犬豆豆，养了半个月后被小说家、电影导演兼猎人，同时是我科尔沁的乡党江浩看中，抱回家更一洋名"坎贝尔"——一个美丽的世界名模，江浩心中的偶像，从此坎贝尔享受极高的待遇：乘车时坐在副驾位；吃饭时替江浩守定席位兼首尝各种美食。江浩每年都回内蒙古草原渔猎，坎贝尔勇猛猎兔追鸡，把一只腊肠犬的强势尽情发挥出来。同时由于江浩训练有方，坎贝尔居然能出门叼报纸取信件，充当了一名四条腿的邮递员角色，在小区内名声大震。

说到江浩，便不能不说另一位女小说家陈染，他们二位与我的养狗生涯关系密切，尤其陈染，曾把一只聪明的斑点犬斑斑交到我手里，从此演绎出来一个有趣万分的故事。

陈染现在饲养着一只叫"小三"的贵妇犬，她用深情的文字描写着小三的各种状态，表达出女作家对小动物浓浓的爱。小三的前辈斑斑，因为过于调皮和不服从陈染的管教，她无奈之下送给了同楼相住的我，同时还陪嫁有两桶皇家狗粮与一个童话中才有的狗的小木屋。

斑斑真的极其聪明，它出现在我家时正值美国影片《一百零一只斑点犬》全球热映，这部动物喜剧影片替所有的斑点犬做了顶级的广告。事实上斑点犬真的聪明，斑斑一来我家，就表现出非凡的才艺，它会坐，会握手，能热情待客。可是它害怕孤独，不能一个人在家待着，否则就会捣乱——最典型的一次是我们下班回来，进门发现满地是白色的卫生纸，仿佛大雪纷飞的场景，原来为排遣孤独，斑斑叼出所有能找到的卫生纸卷，然后在地上逐一拉开，形成十分怪诞的后现代派艺术效果，这就是斑点犬斑斑释放孤独的一种高超手段。还有一次更过分，斑斑在无纸可搜的状态下咬断了电话线，咬坏了电视控制器、音响控制器、电扇控制器，或许它无聊时想看电视节目吧？可后果却让人不寒而栗。后来，斑斑的顽劣一发而不可收，它对毁坏遥控器仿佛有特殊爱好，我不断地买，它不断地咬，不管放在哪里它都能找得到，我甚至怀疑斑斑是电器维修商派出的卧底，它让他们赚了我不少钱。

斑点犬的确是精力旺盛的狗，据说它的族群在原产地每天须跟在马车后面奔跑三十公里才惬意。这样一个活泼的犬种，在我家显然被囚禁得十分苦闷。于是我替它寻找到一个新主人，这个主人居住的空间够宽够大，更重要的是这个主人的女儿在北京郊区有一幢房子，足够让活泼的斑斑尽情驰驱。

这个新主人叫贺捷生，是位女将军兼女作家，更是一位好大姐，对小狗历来有特殊的感情。贺大姐爽快地接纳了斑斑，因为她自己家里已经有了三只狗狗，一时养不过来，暂时把斑斑托付给她表弟饲养。有一天，江浩听说了这个故事，自告奋勇说把斑斑交给我，带它回到科尔沁草原大显身手。于是我陪顽皮的电影导演江浩去找贺捷生大姐，并小心翼翼地提出了带走斑斑的想法。

贺大姐诚恳地表示理解江浩的好心，说斑斑真的是条好狗，你们可以带它回草原，不过我有三个要求，希望你能做到。

江浩点头，说您尽管说，我一定考虑。

贺大姐不紧不慢地说道："斑斑这一年多以来养成了一些卫生习惯，一是要刷牙，二是便后要擦屁股。"说到这里，我和江浩愣住了，这是狗还是婴儿呀？可是还没完，贺大姐又补充第三个条件："斑斑的眼睛容易上火，所以每天要点眼药水，就这三点要求，能做到的话，狗就交给你们带走。"

江浩听到这里连忙摆手，说贺大姐这狗您自己留着吧，我真的伺候不了。

斑斑就这样没有变成出塞的王昭君，快乐万分地留在了贺大姐身边。它挺争气，曾当过一次模范母亲，一口气生出十一只小狗，并把每个孩子都照顾得非常健硕，是尽职而又聪明的超高智商的狗妈妈。

下面该说到另一条名贵的可卡犬库克了。

库克的身价挺高，花了四五千块钱（这在 21 世纪初是天价）才买到的，当然不是我买的，是库克的女主人，一个电视剧演员。由于女主人的男朋友不喜欢库克，我想这里面有几丝嫉妒的成分，所以在男朋友与库克之间，最终前者占了上风，这占上风的结果是金黄色的狗帅哥库克进了我家。

库克的确英俊非凡，一身金色的长毛，丝缎一样垂落在胸前，耷拉着的大耳朵，摇起来左右翻飞，让人垂怜万分。我牵着库克走在大街上时，不断有人上来打听价格，希望我转让，每到这时我和库克都变得高傲起来，我摇头它也摇头，库克只能摇头，不能摆尾，因为它注定没有尾巴，否则就不是可卡犬，尤其是英卡。众所周知，尾巴是每一条狗表达感情的重要标志物，库克的尾巴拇指大小的一截，但这一小截"尾巴"如果你注意观察，欢乐时也会微微颤动，这是每只狗的天性，哪怕秃尾巴的库克。

可惜好景不长，没多久库克凶狠的一面暴露出来，它爱咬人，而且出嘴极快，防不胜防。一天晚上我们一家人坐在沙发上美滋滋地看电视，为图舒服我脱了袜子，孰料这脱下的袜子居然成为库克的私财。当我看完电视弯腰摸袜子时，它毫不客气地往我手上咬了一口，牙印深深，流血潺潺，我吃惊地叫出声来，而库克却是一副无辜又无所谓的样子，看来它把守护袜子当成了一项责任和义务了！

没办法，只好连夜去防疫站注射狂犬疫苗，而且要一连注射五次，库克的无情让我好不狼狈。

库克最后还是交给了江浩，他自称一流驯犬师，没有驯不好的狗。

结果是可想而知的，狗帅哥库克白牙森森，一路咬去，先咬了江浩的儿子，接着咬他的邻居和朋友，而且绝不住嘴，越咬越欢，粗略统计，至少有七八个人被库克送去打狂犬疫苗——它才真正是防疫站派出的"托儿"呢！

转了一大圈，无人敢养的库克又回到它原先的女主人手中。女主人把它送回四川老家，而且库克平生首次坐上了飞机。在四川那块湿润快乐的土地上，据说库克旧习不改，仍然咬了一连串抚爱它的人。库克最后的结果不太妙，被安乐死了——库克事实上是条患有严重心理疾病的狗，只是所有人都被它英俊的外表所迷惑。这种心理疾病与它小时候的遭际有关，因为争宠，它常常遭男主人的殴打，这种人对狗的施暴严重扭曲了狗对人的信任。当我知道这一切时都已经晚了，"咬人大王"库克已走向自己的毁灭之旅。人类宠爱过它，但最终它死于宠爱过它的人类之手，这很残酷！

人的一生可以抚养许多条狗，把不同阶段的爱施舍到不同的狗身上。

但狗的一生却只能爱有限的主人，频频更换主人会让它有巨大的失落和被遗弃、被欺骗感，库克的命运就证明了这一点。

所以要慎重领养一条狗，这也是我和家人为什么把牧羊犬谷子一养十年的重要理由。

谷子是条母狗，小时候站立不稳，可怜又可笑，长大后却漂亮出众，敢情它也是"女大十八变"。现在，被我和妻子爱称"四腿毛闺女"，又称"小区第一美女犬"。它有直立的双耳，漂亮而狭长的脸，这种脸形据说最适合上电视，背上是棕黄色的毛，胸前则一片雪白，四条腿又高又直，堪称亭亭玉立。应该说，谷子最初的到来曾让我极不高兴，因为是女儿一意孤行从通州买回的。为此我板起脸，整整一星期对女儿施以"冷暴力"，可最终谷子以自己的聪明与乖巧赢得了所有人的爱怜。

谷子让我刮目相看的是它的聪明。记得刚进我家时才一个半月大小，可这条小狗居然懂得争宠，和谁争？一本画报。

这是一本关于饲养宠物的画报，封面上是一条狗的头像，当我拿起这本画报阅读时，谷子会生气地扑过来，奶声奶气地叫着，又抓又挠，它显然把封面的狗当成了自己的竞争对手！

这个细节让我开心又纳闷，画报在手，谷子生气，又抓又叫，屡试不爽。当然谷子的聪明不仅表现在吃画报的醋，譬如我在为它购买项圈皮带时，顺便买回一条驯狗的皮鞭，所谓的"皮鞭"，其实有些像古代道人的拂尘，一根木棍头上扎了若干细细的皮条，抽在身上丝毫没有痛感。我把皮鞭轻轻一挥，告诉小狗谷子道："这是你的训练工具，不听话就挨抽！"说完把皮鞭搁在沙发角落，谷子默默地走上前，小心翼翼地抽搐着鼻子，它的小鼻头又黑又亮，还湿漉漉的。

第二天早上皮鞭不见了，再看小狗谷子，伏在地板上，怎么叫都不肯起身，走过去细看，它居然把皮鞭咬成碎屑，同时用小小的身体藏起这堆碎屑，小眼珠亮亮地瞅着我，一脸无辜的样子。就在这一刻，我的心彻底融化了，小狗谷子用一夜的时光，用细细的乳牙咬碎了可能用来驯服自己的皮鞭，它的抗争是弱者的抗争，它的胜利是智者的胜利，可见谷子是一条多么有主意的狗呀！

就这样谷子进入了我家，不离不弃整整十年。十年来，谷子刨倒过我家花盆里的发财树，啃断过许多根木椅子的横撑木；谷子还拐回家一条松狮（痴情的追求者）；它曾在草丛中追逐野鼠，也曾在雪地里挣脱狗绳去寻觅自己的爱情；它因为追逐野猫而被栅栏旁的月季花刺豁了耳朵，也曾被不良人士当成碰瓷对象敲诈过钱财；它喜欢踢足球，或者说顶足球，守门的本事一流，当然咬破的足球也远远超过一打；我还目睹过谷子追逐野猫的壮举：野猫躲在树上，而它反复用肩膀撞树，想把野猫撞下来一起玩耍，谁知野猫一点也不领情！谷子只好悻悻而归。

现在一个时尚的网络名词"汪星人"，是聪明的网友给狗狗的爱称，转眼间，"汪星人"谷子已陪伴我们十年，这已经创了我家养狗的记录。谷子剩下的时间肯定不会再有下一个十年，这是一个伤感的话题。记得网上有过一个六岁小男孩，回答狗的寿命为什么比人类短而他不难过时，这样说道："那是因为人类需要用很长的时间来学习爱，而狗生来就懂得爱与忠诚。"这话说得真好！伴我们十年光阴的牧羊犬谷子，用忠诚与爱滋养着我们的生活，使我们呆板的日子里充满动感，在静寂中常升腾起欢乐！我有一方闲章"曾为十载滇云客"，用来纪念我在云南十载从军的经历，可见十年在人的记忆中是一个特殊的坐标。有时和谷子对视，在心与心的交流中，我好像听见这位"汪星人"自言自语，说自己也想刻一方闲章，叫作"乐为十载高门犬"。我问它喜欢青田石还是寿山石的章料，谷子举起自己硕大的爪子，说道："这就是我的印章。"

牧羊犬谷子很幽默吧！的确如此，它的每一步都印在我的心上……

原载《人民文学》2014 年第 6 期

初雪·冬日阳光

周　涛

初　雪

这时候天还没亮，我醒了。

躺在被窝里睁开眼，便有了一种异样的不同寻常的感觉，似乎有远客临门久候不语、巨灵降落默然静观，天地有变，平庸将破，异样的事物即将呈现。

人和自然的变化偶尔会有无语相通的时候，此刻这个感觉就很明显。"是不是下雪了？"我抬眼望了一下窗户，厚厚的窗帘在黑暗中泛着些灰白的浅亮，我知道，那不是晨曦，而是雪光。应该是下雪了，天还黑着，窗户却发亮，不是雪映的还能是什么？十一月中旬已经过了，第一场雪应该来了。只是现在还没有看到它，还不知道是一场什么景况的初雪。

下雪和下雨不一样，下雨是带声响的，"风声雨声读书声，声声入耳"，下雨像一群活泼快乐的小女孩去野游，唱呀跳呀，总想弄出些动静引人注意。下雪呢，也是女孩，但只是一个人，她长大了，不再是小姑娘，而是一个——女神。天女散银花，天宫撒玉屑，一般来说无风无声，无雷鸣电闪，无树摇草倾，静逸安详，不怒不威不泼不闹，而且常常是在夜深人

2014 民生 散文选

静万物入眠之时，她来了。

她来了，送给人间六角形的花瓣，也是赐给万物的一种六角形的祝福。她像观音菩萨一样，只有无声的微笑，只有祥和的美意，给这世界蒙罩上一层厚厚的纯净的雪花，让它变一番模样，给你一个惊喜。

雪是长大了的成熟了的雨。

经过了春、夏、秋三个阶段，雨这个小姑娘能不长大吗？她长大以后就是现在这个模样。

这时，天已经大亮了。

与其说一夜初雪给周围的一切盖上了一层厚厚的鸭绒被，不如说雪让整个世界全裸着呈现了。一切都被雪重新勾勒出新的形态，圆润的柔和的线条和轮廓，洁白的鲜亮的肌肤和容貌，要不怎么说"山舞银蛇"呢？要不怎么说"原驰蜡象"呢？实际上山既没有舞，原也没有驰，一切都静静的，是雪给它们赋予了动感，雪给了它们新鲜的生命活力。

越是自然的，雪就使之越美，山脉、河流、丛林、树木、原野、道路、小桥、毡房、屋舍、栅栏，全都变了。空旷的变充实了，干涸的变丰润了，拥挤的变疏朗了，僵硬的变柔和了。枯枝落雪梨花开，屋舍戴帽白云厚。莫叹人间春去也，雪花更比春花稠。

越是人工的都市的，雪就与之间隔，好像雪已无力改变它们。高架桥、高层建筑、立交桥、高速公路、机场、大型商场，雪是多余的无益的受到排斥和清理的。雪自己也觉得美化不了它们，在这些强大的人工事物面前，雪只是垃圾。看来美妙的事物和垃圾之间并无严格的界限，只需很短的时间，美物可变为垃圾。

美是一种很容易变质的东西，也许只是个时间问题。美丽的雪花变成污水，缤纷的花朵变成枯枝，灿烂的晚霞变成暗夜，绝代的明星变成白骨……谁说美是永恒的呢？也许美会永存在记忆中，但记忆者会衰老、死亡，那美便成了传说。

我看着眼前的雪景，因为意识到它的短暂而格外留意。这场雪下得可以，足有二十余厘米厚，称得上一场像样的初雪。地上、院中、屋顶、墙头，一下增厚了二十多厘米，整个格局都变了，仿佛家家都在雪中埋。白绒绒的，胖乎乎的，像个儿童，非常可爱。人的童心就是这样被唤醒的，初雪以它的单纯洁白，年年唤回我们的童心。于是想堆雪人，于是想打雪仗，还想起与雪有关的那些童年、少年印象。心里有一股冲动，有一些"老夫聊发少年狂"，真想管它什么年龄身份，跳起来直接横身躺进这厚绒绒的雪地上，大喊大叫一番才好。

可是终于没有，终于止于想。

实际上这场雪不能完全算初雪，因为月初的时候已经下过一场，那是雨转雪，先是下雨，后来转成下雪，第二天晴日之下很快又化了。但我还是认为这场雪才是初雪，雨转雪似乎不够分量。北方生活久了的人，对初雪有一种特别的情怀，这恐怕是从不和雪打交道的南国人未曾体验过的。现在不少东北人、西北人在南方买了房子避冬，我也在番禺买了个房子，兴致勃勃当几回"候鸟"。两三个冬天下来，新鲜劲一过，慢慢感到味不对了，怀旧了，想念起雪来了。雪里生活了大半辈子，雪已经渗进血脉，有了亲情，成了家人，没有雪的冬天总觉得缺了什么。虽然说广州的冬天照样叶绿花红，锦鲤在池中游，凤尾竹绿意葱茏，但是那个老朋友没有了。在广州过冬，那是"饱了眼睛饿了心"。

这不，今年要过一个完完整整的冬天，要和雪这个老朋友厮混一个全过程。"昔我往矣，杨柳依依；今我来思，雨雪霏霏。"老友如老酒，两三年不见面，一逢初雪，触动情思；初雪亦如初恋，意味绵长，经久难忘。我原来曾在诗里写过"新疆也许不是白头偕老的妻子，却是终生难忘的情人"，现在看，不对了，应该反过来了，"新疆不是终生难忘的情人，而是白头偕老的妻子"。老家如老妻，从青春到白首，知根知底，患难相依。穷不离，富不弃，人和故土才是知己。说什么一线城市、二线城市，逃离故土成了时尚，离弃乡亲成了荣耀，人的价值成了城市的附属品，不断地向更大的和国外的城市攀爬就成了人生成就的标志。怎么说呢？社会潮流，时代特征，人往高处走，无可非议。可是我要说，那里有雪么？那里有一大群看着你从小变老的人么？还有，那里有你生活中难忘的日子么？

初雪之后的树，一丛一丛，一排一排，原来叶落了，枝枯了，一夜之间，霜雪满枝，衬在有雾的背景里，水墨画里的枯笔似的，美得无法描述。不知从哪里飞来一些不肯南迁的鸟，麻雀是寻常见的，乌鸦也不稀奇，喜鹊成双成对爱落高枝，像一些援疆干部似的让人感动。因为新疆过去一直有乌鸦没喜鹊，近年才见喜鹊登枝，看来它并没有在乎是不是"一线城市"。还有一种以前没见过的鸟，形似喜鹊，体型稍小一点，黑顶，长尾，灰兰背翅，淡红浅灰腹。总是结队成群，几十只飞来飞去，像一个加强排，散兵队形。这些鸟，给初雪后的世界增添了活力和内容，踏落枝头雪，飞过冰雪地，冷吗？看那活泼欢快的样子，似乎不像。

鸟想什么，人不知道。"子非鱼，焉知鱼之乐"，吾非鸟，焉知鸟之饥寒？只见一群鸟飞来飞去，谁能体察这些自由的生灵为自己的自由付出了多么大的代价？秋天的时候就有过两次捉到误入家门的鸟，一只游隼，一只乌鸫。捉住以后关进笼子里，有青瓷盛水，有小罐盛米，还专门为游隼准备了碎肉。鸟天性自由，不屈不就，不饮水，不啄米，不食肉。关了一天，知其不从，一并开笼放生去了。那只乌鸫，从我手上展翅高飞之时，竟鸣叫不止，听起来像哈哈大笑的胜利者！我这才知道，鸟有不妥协的品格，不自由，毋宁死，小小的一只凡鸟竟然心气比人高，心性比人硬，佩服，惭愧。所有的生物都有自己的品格和底线，最低的，大概是人。

初雪之后，太阳升起，"须晴日，看红装素裹，分外妖娆"，红日白雪，绝对冷艳。

这时候该扫雪了，实际上是用推雪板推雪。雪厚盈尺，岂能扫动？我一直认为推雪是一种最干净的劳动，不起尘，不扬灰，活动筋骨，空气新鲜，既锻炼了身体，又清理了场院，比那些在健身房里的锻炼自然多了。初雪那么晶莹洁白，不由你不想堆一个雪人，给它戴个草帽，拿两个柑橘做一对金眼睛，一根胡萝卜做个翘鼻子，手臂间再插一把扫帚，大嘴咧着，也是雪后开心事。

雪很美，初雪更美。风花雪月嘛，踏雪寻梅嘛，雪泥鸿爪嘛，晚来天欲雪嘛，都是雅事。

雪正是我们生命中"可以并乐于承受之轻"，有谁比它更轻呢？它可以像蝴蝶一样轻盈地落在你的睫毛上，也可以像蜻蜓一样落在你的眉梢、眼角。这雨的精灵、冬天盛开的花朵，制造童话的高手，远古洪荒走来的女神……我们人类所遇到的最美妙的朋友！

它虽然没有声音，但它浑身都是旋律，它带着音乐飞翔……你听到了吗？

一朵雪花轻盈若蝉翼，漫天大雪却可以覆盖住崇山峻岭、茫茫旷野，它同时还拥有海潮怒涛般雪崩的力量。它可不光是雅事，仅仅是雅没什么了不起，它具备更伟大的品质，具有更宏伟的力量。

可以说，雪是集真善美为一身的尤物。真也晶莹透彻，美也花蕊飞翔，善呢，冰川雪谷默默为万物储存水源，来年化作江河溪流养育万物浇灌人间，这才是真正的"厚德载物"。

见一次初雪老一岁，雪也是生命刻度和提示，想起几年前写的一首咏雪诗，当时也是十二月中旬，是这样写的：

鹅毛大雪降纷纷，
下得天地胖墩墩。
地下已经厚三尺，
天上未见薄一寸。
充塞顿使人间满，
涤虑更让宇宙新。
鸟雀不知何处去，
深深篱边留浅印。

冬日阳光

晚十二点半睡觉，一觉醒来已是早晨八点半。这个晚上是无知无觉的，无梦，不起夜。如果以后死了是这样，倒也无妨。既无知觉，何畏死呢？人近七旬，会想到死，它一天天近了，却看不见摸不着。你知道它离你不远了，正如探子报的，"敌已离城三十余里！"那又怎样，无非是一攻即破，猝不及防，一命呜呼；或者是全城军民紧急动员，死守硬抗，坚持数月，杀马充饥，最终还是寡不敌众，破城之时，彼大屠三日，鸡犬不留，仍是难改归途。

死亡是不可抗拒的结局。生命可以让它流产，死亡从不流产。文天祥说对了，一句大白话"人生自古谁无死"道尽人生之大限，从此使天下人释然，以死为归。前几日，忽闻京城老友韩作荣去世，感冒引起心猝死，才六十六岁。将近四十年的老朋友啊，就这么走了，连个招呼也不打，君去何急也。作荣小我一岁，却是最早扶我上《诗刊》的人，他沉默寡言，心中有数，一生爱诗，不离不弃，最后当了《人民文学》主编。《人民文学》主编是谁都能当的吗？我连想都不敢想。记得有一次莫言问我："你一辈子的最高理想是什么？"我反问："你呢？"他有点羞涩迟疑，壮了壮胆，说："我的最高理想是……能当上《人民文学》主编。"我听了大吃一惊，这小子雄心壮志太大了，都敢往那儿想，我连《解放军文艺》主编都没想过。结果，韩作荣当上了。人家一个农家子弟，没上过大学，但当过兵，凭什么当茅盾、刘白羽当过的主编？埋头苦干，再加上心明眼亮。心明者心中有诗有灵，眼亮者能识作品能识人。他一走，当然也是"挥一挥手，不带走一片云彩"。去天国，上帝也会请诗人吃糖果的，这一条我相信。

现在剩下我们这些暂时还活着的，心有戚戚然，物伤同类。正是十一月中旬，上午十一点时光，坐在室外前廊，落地玻璃外面一览无余尽是初冬之景。葡萄架上已经空了，从五月到十月繁荣几季果实累累的马奶子、玫瑰香、玻璃脆已经人吃、鸟吃、蜂吃，结束了它的盛宴，收拢起根脉，用草垫子盖上，以待来年。院里的花也如明星老去，只有几枝月季不识天意，瘦伶伶的身材举着几朵大花欲放还收。大丽身高叶茂花大，艳丽招摇，热情大放，但有点俗气。不过人家确是制造繁荣景象的高手，俗也罢，还是让人见爱。砍了枝叶，从土里挖出根茎，放进菜窖里过冬，来年春天再种，又是满地高枝大叶红花咧嘴笑。

此刻啊，阳光明媚！

冬日的阳光洒在落地窗上，如同美酒注入透明杯盏。爬墙虎在墙上红似秋天的枫叶，然后渐渐叶落、枯萎，好像刻意在模仿古诗意境"落叶满阶红不扫"似的，仿得乱真。四棵海棠叶落果在，稀零零的枝上挂了不少小铃铛似的海棠果，在阳光的酒里泡着，给过冬的乌鸦备了些救命粮。

天空已不是盛夏的蔚蓝，但仍然是蓝，灰蓝。不是夏天的心境了。夏天是人生的三十岁至五十岁，现在是秋尽冬来，是六十岁以后的人生了。六十岁以后是什么样子？就是眼前这个样子，繁华过后便是凋零，心境灰蓝却仍是蓝。一日之计是夕照明，一年之计是秋近冬。只有这冬日的阳光赛酒浓，温暖贴心不伤身。它已不再酷烈炙热，而是轻抚你的皮肤，温暖你的骨头，融进你的血液，照看你的心脏。它像个性情温和经验丰富的老中医，在你耳边轻声叮咛："老骨头是缺点儿钙了，常出来晒晒。""你全身的那些河流渠溪是有些淤了，要清理了。"我问它："我吸了几十年烟，肺有没有毛病？"它看了看："肺的纹理有些粗糙了。"我问它："是不是抽烟抽的？"它说："抽烟粗糙，不抽烟也粗糙。你活了六十多年了，怎么能不让它粗糙？"我听罢，心中释然。这个老中医说得有道理，人家不故弄玄虚，也不拿他的专业吓唬你，不像有些半懂不通的医生，总是把医之大道往术之小路上引，直到以科学的名义把病人逼进狭路。

阳光就这样照临，让人茅塞顿开。

一群鸽子在灰蓝的天空中飞翔，像是要把阳光搅拌匀。它们盘旋，兜圈子，似乎总觉得还没搅匀，不满意，一遍又一遍地兜圈子。更高的天际，盘翔着一只鹰，它兜着更大的圈子，低头俯视那群鸽子，好像在更大的范围搅拌着。

阳光普照着它们，看似无心却有心。

前些日子落的雪，在阳光下消融。房檐上滴答滴答的融水，让人以为是下雨，直到房顶上轰的一声滑落地上的雪块，才使人从恍惚错觉中清醒过来。猛一抬头，忽然眼前横出雁阵摆满天空，阳光照着那阵容，大地望着那迁徙，天地间无声地为之肃穆致敬了。这是久违了啊，雁南飞！这几十年你们到哪儿去了？灭绝了？孤零了？还是全被人关进笼子以备烹炸了？少时年年见，欢呼一阵，习以为常，几十年天空杳无踪迹才感觉到心里顿缺一角！没有雁阵的天空如同世界末日的先兆，如果勇毅的跋涉者已经放弃了探求，那么这世界的末日还会远么？

终于，大雁又飞来了，这个上演了亿万年的神话和传说，在中断了几十年之后，又奇迹般地再现，重又延续。我不知道应该感激谁，但我的心中已充满了感激。

愿江河永不断流，湖泊永不枯竭；

愿冰川永不坍塌，北极熊家园常在；

愿冬日阳光永不变为雾霾外的叹息；

愿人类明白除了自己活也让万物活；

……

　　这时，温暖的阳光开始渐渐稀释，就像朗姆酒里加了冰块。正午那种淡淡金黄的颜色，开始变浅了，光泽有些收敛。这时是下午五点的阳光。上午的光芒已经走了，午休起来依然坐在前廊的落地玻璃窗下，院落境况一览无余。

　　我喜欢这样呆坐着，什么都不去想，什么仿佛也都想过。思绪的大朵浮云静卧天空，看起来是静止的，一动不动。实际上哪有纹丝不动的云呢？它貌似静止，实则一瞬间也没有停顿，它滑移在灰玻璃似的天空，而且不停地翻滚着，让阳光把每块云朵的缝隙都晒透……

　　我想，天空真是一本大书。无字，但是有标点有画图，它的内容可以说丰富极了，可是又有几个人去认真读它呢？人们每天都忙着低头看路，谁会想起来仰头看天呢？看天的事交给了气象预报，气象预报也只告诉天的脸色，更多的内容谁去注意呢？就算有心去注意观察，又能看出什么名堂呢？从来天意高难问，人生易老天难老。

　　就这样静静地坐着，挺好。一天当中最好的时光，就这样静静地从身边溜走。寂寞吗？一点儿也不；恰恰是一些热闹的场合，使我觉得孤独。独处使我充实。"当我沉默着的时候，我觉得充实；我将开口，同时感到空虚。"是的，自从这人世间有了鲁迅，再说的多少话都像是废话了。

　　人活百岁，算算也不过三万六千日。这三万六千日就等于三万多块钱，经得住花么？何况绝大多数人没有这么多存款，两三万属于正常，一两万也还凑合，还有更少的，生命的穷人。所以每一天都是珍贵的。有书名曰《一日长于百年》，悲观还是乐观？我反之曰"百年短于一日"，乐观还是悲观？活着喘口气，死了闭上眼。喘气也不能吸光空气中的氧，闭眼也不能关掉人世间的忙。谁走了地球都照转，但是太阳走了而且再也不回来，地球可就惨了。

现在太阳就正在走远，漫天泼洒的银辉正不断地收回，像一个曾经慷慨大度的人变得越来越吝啬。他收捡着自己挥霍无度的银币，渐渐远去，在西边的山头坐下来歇了一会儿，背影浓缩为一枚殷红的印章。

这时是下午近七点，东部已经天黑了，而西部，西部犹有夕照余光。

原载《散文海外版》2014 年第 4 期

作家"逛"医院

邓　刚

一

本人突然患上了一个吓得要死的急病，不得不躺在病床上做垂死挣扎状。但在大夫们高超的医术下竟然迅速痊愈，又能活蹦乱跳地像个运动员，所以本人就从吓得要死，突然又升华到乐得要命。医生太厉害了，不病不知道，医院太重要。倘若我是个大官和大款，第一要投资建医院。不过，尽管我没有权也没有钱，但我有一支笔，于是就产生了一个想法：要全方位全视角地进医院体验一下，看看我们的医疗界到底有多大的能耐，到底有多高的神通，能否让我们活得更健壮并更快乐，更安全且更长久。我为此构思出一个自我感觉不错的题目：《作家"逛"医院》。并雄赳赳气昂昂地走进一家三甲级的大医院。

看到我病愈刚出医院却又要进医院，朋友们大吃一惊甚至大吃二惊，当听到我要写"作家'逛'医院"的构思，都以为我疯了。纷纷用嘲弄式的口气劝我：你去逛优美的风景、热闹的市场，可以身心愉悦；逛豪华的宾馆和香喷喷的酒店，可以享受美味。逛什么不好，却要逛医院！看那些血淋淋的手术刀，奇形怪状的肿瘤；听那些哼呀哎哟的呻吟，声嘶力竭的惨叫，能写出什么有意思的文章？如果你执迷不悟，那你最好先逛逛精神病医院吧！……

我听后微微一笑，说你们的思想已经停滞不前了，当今社会飞速发展，要重新"刮目相看"。过去那些年我们穷得叮当响，三根肠子闲了两根半，一个个活得稀里糊涂粗心大意。有病除了吃个止痛片，再就是卧在被窝里捂大汗，最终死都不知道怎么死的。可现在吃得好了，穿得暖了，就活得精神抖擞精益求精，被苍蝇蹬一腿就认定是骨折，赶紧跑到医院化验透视照CT。君不见公园里和广场上，每天人们成群结队地跳舞唱歌扭秧歌，慢走快走倒退着走，挥刀练剑打太极，甚至还有用腿用胳膊用脊梁撞大树的，说明人们都在全心全意并全力以赴地活下去。为了活出质量来，人们从吃鱼吃肉吃山珍海味，已经发展也可以说退化到吃素菜吃粗粮恨不能吃草了。有的干脆就走火入魔，跟着骗子喝绿豆汤喝得拉稀跑肚也在所不辞。所以，当前在人们心中最可信最可靠也最可怕的地方是医院，最可爱最可亲也最可恨的形象是医生。现在评价一个城市，当然是它的建筑规模，它的自然风光，它的经济地位。但是今天又多了一个更深层次的要求：就是这个城市的医疗水平。一个城市如果没有高超的医疗名声和信誉，那是不可想象的。我这次所谓的"逛"医院，就是想弄清楚，我们所赖以为活命的医院是否有高档尖端的医疗设备，是否有妙手回春的医学精英？当恶性疾病袭来之时，我们是否能对我们的医院充满信心，用不着惊慌失措地东跑西颠，甚至要飞到外国，寻求金发碧眼的洋医生。

可朋友们说，你的头脑太简单了，医院可不是随便逛的地方，医生黑着良心拿红包，患者动辄赔偿千万地耍无赖，吵嘴打架上法院，医患矛盾紧张着哪。报上登载，有诸多患者暴打医生，又挥铁棍又捅刀，据说全国每年竟然有一万多医务人员遭到患者的殴打……你这是深入虎穴自找苦吃啊！我说医患矛盾紧张到这种程度，恰恰证明医院在人们的心目中是多么的重要。从哲学角度上说，凡是你最爱的也就是你最恨的，你与爱人吵架的次数肯定多于同邻居吵架次数，这并不说明你与邻居的情感好过你与爱人的情感。你想想，患者是求救的，医生是施救的，这两者之间当然就会产生爱得要死的故事和恨得要命的事故。尤其在今天，人们的文化素质并不高，贫富落差又那么大，一个个火气又那么足，医患之间要是没有矛盾，大家都不认真不生气，嘻嘻哈哈地热乎得像一锅浆糊，那倒是可怕现象。总之，这样重要的地方，搞写作的人不去，更待何时呀！

看到朋友们有些目瞪口呆，我这才诡秘地笑着说，你们这些傻瓜哪里知道，到医院采访还有个意外的好处呀，一下子会认识那么多的医生，今后绝对可以放心大胆地得病了……

俗话说："人无头不走，鸟无头不飞。"过去我们常喊："火车跑得快，全靠车头带。"一家医院医疗水平的高低，院长是关键。所以我到医院，当然是要先见院长了。可堂堂院长是随便见的吗？我所采访的这家三甲医院有两三千名医务人员，各种硕士、博士、研究生导师、高级技术人员就有五六百个；设有南北两个院。拥有什么核磁共振、加速器、螺旋 CT 等各种百姓叫不上名的大型现代化医疗设备；每年门、急诊诊疗人次就有近百万人次。从实际管理权力来说，院长绝对就是"一方霸主"，不小的官呢！所以，在见院长之前，我先在网上查看一下他的经历，这一查还真就令你肃然起敬，原来院长不但是医院里的官儿，还是个心血管博士，读了医学和经济学两个博士后，因为成功抢救突发心梗的某国驻华参赞，名声就分外响亮。因为这个参赞当时绝对就要死了，但妙手回春的抢救却又让他绝对地活了。

我先私下找一些医务人员们了解，更是一片赞美之声：我们的院长大气，我们的院长超前，我们的院长有远见，有智慧，有水平……坦率地说，我并不认真地听这些下级式的表扬；更坦率地说，如今下级吹捧上级已经是常规的表现方式了。于是我就采访更多的人，终于听到有人"谈虎色变"，说别看院长表面温柔平和，那是笑面虎，厉害着哪，要是你有什么把柄被他抓到手里，你就等着倒霉吧！……

听到这些讲法，我反而更加充满兴趣，便大踏步地来到院长办公室。没想到院长办公室外面站着一长串人，有医院办公人员，手里捧着公文什么的，等着院长签字；有的是患者也许是患者家属，要找院长申诉或是求助。我只好排在最后面。好在这个院长挺认真工作，他一个一个地接待，直到外面没有人排队为止。这样我就在一个小时之后进了院长办公室的门。第一眼看到院长时，觉得他是个柔软平和的学者，面部皮肤细腻，教授式的疏发头型，细长的眼睛深含细致的内容，不苟言笑却温文尔雅，丝毫没有那种当官的威风和力度，绝对不像能管辖两三千人马的院长。为此，我开门见山地说我是写小说的，现在要来写写医院。

院长有些吃惊，他几乎立马就站起来，完全像看到上级干部下来视察，一脸疑惑式的恭敬。我赶忙幽默地一笑，说我是自己派自己来的，因为我听到很多医护人员对你喝彩。谁知院长也像我一样幽默地一笑，却淡然地说了句，别听那些，真正的评价是我离开医院，不当院长时才为准。我陡然感到，这个院长还真是挺"厉害"。我又说了几句幽默话，院长眼睛一亮，拍了一下脑袋，说我想起来了，你就是那个写海的作家，你的海写得很妙，有点像写情人，又有点像写敌人。我立即有点激动得昏头，曾经有那么多的评论家来评论我写的海，还没有敢说我写海像写情人和敌人，天哪，你这个院长绝对应该当作协主席。

院长已经恢复了正常神态，他说你来得正好，我正在思索"临终关怀"这个有关生命尊严的问题；他说一个医生最应该尊重的是生命，特别是患重症的即将离开人世的患者，我们应该给予他一种文化的、道德的乃至宗教的关怀和尊严……

我立即目瞪口呆。因为我发现他的书桌上正放着一本国外才出版的涉及生命尊严的哲学书籍。我原以为，院长其实就是个官，一般来说当官的整天要忙开会忙管理忙经营，忙迎上送下，其实就在我与院长交谈之时，他的手机和座机也在不停顿地鸣响，他却能如此从容不迫，并有着深刻的哲学耐心。

我说中国有句老话：好死不如歹活。我来医院不是写人怎么死和怎么体面地死，而是写快死的人怎么起死回生，否则你这家医院就得倒闭了。院长有些惊讶地看着我，他似乎对我说的这句话感到新奇。我说你思索的问题很重要，很前卫，很高尚，令我很震撼，并对你肃然起敬，但我来医院是寻找妙手回春的故事，是来了解我们医院创造生命奇迹的能力。我说我在网上下载了你们医院不少"闪光的业绩"……这时院长却摆起手来，说你们作家也来这套八卦呀，好吧，你不是来"逛"医院吗？那你就随便逛吧，逛完了咱们再对话。

二

　　走出院长办公室，我有些茫然，医院那么大，又有那么多的科室，我先到哪儿去呢？没办法我只好真就像逛公园逛市场那样，在医院的楼道里闲庭信步。无巧不成书，我刚逛到泌尿外科，竟然在病房走廊里撞见一个颇有名气的人物 D 君。D 君在我的心目中从来都是人高马大，身体健壮，怎么会突然进了医院？我再仔细一看，天哪，D 君的腰下还挂着一个尿袋，里面正滴着黄色的尿液。正在我疑惑之际，D 君也看到我，他大概以为我也是来住院的，立即闪射出同病相怜的目光，并伸出一见如故的双手。半个小时后，我弄清楚了 D 君挂着尿袋的来龙去脉。原来 D 君自以为自己身体很棒，能吃能喝能睡，能登山能下海，能一气走十公里，心脏依然规律跳动。为此他从来不参加体检，甚至嘲笑参加体检的同事们是"贪生怕死"。但上个月他突然觉得不妙，一宿之间脸肿腿肿小便极度困难，这才迫使他不得不到医院检查。做 B 超的大夫手持"探头"刚在他身上"划拉"几下，立即就大吃一惊，忙问 D 君有没有难受的感觉。D 君说除了形象有点肿胀之外，没啥感觉。大夫不得不将屏幕转给他看，我的天，原来他的双肾已经淹在液体中。最终大夫们做出诊断，D 君的前列腺异常肥大，大到常人的三倍，像一个 90 毫米乘 90 毫米的甜瓜，而正常人的前列腺只有李子和杏子那么大。由于肥大的前列腺已经阻塞了尿道，最终使膀胱暴胀，无法排泄的液体终于淹没了肾脏。从 B 超中就可以看到暴胀的膀胱已经长出"肌小梁"，这其实是人体的一种自我保护反应，当膀胱被充满压力的尿液逼得无可奈何之时，就会长出一条条保护自己不被胀裂的"钢筋"。当然这也说明 D 君的前列腺病严重到什么程度了。D 君这才体验到什么是恐惧——其实我的双肾是灌满了尿液呀！……更可怕的是双肾被淹又导致一切都乱了码：血压急剧升高，心律顷刻紊乱，肌肝、尿酸、血糖的指数全都乱了套，特别是与癌变有关系的 PSA 指数升高到吓人的倍数。肾要是完蛋就永远完蛋了，从医学理论上讲，肾要是坏死了就无法医治，只能是换肾！……总之，D 君感到生命已经要与他"拜拜"了。D 君的夫人为此痛哭失声，D 君安慰说，我这一生奋斗过，成功过，痛苦过，但也幸福过，总之，挺合算的，所以上帝要召见我去天堂。D君夫人一听，更是哭得"沧海横流"。

因为D君毕竟有些名气，所以也就有不少朋友，他们纷纷打来电话安慰，而这些安慰在D君看来简直就是"唁电"。夜里睡不着觉，D君开始上网查阅有关前列腺的信息，这一查更是惊恐得头皮发麻，原来只要是男人，到了五六十岁以后，一百个人就有七八十人受前列腺的折磨，尿急尿频尿分叉。其实D君早在十多年前就发现自己小便不顺畅，可是他却毫不当回事儿，有时小便太困难，他就咬牙切齿地拼命，还自觉得是敢于与病痛做斗争的英雄好汉，所以导致今天被尿液淹了双肾的严重症状。漫漫长夜，D君坐在电脑前发呆，后悔已经没有意义了，可怕的病到这个份儿上，用药物治疗也已经没什么作用了。从电脑中看到的医学知识，他认识到自己必须要挨刀，然而开放式手术创伤大，痛疼重，风险高，后遗症较多，恢复时间长，还易出现并发症。用老百姓的话说是"破膛开肚"，那可就丧失了原气，弄不好会死在手术台上呢！突然，D君从一家外国科技网上看到了希望，医学界已经发明了不少治疗前列腺的高超"武器"：用高频电磁波加热，"烧掉"前列腺的病灶；或是在尿道上安装支架，使尿流畅通，还有什么等离子切割等。但最高级最简便也最有效的是内窥镜电切刀手术，只是从尿道口进入，就能轻松利索地切除病灶。这简直太神奇了，不用在皮肤上开刀就能动了手术，而且这种高级电切刀像铅笔杆那么细，可以从尿道口进入前列腺内部，既能一面照亮病灶，一面进行切割，切割的同时还能止血，然后将切割完的东西吸出体外。总之，这种高超的技术神通广大。D君叹了口气，看来这样神通广大的高级武器只能西方先进国家有，恐怕中国医院不行，唉，弄不好得花巨款出国呢！……

问题是D君已经不能从容选择了，他现在满肚子都是排泄不出来的液体，哪敢坐火车乘飞机长途跋涉呢，说不定会"惨死在路旁"。但就在D君唉声叹气有些绝望之时，医院的医生告诉他，网上说的所谓神通广大的各种治疗"武器"，本医院早就应有尽有，电切镜下进行前列腺切除的先进手术，十多年前这家医院就已经大显身手，累积做了成千上万人次了！

三

　　给 D 君治病的是泌尿外科一把手，也就是主任医师。其实医院里的主任医师相当多，但这是技术职称，并不等于他是科室主任。只有在技术上是主任级，在行政上也是主任级的双主任医师，才给患者相当的权威感。从外表看泌尿外科主任朴实得不能再朴实了，绝没有什么道风仙骨的感觉，而且因为他面部五官结构紧凑，虽然四十多岁，却依然年轻，这往往让人感到一种稚嫩，没有信任感，D 君不仅有点失望还有些紧张。D 君尽管是有名的人物，但心态和一般的患者相同，得了病就吓得要死却又更想活命，盼望大夫对他认真并全神贯注。可没想到主任一脸的轻松，似乎面对的不是液体淹了双肾的患者。D 君有些惊讶，自己已经严重到如此程度，大夫竟然没啥感觉。这时病房其他的患者小声说，这个年轻的家伙厉害，如今外科手术从开放式到微创，从"开膛破肚"，到只在身体打两三个小孔，总之，外国最新的技术，这个年轻的主任十年前就一马当先了。那些传统的"张一刀、李一刀"名医对他也甘拜下风呢。

　　年轻的主任对 D 君笑了笑，说你的前列腺都憋得那么大了，怎么才来医院？D 君有些不知所措，不知道怎么回答才是。但他想到自己在电脑上学了不少医学知识，也就想显摆一下，便说我明白现代医学大踏步地前进，你们大夫会用高超的电切刀微创技术来治我的病。年轻的主任乐了，说别看你是个名人，可对医疗是个外行，微创必须在皮肤上切几个小口，而电切刀是利用人体身上自然孔进入，并不损伤一丝一毫的皮肤。说着年轻的主任一面看 D 君的 CT 片子，一面自言自语地说，这么肥大的前列腺……恐怕电切刀不够长……

　　D 君紧张了，不……不够长的意思是……是不能治了？……

　　年轻主任不假思索地回了一句，治疗当然能治疗了，那只能是采用传统的开放性手术了。

　　D 君脑袋里轰然一声，那不就是老百姓说的"开膛破肚"吗？因为他在病房里听到很多患者说，开放手术切割前列腺，很多人从此阳萎了。D 君正值壮年，要是不能上床，那还活着个什么劲儿！但 D 君却又想，电切刀手术是西方先进国家发明的，西方人种比东方人种高大，他们够长，我们怎么会不够长？

年轻的主任说，西方先进国家比我们重视身体健康，人家绝对定时体检，只要发现疾病的苗头，就立即医治，哪像我们这样不科学，有病胡乱地对抗，前列腺憋得这么大才来医院！年轻主任说到这里抬高声音，不客气地说，你的前列腺要是在三年前检查，医生就会对你发出警告的。你太不重视自己的身体了，小病憋成大病！……

D君脸红了，他这才感到自己其实是个"医盲"，整天还名声响亮地到处讲座，阐述当今现代科技发达的状况。没想到自己身体内部都乱了营，还自以为挺健康，连体检都不当回事儿。于是他一脸的尴尬，简直就用低三下四的讨好口气哀求，最好用电切刀手术，那样损伤小。年轻主任又举起CT片子看了看，说我们做两手准备，如果电切刀不够长，那就实施开放式手术。

D君愣愣地坐在床边，他感觉医生的态度不太和蔼。在他的想象中，护士是天使，医生至少也像保姆。但到了医院却没有这样的感觉，无论护士来病床前测量体温、输液，还是医生查房，全是公事公办的表情。然而其他患者却用羡慕的口气说，看起来你是名人呀，所以医生对你格外关照，主任都亲自来对你说病情呢……

四

D君对我说，他活了大半辈子从来没进过手术室，所以在手术之前，他还是忧虑重重。他又在电脑上查泌尿外科主任的情况，竟然发现有记者写他的优秀业绩——"怪状结石堵塞尿管，泌尿外科主任智取巧摘"。文章里写到一个患者因结石堵塞尿管，撒尿时痛苦万分，有时痛得就要跳楼，从医院检查的片子上看，整个右肾因为尿液被堵死而萎缩了一半。这个患者饱受折磨多年，走遍了多家医院，喝药水冲，用激光打，但这块可恶的结石始终是岿然不动。医生们的结论是必须动手术才能摘除。而这个患者一听要用刀在身体上切个大口子，吓得不行，那就是泄了阳气呀，宁肯被结石堵死也不能挨刀吓死。后来听说有微创，只是在身体上打几个小孔就行。可是他走了多家大、小医院，医生都说像他这样严重的结石症，微创手术解决不了，必须开放式地开刀。无可奈何之时，他看到报纸上报 D 君所在的这家医院的泌尿外科，有着高超的腹腔镜微创手术，这才成功地摘除了折磨他多年的怪状结石……

这篇报道确实令 D 君震惊和感动。第二天一早他直接问主任，这有没有夸张之词……年轻的主任二话没说，就打开电脑，让 D 君看视频手术记录。原来腔镜手术全都有录像。D 君眼睛盯着电脑屏幕，屏幕上一片五彩缤纷的肉体，压根就看不出什么肾脏呀尿管呀，更看不到结石。但机械手在主任的操作下，一层层剥离着红色的肉体和白色的脂肪，渐渐深入，突然，机械手前端的刀子在一个长串形的肉体上切开一道小缝，露出一块橄榄绿色的东西，此时机械手准确地抓上去，一块险恶的、包满肉丝的结石被揪了出来……当屏幕上以特定镜头显示这块结石时，就像长一个长满刺的大海参，怪不得记者说是"怪状"。

D 君长喘了一口气，说我放心了。但毕竟是第一次进手术室，当护士用轮椅推他进手术室时，竟然有一种要绑赴刑场的感觉。可令他吃惊的是，刚进门竟听到里面飘扬着优美的乐曲：东面是山呀，西面是河……这使他紧张的心情一下子就松弛下来。手术室里一大群人，有医生有护士还有麻醉师，在这"血肉横飞的战场"上，他们工作有序，但彼此也谈笑风生，什么昨晚的电视节目怎么怎么样了，什么报刊上说某某人中彩得了几百万，却和老婆离婚了，手机微信里的奇言妙语更是他们说笑的丰富资源。因为是半麻，所以 D 君一直是清醒的，他做梦也想不到手术室里会这样轻松。更令他兴奋的是，电切刀够长，用不着开放式手术了。

D 君说，他确实体验到现代医学的神奇，当电切刀从尿道徐徐探进时，他就能从脑袋上方的电视屏幕上看到他体内前列腺的景象，绝对就像动物世界电影里的海底世界，一片色彩斑斓的珊瑚礁，上面长满了红白相间的海藻叶片，电切刀在上面迅速地掠过，仿佛在收割。突然，他看到一串串绿色的晶莹剔透的珍珠在闪烁。他情不自禁地幽默了一下，我的前列腺里怎么会长珍珠呀！……正在动手术的主任一面操作一面告诉他，那不是什么珍珠，而是炎症，你看，腐烂得都冒泡泡了！……说着，电切刀在腐烂的肉体上刷刷地切割着，当出现流血时，电切刀就及时放电"封烧"血管，景色依然缤纷而清晰。没有任何疼痛，没有任何不舒服的感觉，D 君完全像看一场电影那样，从头至尾"欣赏"了一次绝妙的手术过程。回到病房后，护士用输液的方式给他术后的前列腺清洗了两天，最终拔掉了尿袋。D君术后第一次上厕所，立即就感到什么叫畅通无阻，哗哗的尿流让D君回到了青少年的感觉，他说他甚至产生了希望大家来看他撒尿的想法，与他共同分享健康的快乐。

从泌尿外科走出来，我感到收获大大的，逛医院是逛对了。这时院长派人送给我一套医生穿的白大衣，说是穿上医生的工作服，所有科室都会畅通无阻，采访方便。后来我才知道，院长已经通知所有科室，一定要热情接待我这个前来采访的作家。有了院长的"上方宝剑"，有了这套白大衣，我在医院的楼道步伐豪迈，理直气壮，还感觉自己所向无敌。为此，走出泌尿外科，立即就跨进泌尿内科。如此一外一内的科室名称，简直像写"对联"那样词句对偶。记得过去到医院挂号只有"内、外"两个科，现在可好，神经内科、神经外科、心血管内科、心血管外科、呼吸、消化、内分泌、耳鼻喉眼颈动脉……已经数十个科室了，再发展下去，医疗科室可能细化出左鼻孔科和右鼻孔科呢！当然我这是幽默，但这说明医学科学手段越来越精确和准确，专业医生会分毫不差地瞄准患者的病灶。

原载《文学自由谈》2014 年第 5 期

再上高原

裴山山

其实我很不喜欢回答这个问题：你进藏多少次了？每次我都含含糊糊说，十几次吧。因为，即使不跟西藏军人比，在我们成都军区，进藏几十次的大有人在，甚至一年就跑六七趟的也大有人在。若是跟西藏军人比，哪怕是今年的新兵，我也弱爆了，十几次累计起来也不过一年，真没什么可吹的。

不过我也有我的优势，那就是跑的地方多。尤其这一次，我带了 6 个人一起进藏，被戏称为"师徒七人西天取经"。我们兵分三路，昌都，山南，日喀则。我去了日喀则，并选了一个从没去到过的边境小镇——樟木，好让自己在行走地图上多插一面旗。

樟　木

我去了很多次日喀则，但始终没到过樟木。

樟木是中尼边境的一个小镇，也是个历史悠久的通商口岸。海拔只有 2300 米，青山绿水，完全不像西藏高原。我从日喀则一到樟木，呼吸就顺畅了，脑子就清醒了。难怪樟木边防连的指导员跟我说，我们在这里很幸福。他说的幸福，是相对于他原来所在的岗巴营，那里海拔 4700 米，完全是另一个不宜人类生存的世界。

　　曹德锋长了一张娃娃脸，说话总是带着笑意。西藏的紫外线没让他变黑，但已经有了"红二团"。虽然从军龄上说我是老兵他是新兵，但就进藏而言他可是老西藏，已经15年了。我问，你八几年出生的？他看我拿个本子在做笔记，就说，我是八二年出生的，但你就写八一年吧。我问为什么？他说当兵的时候年龄不够，我自己改大了一岁，档案上现在都是八一年了。

　　如此，曹德锋是17岁入伍的，而且是背着父母偷了户口本去报名的，而且是主动要求到西藏部队的。那是1999年。说到动机很简单，一是他三叔是军人，给了他很多向往；二是家里困难，当兵可以给父母减轻负担。当武装部把通知发到他家时，他父母大吃一惊。父亲很生气，母亲却开明地说，去吧，男孩子，闯闯也好。

　　可是这个"闯"，却非同一般。在日喀则新兵训练的三个月，曹德锋苦到哭，给父母打电话时哽咽得说不出话来。住土坯房，高寒缺氧，这些都不够列入苦的名册。每天顶着风沙训练，摸爬滚打，曹德锋的胳膊和膝盖都受了伤，依然一瘸一拐地参加训练。怕老兵骂他装蒜。后来胳膊上的伤口化脓感染，血水渗透了棉袄，才得以去卫生队包扎。曹德锋伸出他的双手给我看，个个指头关节都偏大，他说，这是在沙砾地上做俯卧撑做的，变形了。

　　这么苦了三个月之后，甘也没来，新兵训练结束，曹德锋直接被分配到日喀则海拔最高的边防营：岗巴边防营。驻地4700米，是一个我去了绝对睡不着觉的地方。由于文化程度高，人机灵，他当了通讯员兼文书。第二年便申请考军校，去了分区举办的文化补习班，即高考复习班。曹德锋在补习班名列前茅，对于考上军校信心满满。

　　但是，挫折再次降临。上面忽然说，他的档案有问题。原来，当兵体检的时候，一个医生给他填体检表，把学历写成了初中，曹德锋看到了及时纠正说，我是高中。那位填表的医生满不在乎地随手将"初中"二字涂掉改成高中。就是这么一涂，变成了"档案有问题"。因为，组织上有理由怀疑是他自己改的。

　　负责补习班的干部很同情他，说给你三天时间吧，你打电话让家里想办法去改过来。曹德锋说，我上哪里去想办法？我父母都是农民，我一个当官的也不认识。而且，那个时候通信联络也非常不便，找个人都找不到。他只好眼睁睁地错过了高考，打起背包回到连队。

听到这里我真是觉得又心酸又生气，那个可恨的医生，真可谓草菅人命啊。同样是高考，同样是医生，我的命运要比曹德锋好太多。我当年作为战士高考，考上了，体检时查出肺部有阴影，怀疑为浸润性肺结核。复查的那位医生看着我的 X 光片说，姑娘，照理说我该把你打入另册了，但你考得真不错，不上大学太可惜。这样，我现在不写诊断，给你半个月时间去治疗，治好了说明是肺炎，治不好那只好认了。我千恩万谢，回到部队打了半个月的青链霉素，竟然好了，果然是肺炎，于是进了大学。

其实曹德锋不甘心的，不仅仅是当两年兵就回家这一点。

成为士官的曹德锋，开始进行他人生的第二场战役，即成为一名军官。既然通过考军校成为军官的路，被档案上一个潦草的涂改堵死了，那他就走另一条路：从战士直接提干。

这条路非常艰难，不亚于攀登珠峰。有几个硬杠杠是必须满足的：入党，当班长，立两个三等功，加上民主评议。曹德锋开始默默地一样一样地努力。这个农民的儿子，没有任何背景，也没有任何人生导师指引，全凭一股子本能，开始了攻坚战。当兵第三年他调到了生产营任司务长（相当于班长），连队的生产建设在他的努力下一举成为先进典型，立了一次三等功，并且入了党。接下来，他代理排长，管理有方，工作成绩突出，再立一个三等功。这期间的艰辛和努力，我这一百字远远不能表达其中的万分之一。钢铁是怎样炼成的？那本书也许可以替他表达一下。

2005 年，曹德锋作为优秀班长，终于直接从战士提干了，整个分区就四名。他终于打赢了这场他主动发起的进攻。

聂拉木

樟木是属于聂拉木县的，故从日喀则到樟木，必经聂拉木。

聂拉木县海拔 4300 米，就在 318 国道旁。距离县城 30 公里处，也有个边防连，和樟木那个连是兄弟。最初我们没打算去。坦率地说，它太艰苦了，我如果只是去路过一下，对不起连队，如果住下来采访，又吃不消。

可是没料到，我最终还是去了，为了氧气。

氧气这个词，只有在西藏才会被频频提起。你若在成都，在北京，在上海，谁会想到氧气？它因为无所不在而显得无足轻重。但是在西藏，氧气这个词是凸显在人们生活中的，尤其凸显在每一个进藏的人的生活中，通常它会和"缺"或者"吸"一起组成常用词。

在我前十余次的进藏经历中，缺氧的感觉并不强烈。记得 20 世纪 90 年代那会儿，我一到拉萨，就会借辆自行车在大街上闲逛。现在这记忆已成为我的"好汉当年勇"了。有人问我，是不是你经常去西藏就没有高原反应了？我连连摇头。不是的不是的，年纪越大反应越厉害。真是很奇怪，是不是因为年轻，就自带几分氧？上了高原可以反刍？

前面我说，樟木青山绿水，完全不像西藏。但还有一句话必须补上，那就是抵达青山绿水的路程是很西藏的，必须翻越两座海拔 5 千米以上的雪山，一路上全是光秃秃的山峦和沙砾地，看不到一点绿色。缺氧，干燥，气紧。

去的那天，我们到达 5280 米的嘉措拉山顶时，大家都顶着大风下来拍珠峰。我也很激动，天气好，珠峰仿佛近在眼前。可是我刚咔嚓两张，忽然就站不稳了，眼前发黑。残余的理智让我连忙爬上车，快速解开缠绕在氧气瓶上的塑料管，把管子对准鼻孔。哪知驾驶员过来说，里面没有氧，出发前来不及灌。那一刻真的很绝望。

没别的办法，只能立即下山。下山后到了岗萨，也就是老定日县城。陪同采访的分区聂干事急忙跑到街边的小店去买氧气，两罐像灭害灵那么大的圆筒，我抱着圆筒迅速吸入，几分钟后就感觉胸口没那么憋闷了。同行的年轻女作家纪莹连连说：红了红了！她说的"红了"是我的嘴唇，刚才我的嘴唇一直发黑。聂干事、纪莹，加上司机小蔡，三个人同时呼出一口长长的气：你吓死我们了！

若吓死他们，我肯定已临近死亡。当时我脑子里忽地想起一个朋友说的事，他们去攀登珠峰，返回时，一个同伴走着走着就倒地而亡。心脏在缺氧的时刻，不知何时就会到达极限，因极限而崩溃。

最难受的时候我想，若真在这里发生什么事，就太给他们添麻烦了，前不着村后不着店的，让他们往哪里送？当然我也想，真要报销就报销吧，也许很痛快。

心有余悸的聂干事提议，我们还是到聂拉木边防连去休息一下吧。因为前面还有一座海拔五千米的雪山。以我过去的习惯，不打算采访人家的话就不去打扰。但彼时已经顾不上了。

一进到那个连队指导员的房间，我就躺倒在了沙发上。躺倒的原因还有腰疼，我的腰椎已经出问题一个月了，怎么也弄不好。指导员叫来军医（但凡独立驻守的边防连队都配有军医）。军医除了让我吸氧没有其他招数。只是氧气瓶比我在车上用的大很多，像发导弹，让人心安。我告诉他我喘不上气，憋闷，他很淡定地说，就是缺氧导致的高原反应。

他早已见惯不惊了，高原反应是他们的家常便饭，甚至是他们亲友团的家常便饭。我躺在沙发上，还是有些不好意思，于是对纪莹说，你赶紧采访吧。纪莹就和连长指导员聊了起来。指导员张良，汉族；连长普珠，藏族。两个"八零后"小伙子，都已戍守西藏十年以上了。这一路上，我见到好几位藏族青年军官，他们有个共同点，总是笑眯眯的，露出一口白牙，普通话很标准。

在西藏，边防军人的故事总是很多。但我听到的这个故事，是有关边防军人亲友团的。

某一年阳春三月，一个新婚的军嫂从四川进藏探亲，请了两个月的假，想好好跟丈夫聚聚。她丈夫在聂拉木下面的小镇樟木。不料一到拉萨，她就被剧烈的高原反应击倒了，住院整整一个星期。出院后从拉萨到日喀则走了三天，这就耗去了10天。哪知当她好不容易从日喀则坐长途车到聂拉木时，遭遇了春天的暴风雪。大雪整整下了六天，去边境的路彻底中断。她就在这个荒凉偏僻的小镇上住了半个月。直到四月份道路开通，她才抵达樟木。那时离她出发的日子，已经过去了整整一个月。她在樟木待了二十多天，留下一周作为返回的路程。

我无法想象，如果是我，一个人在这个偏僻的举目无亲的高寒缺氧的小镇上住半个月，会是什么感觉？绝望？伤心？还是愤而离去，打道回府？所以听到这个故事时，我一个劲儿追问：这次探亲没影响他们夫妻感情吧？那女人见到丈夫时哭了吗？抱怨了吗？讲故事的人说，没有，她见到丈夫时只说了一句，你们太不容易了。

在我常常自认为很坚强的时候，总会有人让我自惭形秽。

我一边吸氧，一边听故事，眼角的余光却注意到茶几上有两瓶漂亮的绿色植物，是蒜苗。瓶子下面是白生生的整齐的根须，瓶子上是郁郁葱葱的叶片。上下都跟他们的内务卫生一样整齐划一。

我问指导员，谁种的？指导员说是他种的。我立马请教：加营养液了吗？他说没有，就是清水。我连忙拍下来它们，发在微信圈里，并告诉大家，这是我见到过的最美的室内盆栽，海拔 4300 米的蒜苗。

半小时后，我们告别聂拉木边防连，继续出发。再翻越一座海拔五千米的山去樟木。在西藏，五千米以下的山不能算山，所以，这座刚刚挨边儿五千米的山，羞涩得连个路碑都没有。我四处打听，才知道了它的名字：拉隆山。下山，就再也没山了，全是沟。从海拔五千米一口气下到海拔两千米，简直就是往氧气瓶里走。

晚上八点，我们进了"氧气瓶"樟木。

我在樟木住了三天，真的叫休养生息。

定　日

何海斌斜斜地靠在越野车旁，跟几个走过他身边的藏族小学生打招呼，逗他们，小学生嘻嘻哈哈地反过来逗他。我一眼看见，心里一动：如果不是那身衣服，他可真像个土生土长的西藏人。黑黝黝的脸庞，加上一副自在的神情。

何海斌是拉孜县人武部政委，上校军官。他的另一个身份是诗人。所以，当我在路上发生严重高反，被同行的三位坚决阻止继续往前走时，他立即说他来接我回去。

所谓"往前走"，就是去海拔更高的边防团；所谓"回去"，就是返回日喀则。我自然是服从了。

我们的线路是这样的：从樟木出发，经聂拉木、岗萨、定日，拉孜，最终到日喀则。定日是中间站，我们便停下来吃午饭。当时已经是下午

2014 民生散文选

两点多了，我很饿。

定日海拔 4300 米，是去往珠峰必经的县。换句话说，珠峰就在定日县境内。所以定日的旅游口号是，到定日看珠峰。定日又分老定日和新定日，前面我们经过的岗萨，就是老定日。

对于老定日，我有着极为深刻的记忆。

那是 20 世纪 80 年代末我首次进藏，和另外三位部队作家一起，坐了辆老式北京吉普去樟木。当车子开到老定日时，坏了，轮胎漏气。我们便在老定日唯一一家修车店补胎。等补好了轮胎，师傅告知我们没电充气。他扔了个打气筒给我们，让我们自己打。于是在海拔四千多米的地方，我们开始玩儿酷，用自行车打气筒给汽车轮胎打气。我们五个人是这样分工的，男的每人打 100 下，女的每人打 50 下。凭我们的一双手，还真把轮胎给打足了。年轻真是好，我吭哧吭哧打了 50 下一点儿事儿没有。不过等我们继续前行时，更多的问题出现了，水箱漏水，发动机故障，我们只好打道回府。于是，樟木这个著名的边境口岸，我直到 25 年后的今天才得以抵达。

我把这个故事讲给何海斌听，他哈哈大笑说，我当时要是在，一定不让你打。我说，你那时候在哪儿？读中学吧？他说是，读高中，我1991 年进的大学。

1995 年，即将大学毕业的何海斌，幸运地遇到了西藏部队去学校招收军官，他立即报名，过五关斩六将，穿上了军装，来到高原。在教导队集训三个月后就当了排长。因为思乡，他在笔记本上写了些关于边关和故乡的短句子，被领导无意中瞥见，立马作为写作人才，弄去当宣传干事了。以后他又回连队当指导员，又上机关当股长，又回营里当教导员，又到机关当科长，上上下下，始终都在艰苦的日喀则地区，那张黝黑黝黑的脸就是明证。樟木的"八零后"指导员曹德锋，就曾经是他的部下。

可是，等我们在拉孜人武部面对面坐下时，他居然木讷得要命，啥也说不出来，路上的那个话痨不知哪儿去了。我只好回家查资料，还真查到了。何海斌在岗巴营任职期间，光是带队巡逻就 150 多次，行程近两万公里。行万里路的同时读万卷书，他的阅读量很大，凡是关于西藏的关于军事的书都喜欢读，由此带动了整个岗巴营，他们营党委是全军先进基层组织，是中央军委命名的"岗巴爱国模范奉献营"，他本人还是西藏军区的优秀党员，立过一个二等功，三个三等功。像戏曲里唱的：是一个好呀么好青年。

拉　孜

到达拉孜是下午四点半。第二天，何海斌带我浏览拉孜，他大步流星地走在前面，仿佛身后跟着的不是内地来的中年妇女，而是个西藏小战士。气喘吁吁的我，又在拉孜人武部坐下。刚喝了两口何海斌泡的滇红，屋子里就进来一个结结实实的汉子，一张脸极为充分地体现着西藏紫外线的威力，黑而亮。他笑眯眯地说裘老师你好，我叫周联合。原来，他就是拉孜人武部的周部长。

周联合是"七零后"，外貌没有何海斌那么挺拔。我马上注意到他的嘴角有一道明显的疤痕，就问，你嘴上的疤是到西藏落下的吗？

其实我问的时候，完全是没话找话的心态。所以他回答的时候，也是一副闲聊的口吻：

是的。我当班长那年，有一次执行任务，遇到了歹徒，居然冲过来夺枪！我马上就跟他们拼命。老子心头想，我兄弟四个，就是光荣了爹妈也有人养。结果就挨了这一刀。

我当时就震惊了。

我追问，后来呢？

后来当然是把他们制服了。

那你呢？

我送到医院缝针呗。医生打麻药之前我就问，你这麻药会不会影响面部神经？医生说，会有一点儿。我说，那就别打麻药。结果把老子痛惨了！里面缝了12针，外面还缝了8针。

原来，这是个有着严重英雄情结的军人。他曾有两次机会进机关工作，但都被他放弃了。他说，我喜欢和兄弟们在一起的感觉，不喜欢虚头巴脑的事。

我们一起走出房间，正午的阳光赤诚热烈到让人受不了。我往树荫下躲，周联合却站在白热化的中间地带，脸上滋滋冒汗。他指着眼前一座不长一棵树一棵草的山对我说，我觉得我们男人就应该像这座山一样，坦坦荡荡，毫无遮掩。

我说，你这么喜欢西藏，以后回内地了，一定会很想念的。

他点头，若有所思地说，当我离开这片土地的时候，我不知道会以什么方式，但我一定会回头多看几眼。

我的眼眶一下湿了。

按他的句式，我也想说，当我以后想起拉孜小城的时候，一定会想起这座没有一点儿绿意的山，和仰望山的周联合。

全文以《行走高原》为题发表于《人民文学》2014 年第 8 期

本文是作者提供的该文的删节版，发表于中国作家网，2014 年 7 月 31 日

朱檐下

江少宾

2014 民生 散文选

四年之后，我们终于拿到了钥匙。这一天，我们已经等得太久，曾经的激情和兴奋，差不多全部消失了。在漫长的四年时间里，我们已经支付了五十多万，每一次刷卡，狂飙的心脏几乎就要冲出胸腔。那套遥遥无期的集资房，像一个无底洞，渐渐抽干了我们辛辛苦苦攒下来的家底。一些不堪重负的年轻人终于选择了退款，更多的同事则像我一样，在占单位一点便宜的心理驱使下，一边在私下里咒骂，一边暗暗地咬紧了牙关。每一次缴费似乎都曙光在望，但每一次最终都没有下文——什么时间可以交房？每套房子的确切单价？如此等等，一笔糊涂账。为单位职工建集资房，已经沦为一件敏感的好事，没有一个领导愿意负责到底，更没有一个领导愿意担责，给职工们一个明确的说法。

然而，这又是职工们一次心甘情愿的"被绑架"。为了争取到有限的购房名额，不少工龄不足的职工甚至参与了多次摇号，摇到了，幸运地登上了"贼船"，然后就是一次次无条件地交钱，慢慢地就陷进去了。既然陷进去了，就集体陷着，谁也不肯率先洗脚上岸。但无力负担且又心灰意冷的职工最终还是私下里转让了自己的房源，第一批转让者每平方米加价五百元，趋之若鹜；第二批转让者每平方米加价八百元，趋之若鹜；拿钥匙的时候出现了第三批转让者，每平方米加价一千元，事实上已经接近市场价了，但还是有人愿意冒险——那时候单位里已经出台了相关文件，八年之内，禁止交易。八年时间会有太多的变数，谁也无法保证八年之后还能顺利过户，这种私下里的协议并不受法律保护，交易双方唯一可以依赖的，是彼此之间的感情和关系。然而，在利益面前，俗世里的"关系"往往不堪一击，父子、母女、兄弟、夫妻都可以反目，还有什么关系不可以？

我见过一份转让协议。A4纸上打印着几行简单的条款，交易额居然没有大写，只有一行稀松的阿拉伯数字。没有手印。没有公证。我相信，双方应该都没有咨询过律师。那个冒失的年轻人需要一套体面的新房子，仿佛只有在这样的房子里，他才可以顺理成章地结婚、生子。我善意地提醒过他，但他不置可否，若无其事。我们属于两个年代的人，很显然，他并不理解我们这代人的思维方式。令我惊讶的是，他看中的并不是这套房子潜在的经济效益，也不是能占单位多大的便宜（这是我们这代人的思维方式），而是这套房子可以标榜自己的身份——他入住的，是某个系统的职工住宅区。为此他愿意冒险，当然他也愿意相信，都是抬头不见低头见的熟人，彼此都不会把事情做绝。我只能祝福他，希望他能够幸免。

"绑架"我的那套房子一百四十五平米——四个房间，一个客厅，一个餐厅，一间储藏室，两个阳台，两个卫生间。和我现在的住房条件相比，这套房子大大超出了我的预期。十年前，我们在一个"鸟不生蛋"的小区按揭买下了第一套房子，小区门前的马路上都是水坑，我骑着自行车，裤管上溅满污泥。往东去半里路，就是一片杂乱的野草地，到处都是垃圾，苍蝇乱飞，臭味扑鼻。不远处的田野上，还摇曳着一丛丛金黄色的油菜花，看上去，和我的小村牌楼几乎没有任何差异。说实话，看到周边的环境之后，我对这个小区已经失去了兴趣，在此之前，我已经看中了几套合意的房子，但无论是在心理上还是在价格上，这些房子都超出了我的承受能力。妻子反复劝慰我，要面对现实，别"死要面子活受罪"。和我一样，妻子也出身农村，也和我一样，梦想着拥有一套真正属于自己的房子。事实上，也只有房子，我们才能把"根"真正扎下来，安居乐业——先安居，后乐业。杜甫的目光过于远见——早在遥远的唐朝，他就面对21世纪的中国写下这样的诗句："安得广厦千万间？大庇天下寒士俱欢颜。"现如今，广厦早已千万间，且"鬼城"遍地，但对于我们这些工薪阶层来说，要想真正拥有一间自己的房子，却非常不易。

那天我们忙到很晚，反复权衡着有限的积蓄和未来的还款能力，最终，我们选中了最后一幢最后一个单元，三室一厅，九十多平米。那时候，小区里的房子已经所剩无几，总价太高的我们承受不起，户型太差的我们又不想要。签完合同、交完首付之后天已经黑了，我和妻子惊讶地发现，小区门前的马路上居然没有路灯，人家的灯火影影绰绰的，像一双双半睡半醒的眼睛。即将安居的兴奋感瞬间消失，我吃力地蹬着自行车，沮丧到了极点。虽然我们即将拥有一套自己的房子，但我们的口袋已经空了，而那套房子，也不是我们梦想中的样子。在租房生活的日子里，我们曾经无数次设想过我们的卧室和院子——妻子梦想的卧室有一面大大的落地窗，她可以带着孩子坐在窗台上，沐浴着暖暖的阳光；我梦想有一座自己的小院，院子里桂花飘香，栅栏上爬满葡萄的藤蔓，如果可以，我还想种一些牵牛花。老家的院子里，牵牛花开得太迷人了，像一个个的娇嫩的小喇叭……然而，理想很丰满，现实很骨感——我们既没有院子，也没有落地窗。那是一个很普通的小区，坐落在一个整天穿梭在大街小巷的出租车司机都不知道的城郊结合部。

第一次买房，我们都没有经验。拿钥匙那天我们才发现，最后一幢楼紧邻铁道，一列火车呼啸而来，另一列火车呼啸而去，窗户上的玻璃在呼啸声中一次次震颤。密集地震颤。而最后一个单元又挨着一条次干道，不仅西晒，后来次干道上还盘踞了一家物流公司，天南海北的大货车开足了马力，轰隆隆，轰隆隆，彻夜不止。站在空空如也的新房里，我虽然无比懊恼，但虚荣心还是占了上风，我们总算有了一个自己的家！这个家虽然位置偏僻，有严重的噪声污染，但这个家，让我和妻子终于结束了浮萍一样的租房生活，在这座别人的城市里，第一次找到了归属感。

　　那天晚上，我和妻子专门下了一次饭店，还破天荒地喝完了一瓶白酒。那时候，合肥的房价已经日新月异，我们都以为，这一生，我们就要在这套房子里同患难，共白头了。我们雷打不动地按月还着房贷，锱铢必较地计算着装修的费用，到终于搬进来的时候，我们甚至连请亲戚吃一顿饭的钱都没有了。工作八年，除了一个家，我和妻子几乎两手空空，像一对刚刚进城讨生活的年轻人。大约，每一对在基层挣扎的夫妻都如此吧，没有殷实的家底，自力更生，丰衣足食，一切都靠我们自己。

　　慢慢地，我们终于还清了所有的房贷，陡然消失的经济压力，终于让我们松了一口长气。大约也像所有的夫妻一样，我们开始准备要一个孩子。对于第一代城市移民来说，他们也必然和我们一样，艰难地践行着这样一种生存模式——前半生的奋斗，为了扎根；后半生的奋斗，为了孩子。只有短暂、孤独而又老无所依的晚年，或许才可以完全地属于我们自己。

　　孩子刚上幼儿园，我们就开始寻找学区房，我们不想让自己的孩子输在人生的起跑线上。事实上，对于我们这代人的孩子来说，他们的起跑线已经提前到了胎教，如果小学再不抢抓机遇，他们极有可能重蹈我们的覆辙。当我们辛辛苦苦地终于还清银行贷款的时候，身边的同事已经购置了第二套房子，还有一些同事已经享受起优裕的生活，开着汽车上下班。他们都有一个共同的社会背景——第二代或者第三代城市居民。虽然他们已经忘记了父母亲的奋斗史，但对于父母们来说，他们最宏伟的奋斗目标，其实也莫过于此——让自己的血脉在城市的主动脉里流淌，让自己的血脉成为一个家族最耀眼的标志。只要能实现这个目标，所有的付出都是值得的。这让我想起父亲对我的告诫：别光顾着自己写，也要给孩子留下一些遗产呢！是的，父亲摒弃了"房子""金钱"这些物质化的词汇，而使用了另一个较为中性的词——"遗产"——具有物质和精神上的双重性，但我比谁都了解父亲的心思——和我卑微而清贫的书写比起来，父亲更希望我能多创造一些物质财富，让他的孙子将来不用再为最起码的生存而受苦。这个从"大跃进"活过来的老人，尝遍了人间所有的磨难，他已经苦怕了。

　　父亲这一代人，最顽固而又最朴素的念想，也就是拥有一间能遮风避雨的屋子。给自己一个家，给孩子一个家，也是中国人传承已久的生存模式。20世纪80年代，父亲拼尽一生的积蓄，又东挪西借了一屁股的债，终于盖起了一幢敞亮的楼房。那时候，二哥已经辍学务农，而我的顽劣又远近闻名，在父亲眼里，我肯定会和二哥一样，只能做一个"脸朝黄土背朝天"的庄稼人。父亲甚至听从了一个亲戚的建议，一幢楼房开两道大门，一道大门留给二哥，一道大门留给我。但在最后一刻，父亲还是孤注一掷，放弃了另开一道大门的打算。感谢父亲，他用自己的脸面为我下了一笔高昂的赌注！这道高昂的赌注像一条鞭子，将我赶进了另一个世界。现如今，老家的那幢楼房已经破败不堪，天台严重渗水，顶梁上的钢筋一根根的，裸露在外。每次回牌楼，父亲都劝我们将房子好好地修茸一次，但我们谁都不肯这么做。我们的故乡早已经沦陷——严重断代的小村空荡荡的，只有二十几个老弱病残，守着十几座岁月一样荒凉的老房子。

　　寻找学区房的过程过于漫长，前前后后，我们大约用了一年多时间。市场经济知识的匮乏，以及农家子弟骨子里的谨小慎微，让我们一次次地错失了良机。我们总想货比三家，总想再看看下一套房子，等我们回过头来准备重新考虑的时候，先前看中的那套房子已经飞速涨价，最离谱的一次，前后不到两个月，总价就涨了八万。心狠手辣的投资客惯于待价而沽，且洞悉买家的心理。孩子的事，天大的事，只要傍上了一个像样的学区，房子就成了不愁嫁的公主。教育资源配置上的不均衡，成了学区房飞速涨价的助推器。四年后的今天，一套学区房的价格，已经比四年前翻了一番。合肥还只是一个中部省份的二线城市，至于一线城市的学区房，价格则更为高昂。

　　慢慢地，我们也就泄了气。恰好就在这时候，传出了单位要集资建房的消息，而且，还有一个相对不错的学区。这个消息令我欣喜万分，甚至为没有购买学区房而扬扬得意。然而，我们谁也没有料到，这一等，我们竟然足足等了四年。为了孩子，我们不能再等了，尽管那套房子只通了水和电，且未通过主管部门的综合验收，但我们还是决定提前装修，早一天住进去，孩子就不需要在路上耽搁太多的时间。为了赶上学校里的早读，孩子每天早上七点必须起床。一个星期下来，孩子累得够呛，我们也累得够呛。

然而，装修刚刚开始，问题就接踵而至。物业公司给业主们发了条短信，装修要签《装修协议》，办《装修许可证》，不然材料进不了小区的大门。我找到了物业公司，接待我的是一个年轻而时尚的女人，她冷冰冰地对我说，办《装修许可证》要交两千块钱的押金……两千？两千！这个钱以后是要退你的，知道啵？我身上没有足够的现金，而且，就算我有，我也不会不明不白地交给物业公司。你们收这笔钱，没有任何依据啊！她不甘示弱地冷笑了一声，随便你，交不交，都是你的权利。我扬扬自得地离开了物业公司，这个回合，我以为自己已经胜券在握，谁知道，我还没有回到自己的房子，家里就莫名其妙地停水了。

停水，意味着必须停工。一开始，我以为整个小区都停了水，在城市扩建的进程中，这种情况经常发生，但事实并非如此。那个冷笑的女人遥控了我们这栋楼，她居然以此相威胁，逼迫我办理《装修许可证》。我不得不再次返回物业公司，那个冷笑的女人已经消失了，站在前台的，是一个过早谢顶的中年男人。我姓薛，薛仁贵的薛，黄河的河。请问您有什么事？我愤怒地擂着前台上的钢化玻璃，你们有什么权利停我的水？他若有所悟地"哦"了一声，接着又推了推鼻梁上的镜片，您是不是 X 号楼 xxx 的业主？我几乎愣住了。他笑着示意我坐下来，又递给我一支烟。是这个情况，您听我解释，他等我续上了火，又笑容满面地接着说，装修肯定要办许可证，我们要对全体业主负责……这一点我完全理解！我粗暴地打断他的话茬，但作为物业公司，你们没有停水的权利！他站了起来，重重地拍了一下我的肩膀，接着又坐了下去。兄弟哎，他说，你去问问，如果有一户没有交钱，算我薛河对不起你！这一声"兄弟"，让我的怒火全部熄灭了，当时，确实已有一些同事正在装修，我也看过工人师傅别着物业公司自制的装修证件。沉默片刻之后，我答应办理《装修许可证》，但在装修保证金的具体数额上，我们再次发生争议。薛河坚持要收两千，但我坚持依法办事——物业公司收取装修保证金，只是一项约定俗成的"潜规则"，没有一款法律条文对此进行过明确规定。他只好选择了让步，主动将装修保证金的数额减到了一千。这是我最大的权力了，薛河说，兄弟哎，你要替我保密，否则我就没办法做人了！

从两千到一千，薛河把事情上升到了"做人"的高度，那一刻，这个秃顶的中年男人几乎让我对自己的人品产生了怀疑——两千和一千对我都不是大数目，而且是要退的，但我一直在斤斤计较，给一个好心的管家出了道大大的难题。那一刻的薛河给我留下了深刻的印象，我甚至相信，物业公司肯定也有自己的难言之隐。业主们个个都不是省油的灯，他们吃五喝六惯了，也优越惯了。那天下午，我就亲眼目睹一位退休职工戳着薛河的鼻子，"你们敢断我的电，我就断你们物业公司的电！"在退休职工愤怒的质问里，薛河始终赔着笑脸，他的修为，几乎让我心生敬意。薛河和我的年纪相仿，但和他比起来，我几乎白白修炼了四十年。人进中年，我依旧急躁而火爆，稍不如意，就会怒发冲冠，伤人，亦伤己。

事情进展得非常顺利。退一步海阔天空——我退步于他的动之以情，他退步于我的有理有据。虽然说不上推心置腹，但临别的时候，我们都保存了对方的电话号码，他始终搂着我的肩膀，一直将我送到了楼道里。这让我无比温暖，甚至已经在心里认下了这个"兄弟"。谁知道第三天，家里突然停电，和上次突然停水一样，物业公司同样没有提前告知。然而，这怎么可能呢？我难以置信地拨通了薛河的电话。"您好，请问您是？"电话那头，薛河冷冰冰的声音让我如坠迷雾，似乎接电话的，是一个完全陌生的男人。你是薛河吗？我努力克制着自己的情绪。"我是，请问您是……"我一下子醒悟了过来，在这个中年男人面前，我其实就是个傻子——我煞有其事地保存了他的电话号码，但他转身之后就把我给忘了！我只好自报家门，电话那头的薛河瞬间升温，他一个劲地向我道歉："兄弟哎，昨晚老酒搞多了，还躺着呢……"薛河大约没有料到，当时我已经走近了物业公司，就在薛河叫我"兄弟"的时候，一个秃顶的男人冲进了停在门口的一辆车子。我没有揭穿薛河的把戏，何必呢——他充其量只是个三流的演员，虽然我是个傻子，但我确信自己没有看走眼。

对于薛河的反悔，物业公司并没有给我一个合理的解释，甚至没有人愿意对停电负责。避而不见的薛河大约已经留下了指示，这个业主是个好说话的人，可以采取任何形式的强制措施。我家的楼上也在装修，一直到今天，那个牛气冲天的同事也没有办理《装修许可证》，更没有签署任何形式的装修协议。他们以暴制暴，当物业公司强行停水停电的时候，同事就让工人强行破门，打开水阀，合上电闸。几次较量下来，物业公司只好装聋作哑，听之任之。和楼上的同事比起来，我确实太安分了，难怪会被人视为傻子。

我郁郁地生着闷气，思考着是否要向楼上的同事学习。强行破门其实并不是难事，但我既没有精力折腾，也不想破坏小区里的基础设施。思来想去，我还是给薛河发了一条短信："如果你还是个男人，希望你能践行自己的诺言。逼我上梁山，对你未必有好处。"薛河没有回复，他似乎已经吃定了我，不过就是个穷书生，梁山上不会有这种人的位置。令我尤为气愤的是，两个瘦削的保安显然得到了薛河的授意，他们始终跟在我的后面，一言不发，一左一右，像两名训练有素的保镖，一直跟进了电梯。

这种公然的羞辱帮我下定了决心，沟通已经没有意义了，我唯一应该做的，就是和楼上的同事一样强行破门。我拿出一把榔头，毫不犹豫地走到了设备间，毫不犹豫地砸向了门上的暗锁。一个年长的保安立即操起了对讲机，另外一个年轻的保安则向我冲了过来，直接掐住了我的脖子。松手！我奋力弹开他的控制，继续操起了榔头。一下，两下，三下，锁坏了，门自动弹了出来。这时候，那个年轻的保安已经解开了随身携带的警棍，警棍裹挟着呼呼的风声，击中我的胳膊、肩胛、腰身和臀部。一阵剧烈的疼痛电流一样滚过我的全身，内心深处的恶，瞬间被疼痛唤醒，同时唤醒的，还有一个离经叛道的"不良少年"。我一边飞快地后退，一边甩掉了臃肿的棉袄。那个年轻的保安依旧步步紧逼，警棍提在手里，跃跃欲试。我决定给他一点教训，甩掉棉袄的同时我就朝他冲了过去，警棍挥向我的头顶，我腾挪了两步，一记"黑虎掏心"，凶猛地奔向他毫不设防的腹部。

他呻吟了一声，蹲了下去。战争平息了，他主动认输。感谢那名年长的保安，他一直保持冷静，既没有出手施暴，当然也没有制止。

薛河终于出现了。那一刻我终于明白，我们都成了他的"棋子"，他全程操纵了这场战争，并且利用这场战争，让我再一次选择了让步。当内心的魔鬼被疼痛唤醒的时候，我们都付出了惨重的代价——它颠覆了我一贯的文人形象，而那个年轻的保安在医院里躺了八天，为此我支付了一笔昂贵的医药费——它让我明白，这依旧是一个弱肉强食的年代，任何形式的个人努力，都无异于螳臂当车。

我没有再和薛河发生任何交集，即便是后来，我和妻子的手机被骚扰得无以复加——推销灯具的电话，推销厨柜的电话，推销木地板的电话，供应水泥和黄沙的电话，专业封阳台的电话……他们都准确地报出了我们的姓名和房号，在我们的质疑里，有些推销商甚至直言不讳，他们的信息来自物业公司提供的资料。不堪骚扰的妻子一度准备向物业公司讨个说法，但我知道，物业公司既不会承认，也不会给我们任何说法——信息泄露的渠道太多了，现如今的我们，其实是一群没有隐私的人。没有人愿意为此较真，另外一些人，最终也止步于高昂的维权成本。

我只是一个普通的平民，对于这样的维权，我无力，也无心；我有一份听上去很体面的工作，但我也只有一个卑微的梦想——风雨不动七十年，一个安稳而舒适的家，一个安放灵魂和亲情的地方。但每一次努力，都让我心力交瘁，就像父亲的老房子，在岁月深处，早已不堪风吹雨打。人进中年，我愈发宠爱自己的儿子，是这个温暖的称谓，让我懂得了父亲的告诫，人活一生，最大的遗产其实并不是金钱和物质，而是恒久的爱心和信仰。

母亲临终前，最放心不下的，是净身出户的大哥。哪怕有一间屋子呢，母亲说，至少有一个地方可以落脚……母亲甚至私下里叮嘱过我："老大将来老了，你不能不管啊！"我默默地点了点头，母亲依旧不放心，她又重重地叹息了一声："这生是兄弟，来生就不定还是了，可知道？"我抓着母亲的手，看着那张皱纹密布的浮肿的脸，泪水瞬间夺眶而出……

现如今，母亲应该可以安息了，大哥终于买了自己的房子，结束了浮萍一样的生活，"有一个地方可以落脚"。父亲的欣慰溢于言表，但我在高兴之余，更多的其实是隐忧——再过几年，大哥就到六十岁了，但他的余生注定要当"房奴"，慢慢地偿还银行里的贷款。这个命运多舛的男人是第一个走出小村牌楼的大学生，他曾意气风发，也曾壮怀激烈，但坚硬的城市，粗暴地摁下了他骄傲的头颅，无情地磨平了他所有的棱角。这让我无比心酸——我们其实都是浮萍，风吹来，雨打去，微如草芥的生命，平淡而无奇。

原载《黄河文学》2014 年第 7 期

反面教材

谢宗玉

　　昨天，班主任打来电话抱怨："你儿子这次语文测试倒数第一。"我保持沉默，羞耻期早过了，地上就算有缝，我也不会钻。班主任知道我是作家，上学期还被邀请去他们学校做讲座，在1700多名同学面前，谈论如何写作文。我不是那种在公开场合能说会道的人。两个小时，我如坐针毡。既为自己那可怜的普通话，也为谢同学枯萎的写作能力。两者都这样了，我居然还敢上台？

　　我完全是被逼的。廖同学认为这堂课，我讲也得讲，不讲也得讲。两个理由：一是唤醒谢同学的虚荣心，让他知耻近乎勇；再是，我若却而不去，怕谢同学日后不被待见。但昨天班主任的这个电话，证明我做了一场零功效讲座。

　　我和廖同学都是中文系毕业，家里别的没有，徒四壁闲书，我们从没担心谢同学语文不好。不管是先天基因，还是后天环境，他都有理由这科拔尖。我们的主攻方向是英语，从幼儿园起，就送他上课外班，扔进去好几万。目的很明确，就是想趁早送他出去，以便将来盘块洋地，抱个洋妞，生堆洋崽。什么是爱国？把彩旗插到别人的地盘上去，就是最大的爱国。

咱不跟同胞们抢有限的生存资源。

上学期长郡双语中学期末考试，近2000学生有7位高人英语满分，谢同学是其一。而谢同学其实并不是一个考试型选手，他的应用能力更强。他现在看英文电影、听英文广播几乎没有障碍，打开视频，可以直接与大洋彼岸的外教漫聊。有时我用劣质的普通话骂他，他则用很纯的美国腔反唇相讥，把我气得直跺脚。回头问廖同学他说了什么，廖同学阴着脸说，你还是不知道的好。

按说，我们得高兴才是。可不知为什么，坐在书房，面对四壁汉书，我内心居然有一种类似前清遗老的失落感。这种失落感，不是我一个人有，估计已遍及到要伤害民族自尊心的程度了，所以教育部门才宣布要加大语文考试分值，降低英语分值。有识之士都知道，这是非常必要的。要不然，迅哥儿当年没成功的文字革命，现在这帮兔崽子会兵不血刃地弄成功。但廖同学为这事，好几天都骂骂咧咧，儿子最好的科目不能获得最大的功利，自然要骂。

谢同学数学、物理、生物、地理还好，政治和历史一般。可这个时代的读书机器太多了，"还好"和"一般"便意味被淘汰。一个作家朋友的儿子与谢同学同年级，一个典型的读书机器。每次考试，7门功课，总扣分从没超过20分！简直不是爹妈生的！更可怕的是，这样的人不是一个，而是一群。我们读书那会儿，高分就像独木高耸，低分则是灌木一片。现在的高分却呈蘑菇云状分布，密密麻麻，都挤在上面。多考5分，排名便可甩开人家100多个名次。反倒是低分段，稀稀拉拉几个人，寂寞地做了擎起"蘑菇云"的孤柄。

成绩好的同学，除智商和种种学习秘诀外，依我看，关键是还都有一颗争强好胜的心。那个作家朋友的儿子如果考第二名，他会大哭一场，几天不见一笑。谢同学班的学习委员，有一次地理考95分，当场就在教室里哭鼻子，因为没进入前10名，而前10名，是她的底线。

谢同学缺的正是这颗争强好胜之心。从幼儿园到现在，每次考试，谢同学都只知道自己多少分，前后左右的人多少分，班上那些学霸们多少分，他一概不知。"我要知道他们多少分干吗，这个又不会考！"一脸的无辜和愤怒。我们只想吐血。

谢同学现在这学校，其最大特点，就是把百炼成钢的重任，交给了无穷无尽的考试。谢同学刚入学便考试，然后以成绩排名来划定学号。好生差生，一目了然。之后，不管大考小考，都会排名。昨天班主任说他倒数第一的那堂考试，仅是默写两首古诗，谢同学错了 5 个字。

廖同学不肯接受谢同学平庸身份（学号）的划定，从第一场考试排名后，她便采取了全场紧逼盯人的战术，谢同学每天的时间便只能以分钟计算了。学校离家远，本该住校，但谢同学的自理能力和自控能力太差，廖同学不放心，只好走读。

目前我们的时间表是，6:30 起床，7:20 到校。谢同学的早餐就在车上解决。吃早餐的同时，还要练习英文听力，我车上的英文碟一大摞。晚上 6 点，我在校门口接他。回家路上，他一边接受近视仪的按摩治疗，一边继续练习英语听力。这样每天来去共个把小时，也没有浪费哪怕一分钟。

一路披星戴月，晨风夕雨，车厢内"鸟语"横行，父子俩相对无言，这些都按下不表。回到家，谢同学的所有权就归廖同学。一张大桌子，谢同学在这头，廖同学在那头。这头谢同学无精打采地做着作业，那头廖同学紧张分分地给他填抄汇集各科错题，给他计算做不出的奥数，给他在网上联系各科视频家教，给他在各大网店寻找复习资料。同时，在谢同学思绪云游之际，给他来声断喝。

曾经，天是蓝的，山是青的，水是秀的，廖同学是年轻美丽的，谢同学是笑容满面的。现在，天灰了，山秃了，水污染了。廖同学白发丛生，美丽不再；谢同学性格乖张，笑容难觅。母子俩像架起来的两只矛，多半时间在学习，小半时间在吵架。我坐在书房，有时听得既烦躁又绝望，恨不得把两个都灭了，再娶重造。

我与廖同学自大学毕业，就对应试教育表示极大的轻蔑。所以谢同学童年时，只抓了他的英语和才艺，其他学业基本采取放养之势。现在悔之晚矣。长沙四大名校的升学率是有目共睹的。而四大名校招生要求各科都要达 A，少一科都不成。现在我们只能围着分数去转。至于素质教育，看不见，摸不着，无法速成，就不知从何处下手。就像各国政府首脑，不知人类福祉究竟何在，只好一味追逐 GDP。而谁知道这个

GDP 带给人类的究竟是幸福还是灾难？

这种紧逼盯防的学习方法，自然事倍功半。谢同学只在初一上学期期末考试全 A。这之后，节节败退。现在已退到班上 20 名之后，全年级 400 名之后，并且还在后退。这个成绩，是上不了四大名校的。

但为了这个成绩，我们家已努力到了快要散架的地步。我与廖同学的"三观"皆同，生活差强人意，跟祖国一样和谐。但因为不同的教育方法，我们有一次都进了芙蓉区民政局大门，好在没带户口本，不然这婚就真离了。

现在廖同学有所妥协，晚上虽然还守着，但那只是尽人事，听天命。她知道自己代替不了谢同学，"包办"不对，紧逼盯防也不对。她插个耳机，在电脑上看连续剧。只有谢同学问到她时，她才赶紧按下暂停键，第一时间去授业解惑。

种下龙蛋，收获跳蚤。谢同学的漂洋过海梦算是破碎了。我甚至已开始将他当作"啃老族"在规划了。廖同学认为我太悲观。她对谢同学仍残存幻想。她说自己小时候的懵懂与现在的谢同学颇为类似，都读高二了，还不问学业玩养蚕，气得她老爸一跺脚，把十几条蚕宝宝踩成泥浆。结果她惊醒了，高三时学业突飞猛进，进入全年级前 3 名，大学考得极为顺溜。

谢同学身上会有奇迹出现吗？即使有，恐怕也太迟了。这个学期，谢同学就要参加生物、地理会考，如果达不到 A，高中就莫想进名校。何况，廖同学的奇迹也只是昙花一现，其实以她的智商和领悟力，完全可以拥有"海阔凭鱼跃，天高任鸟飞"的美好人生，现在却委身于一个平庸的男人，实在是莫大耻辱。廖同学之病，仍在没有一颗与人争一长短之心。而上进心不强的人，这一辈子就莫想站在高山上吹天风。这其实也是我们全家之病。现在独怪谢同学，岂不谬哉？

我在想，老鼠生儿，最好别制定高不可攀的成凤计划。要不然成不了凤，连打洞的本领都忘了。与我身上流着同样血液的人，基本都在珠三角做体力，谢同学从现在开始，是不是可以多练练哑铃什么的，练得一身腱子肉，以后去珠三角认祖归宗？这未尝不是一条出路。物以稀为贵，目前珠三角劳力巨缺，听说我谢氏家族 2000 号男人平均工资在

5000 元以上，比我这个一级作家高多了。

简言之，我家的教育，就是成功地为后来者提供了一个完败的案例，请大家引以为戒。

原载《文艺报》2014 年 4 月 4 日

疆 域

王 芸

　　喜欢上这座城市,并不像我想象的那么迅速。从逼窄杂乱的火车站延展开去的,老城区同样逼窄杂乱的街道,甚至没有我家乡的那般舒朗。听起来有些急促硬绰的方言,也欠缺熟识的那份亲切。那些散落在城市腹地的大小湖泊,氤氲在空气中的水息,在我的家乡亦不缺乏而没有丝毫的新鲜感。但是对于我,带着先期的情感而贸然走进这座城市的异乡人,这座城市又无端地让我没有感到惶恐和不安,我如此妥帖地将自己安放进她的疆域,仿佛命定。有时候,一个人所需的疆域根本不必太大,一双手的宽度足以。牢牢牵住你的那双手。

　　此前,这是一座全然陌生的城市,甚至连她的方位,我都要借助地图明确。指尖沿着长江那条蓝色曲线向东,再折向南,停留。那时,我还不知道指尖走过的距离,折算成汽车和火车的行程,再折算成时间意义上的长度,具体是多少。那时的我,视一切现实的距离为零,它们早已被某种热度消融殆尽。

　　曾经,我写过这样一段文字,关于那些从乡村走进城市的人。

他们怀着热望走进城市，像一篼植物被连根拔起，他们也许可以像植物一样在新的土壤存活，但人毕竟不同于植物，他们有更复杂的情感诉求、心理需要和生活欲望，这注定了他们在竭力融入城市生活的过程中会有被撕裂的痛感、被掏空的空洞感、被什么追迫的焦灼感。他们在现实和欲念间的裂缝里挣扎、辗转、煎熬、泅渡，同时享受一些独属于他们的微小的欢乐、满足、幸福……

我试图在小说中去塑造他们、表达他们、理解他们，但那只是旁观，是一种来自他们疆域之外的窥度。

现在，轮到我的疆域发生撕裂性的改变。从一座城市走进另一座城市的人，会遭遇同样的艰难吗？在我的身边，或远或近，有那么多人因为种种而远离家乡，他们在异乡打拼扎下根来。只是对于我，这样的离开来得有些晚，这注定地面下的根须已不是那么轻易就可以拔出，注定疼痛会像神经网路一样蔓延。但我愿意承受，在放弃的同时去寻找属于自己的那一疆域。我不知道这样的愿意，是勇敢还是盲目。一度，我放弃评判自己，只随心走。

在南昌最初的日子，一些恍惚的瞬间，街头的某一身影仿佛家乡的旧识，时空顿时被打乱。而回到家乡，某一些瞬间，我又仿佛瞥见了南昌的某人某物。两地的影像被意识随意地叠映在一起，仿如梦境。我的疆域变得边界模糊，布满迷雾。我在熟识与陌生间徘徊，在接受与拒绝间泅渡，在欢欣与疼痛间呼吸，在坚持与放弃间，却没有过犹豫。只要那双手一直牵着我，一直。

熟识南昌的过程，呈点片状缓慢推进。

在状元桥、杏花楼和南湖围护的疆域里，我们居住过一段时间。模样老旧的居民楼，有着黑乎乎的陡起的楼梯，旁边墙面悬挂的电表箱随时会撞扑到头上肩上，灰尘蛛网杂铺其上，一侧的镂空花砖透出有限的光亮，依稀可以看见脚下的梯坎。几转几折后，用一把钥匙打开一扇门。在那套墙皮虚浮随时准备脱落的房子里，我们冒险在墙面贴上新写的书法作品，挂上用粉彩颜料和油画技法描绘的窗外图景，用白色镂空钩花桌布遮住漆面斑驳的茶几，用棉绳系住随时渴望敞开的衣柜门，将粉盏花、幸福树摆放在角落和窗台。我每天坐在早晨东斜和日落偏西的阳光中，读书，写作，恍惚发呆，昏昏欲睡。这里与我住过的房子有着截然不同的面貌，却安放了我最初的变得迷雾重重的疆域。楼下的南湖路，和与之相连的民德路、渊明路，成为了迷雾中我可以自由行走和看清的现实的疆域。街道转角的菜场，散发着浓郁的俗世生活气息。不远处的一家小医院门前总站着蹲着不少人，仿佛从它有限的空间里漫溢出来，他们和公交站台的人混杂在一处。一趟趟公交车像是永远载不完那些等车的人。过状元桥，走不远是一座教堂和一座寺。它们在一条不足六米宽的小街两边安卧，对视，承载着不同的信仰和文化渊源。寺里香火不淡，教堂的信徒也不少，后者我们曾在圣诞夜去赶过热闹，被人群阻隔在楼梯上远远地观看过仪式。南湖路相对干净，也清静，绕湖的垂柳婉约也柔软了沿湖老房子的轮廓，和杏花楼的翘角飞檐。湖边时有静坐钓鱼的人，细小的刁子鱼，从仿佛静止的时光中浮出水面。那时，我常常怀着局外人的心情，行走在这几条小街上。我不知道自己会在这里住多久，也许永远。一切意义未明。要等到时隔几年后，我们早已离开这里搬至他处，因为某事又常来到这一带时，亲切感总会在看见状元桥的那一刻包裹住我，仿佛我回到了一个熟识的怀抱，她给过我刻骨铭心的暖意。

然后，真正的起点是一阵风。

一个与风有关的名字，一本有风吹拂的杂志。风是我喜欢的事物，为它写过不少文字，"风可以穿越细微，覆盖辽阔"，我迷信风，盼望风可以帮我吹开迷雾。这时我现实的疆域移转到了福州路、贤士二路、南京西路一带。同样是老城区，这里的时光却仿佛比状元桥一带的流速快。

我们住进一个有些年头的院子，它闹中取静，在几幢楼房间安放了数株冒出三楼窗户的梧桐树、香樟树，还有一些低矮的灌木。院门前的小街细得仿佛一根手指，却因指尖处的一个酒吧，夜夜有喧腾的气息。入夜，酒吧门前停满汽车、摩托车，还有后车厢盖大开、里里外外塞满布娃娃的小车。人行道上通常站满男人、女人，女人有顾盼的眼神，路边常见一汪汪呕吐的脏迹。那是与院内截然不同的世界，灌满酒精、香烟的气味。踏进一门之隔的院子，显得那么静谧，从人家屋内透出的灯光，仿佛穿不透满院子的寂暗。很长时间，我将自己的疆域紧紧地收缩在家与杂志社之间。步行上下班，不过五分钟。每次经过酒吧时，它立在街角，安静得近乎肃然，让人无法想象它在夜间的另一番模样。只有被风吹拂的半挂在空中绳索上的招贴，透露了一点夜间狂欢的气息。

对于刚刚建立起的新的疆域，我还没有足够的把握。对世界的种种已知道保留怀疑的我，却宁肯相信一个个人。我知道，这是疆域得以重建的基础。

杂志社的结构小而紧凑，一位极有个性的主编和三位文字编辑、三位美编，每月完成一本开本大气、构图也大气的杂志。与我以往疆域截然不同的一点，这是一本民办杂志，意味着它的一切轨道都运行在体制外。对于已经习惯了体制内的强操控性与高稳定度的我，居然在这里感到了一种愉悦的松弛感，我不去考虑身份问题、保障问题、长远问题，仿佛那是与我无关的环节，我只是埋头完成每月分配到我手中的栏目，或写或编。其实，根本用不上埋头，这份编辑工作，在十多年高强度媒体工作磨炼的映衬下，显得轻松之极。我常常在工作时间里专注地对着电脑屏写我的小说。不知有意还是无意，主编成全了我工作时间内的写作。

个性十足、思想新锐的主编，据说曾为某事一掌击穿桌面，刚被高薪聘请到这家杂志，他与社长，与编辑部也处在磨合期。他的志向是打造一本有思想锐度的杂志，而社长的关注点不在思想，而在影响力，民办杂志靠口碑，好的口碑可以带来广告，带来市场份额，带来收益。这如同酒吧的昼与夜。不同的面貌和气息可以在酒吧实现，却无法在一本民办杂志上实现。软性广告文章，被自视为知识分子的主编和我们三位文字编辑共同排斥，这好比接受了活儿拿了薪水的驴，临上磨盘，却不肯依从雇主的规则，蒙上眼睛拉磨。我们要睁大眼睛！大睁着眼睛的主编终因无法调和的矛盾辞职。这一震荡，让我意识到自己的疆域远没有边界明晰，它仿佛一团气泡，形态无常而脆弱易碎。焦虑感渐渐超越愉悦感，开始侵蚀我的生活空间，我的心。我再无法安然于混沌未明的状态，而是不断自问：我的前路在哪里？我的疆域在哪里？

一个人的疆域，其实就是一颗心可以安放的地方。当心焦虑、虚空、不安，再阔大的现实疆域也形同虚设。刚刚住进属于自己的房子，在生活上安定下来，如同松去身上层层捆缚的我，却遭遇了另一种无形的捆绑。每月拿着不低的工资，坐在装修一新的杂志社办公室里，隔着窗户听美编和编辑打趣说笑，焦虑却一波一波向我袭来。写还是不写那些充斥着夸饰、渲染之辞的软性广告文章，成了我不得不面对的难题。

答案在内还是在外？

最终，我想明白，答案还是在一双手里。这双让我冬天不再感觉寒冷彻骨的手，让寻找答案的过程艰难而不孤单，让我有勇气继续放弃并寻找下去。

走出家门，我不再向左，而是向右。拐上南京西路，穿过不时有火车轰隆从头顶掠过的天桥下……我可以坐车，也可以步行，去另一家杂志社上班。这是一家教育类杂志，有着近二十年办刊历史，在业内有着不错的口碑。而且，她有自己的教育理念、教育理想。

不赶急，也不想坐车的时候，我选择走路上班或回家。路上，我可以有几种选择，出单位向左或向右，在路口向前或过街，向右或往前，这样的路口共有四个。这一路的选择，不断分裂出不同的回家线路，而每一条线路上有不同的店铺、路景。旧书铺、快递点、师大侧门、水果店、冷饮店、小菜场、超市、修车铺、铝合金店、银行网点、邮局、服装店、早点铺、小菜馆、日用品店、图书馆后门、某单位、某某单位……有时，我会在路上带点菜。坐在电子秤后的中年女人微胖，称菜找零极快，间隙里还不忘大声叫她沉默寡言的丈夫做这做那。菜，不多的一兜，随我的步子晃荡着，仿佛时光的节拍。我看见路边的人们，在他们各自的疆域里忙碌，或闲坐聊天，打牌，或匆匆赶路。我想，他们一定对自己的疆域有足够的了解和把握，才有这份外在的笃定和安然。而那些焦虑的人，我可以从他们脸上看到自己昔日的影子。这时的我，随机地挑选着上班回家的线路，不变的是，上班迎着晨曦，下班迎着落日。在内心深处我已安然下来，我对这座城市的了解正在缓慢而有序地铺展，尽管那时的我并不知道自己的疆域还会发生改变，快得我只来得及眨眨眼睛。

那年夏末，我回家乡探望父母，哥哥看见我的第一句话，带了调侃，"你的脚怎么像穿了比基尼？"我不知道为什么他第一眼注意到这一细节，连我也不曾注意的细节。我仔细盯着双脚看，穿着拖鞋的脚，果真像穿了微型的比基尼，白处黑纹分明。我知道这是每天迎着太阳来去留下的印痕，是我穿行在洪都北大道、文教路、南京西路一带的影迹。也许，在哥哥的话里含有对我的几分心疼，他总对妹妹去了那么一座不熟悉的城市存有几分担心，可是如同父母渴望给我所有的保护一样，他们也终将了解，我已是一个独立的个体，我有自己的选择，也必须独自去承受这选择的重量。至亲的亲人们，各自的疆域有深深的交集，但终会溢出，或早或晚，我们无法涵盖彼此的一生，谁也不能。

然而，正是这溢出，让我知道至亲的不可替代，他们是上天默许与你的生命纠缠一处的人，分离势必带来疼痛。世间的分离都会带来疼痛，而疼痛的烈度，取决于你们疆域曾经交集的程度。我时常庆幸自己来到了南昌，这座城市以一种不浓烈亦不凛冽的热度接纳了我，或者说让我感到了被接纳，让至亲们对我的担心得以下落，落在我仿佛穿了比基尼却依然可以灵活迈动的双脚上，而不是虚浮在半空。

偶尔，我还会与原来那家民办杂志的主编在网上联系，问问他的近况；或者他接了新的杂志，不忘电话向我索稿。也偶尔，我们没有预见地在南昌某个地方遇见，会停住脚步简单问答两句。他一直想办一本很牛的杂志，这理想在当下却是不那么容易实现，众多的杂志都在向着市场俯首，于是他辞职，又再因为名气而受聘，他一直不肯妥协地依从着他认定的生活方式。他是一个对自己的疆域十分明确，也不打算有任何退守的人。在他固执的行为方式中，有我难以企及却愿意去祝福的部分。

而那家杂志的美编，"八零后"女孩何，在我离开两年后，还是会在节假日发送祝福短信给我，我知道自己还存在她的通讯录上，如同她也保留在我的通讯录上。我们后来一直没见过面，但偶尔我会翻出最后一次聚餐的照片，看看她和那些昔日同事的笑容，想想一起度过的，那些被说笑声填满的时光。

分离是生命的常态。除了至亲，来到南昌，我不得不分离的还有家乡的好友们。我们一起经历过沉溺的职业状态，经历过挫折的低谷期，经历过亢奋的变革期，经历过旁若无人的疯癫痴狂，经历过不愿示人的脆弱无助，经历过年轻人会经历的所有，才跨进三十岁的门槛。继我离开家乡，娟也因故离开，还有谁与谁也处在离开的计划中。我们还在寻找各自的疆域，即使不是重新出发，也在修改、涂抹、颠覆、规划中。这世上有笃定的人生，就有彷徨的人生；有清澈的人生，就有混浊的人生；有暖调的人生，就有灰调的人生；有成功的人生，就有失败的人生……就这么简单。

在南昌的日子，我一再翻找出与她们在一起的旧时光，品咂，回味。我不知道身处异乡的娟，是否也会这样。距离其实不能改变什么，它什么也改变不了，该淡的自会淡去，该浓的依然浓烈。

在我的家乡有一条江——长江。它由西向东穿过城市。它是我自小习见的事物之一，承载过我少年的淡淡愁滋味，也承载过我青年的无言眺望。

南昌也有一条江——赣江。它由南而北将这座城市剖为两半，老城区密集，新城区舒朗。

随着单位的整体搬迁，杂志社从江东搬到了江西。我也随之跨过赣江，进一步拓展对这座城市的了解。

赣江南大道、凤凰北大道、英雄大桥、沿江路、阳明路……单位的2号线班车每天早晚沿赣江来去，将我们一一接送。转眼，我成了一幢高楼内千余名员工中的一员。可是，和楼中很多人的身份一样，我们在"正式"一词之外。身在体制之内时，根本不必去考虑身份问题，而对于身份保留在体制内、谋职在体制外的我，这却是无法回避的现实。尤其是身边很多人因为这身份的差异，又因与我同样尴尬的身份而向我倾诉内心的担忧和不满时，这个问题就像一枚楔子，越来越深地搠入我的意识。所幸，我已逐渐融入杂志编辑部的氛围，在这个个性纷呈的团体里，得以保留本我的形态，而无需弯折。

每天有五辆班车，沿不同线路，将居住在这座城市不同部位的人，接送到离摩天轮不远的这座二十九层高楼下。我们分散到楼层的不同匣子里。楼前的大道，有着逾三十米的宽度。楼内的办公条件比原来提升了不止一倍，束缚性也增加了不止一倍。在老城区和新城区横跨的四座大桥，并没有让两岸的来去变得理想中那么轻易，还有一天四次机械的打卡制度，让大多数员工只能早出晚归，一整天被困守在方正的盒子里。班车上，每天有爱说话的人滔滔不绝，仿佛他们被钳锢了一天的喉舌，这才得以舒展。关于某校的围堵上访事件，关于某项教育新策，关于食堂不能让人满意的伙食……我通常靠坐在向江的窗边，望着江景。赣江没有长江辽阔，却有着美丽的晨景与暮色。春天的江水丰腴，秋天枯瘦，江边的挖沙船、裸露出的沙滩、游泳的人，映衬着晨曦或落日。落日璨红的一团，悬挂在高耸的楼宇间，有种恒定、辽阔而欣欣向荣的气象。在经历一整天的禁锢之后，这景象多少给人安慰。路灯，常常在不经意的某一刻亮起，透过树叶洒下斑驳光影。有时，我会靠着车窗，在堵车的漫长时光中，在一丛丛涌来又消去的光影中，慢慢盹着，像睡在一个让我安心的怀抱，带着疲累之后的舒懒。

人是那么容易去习惯一种生活，并在其中被慢慢影响、改变。那个从班车车窗后面眺望这座城市早晨与暮景的人，以为这样的日子，也会如不断流的江水一样，一直地流淌下去。就像生活本身。

一天清晨，赶班车的我看见素常清朗的院子里，站了一些人，他们的身影和目光绕成一个半圆形，圆心是一棵高大的梧桐树。我正疑惑，瞥见了直通通悬在树下的一条人影。只停留了两秒钟，我就迅速逃离。在确信走到了足以承受这一幕冲击的安全距离之外，我才停下脚步，回头再次眺望那抹影子。白底花朵睡衣从人群的缝隙处依稀可见。门前小店的女人如我一样，只敢远远地观望。傍晚时，我回到院子，已是素常景象。我紧紧望着那一排梧桐树，想不清具体是哪一棵，只觉得每一棵都可疑。我远远地绕开它们，目光不敢斜视地，匆匆而过。此后很长一段时间，我都不愿靠近那排梧桐树。从报上的新闻，我知道那是个刚二十出头的未婚女子，并不住在院内。她为何将自己最后的疆域强行定格在这个院子，这棵梧桐树下，新闻没有解释。她所经历的最后的苦痛，也无人可以了解。

仅仅半年、一年之后，曾经惊心的一幕彻底虚化在如常的院景深处，

2014
民生
散文选

连背景都算不上了，它只是一些人记忆中模糊的一团。不知从何时起，我又可以如常地经过那一排梧桐树，仿佛树下从没发生过什么异常。

这一年深冬，我又一次迎来了改变，让我欢喜的改变。这时的我已经熟悉了这座城市的许多点片状区域，它们分布在江西和江东，它们勾勒出我过去数年的生活，也注释着我在这座城市的印迹。那双牵着我的手，我也已经熟悉了它的每一涡纹、每一骨节，并习惯了与它相握的手感。

我算不得勇敢的人，只是在一个路口随心选择了向左，而非向前。我已经无法去设想如果向前，今时的我会在何地，有着何般模样，我只知道我抵达了这里，在一座叫南昌的城市，慢慢熟悉她的一年四季，她的方言口音，她的饮食口味，在这里慢慢寻找和重建我的疆域。

有时候，我会有些迷茫，疑惑自己为什么停留在这座到处看得见香樟树的城市。很快，我就发现，原来在我的家乡也有很多香樟树，如同在这里时时也能看见阔叶的法国梧桐。甚至有的时候，我会将她与我的家乡混为一谈，她们在我的意识里完美地重合在一起。

但，必须承认，喜欢上这座城市，真的没有我想象的那么迅速。

原载《红豆》2014 年第 9 期

公共澡堂

许冬林

　　公共澡堂，很像菜市场屠宰区域，生杀活剥，热气腾腾。

　　不论雌雄老幼，一个个，脱得片甲不留。

　　赤条条来，赤条条去，无牵无挂，好像圣贤。

　　然后张开架势，拉开膀子和腿脚，在狠狠地推，搓，揉，擦……

　　老早读师范时，女生宿舍楼共四层，底下一层住男生，经常到半夜还嚎叫，就像我们女生的看门犬。上面三层住女生，走廊晾满花花绿绿的衣服，随风摇荡。男生第一回上来，穿梭在那些零零挂挂的衣服下，会脸红心跳。

　　此处雌气旺盛，牵魂绊魄，不宜久留。所以男生找人，往往扯着脖子在楼下喊名字，不敢凉飕飕登上楼来。

　　那时，一层一个公共澡堂，在洗手间后面，小如方盒，且没有热水供应，得自己打了热水拎进去，是盆浴。

　　一个澡堂里只能放四只超级肥圆的塑料大红盆，但通常只有两个人在那里洗。

不能多。多了，水从盆里溅出来，溅到另一个洗好正穿衣的姑娘身上，很扫兴，就像宿舍里藏的化妆品被人偷用一样扫兴。

通常，两只红澡盆，放在对角线的位置，旁边置一方凳，上面层层叠叠，是内衣沐浴露什么的。

洗澡的两个姑娘，互不对话，各自屁股对人，唯恐让对方看到自己的正面。

一般，我若后进去，就想占点便宜——不拿脊背对人，而是侧身对人，这样方便偷看那姑娘的体形和肤色。

女人看女人，从来都带着挑衅的意思。

比如，她肤色好不好，比我还要好吗？胖不胖？是胖到正好，还是胖得过分？在近距离无保留的目测比较中，不断强化对自己的完整认识。

但是一旦对方洗好，穿衣，我立马转身，脊背对人，屁股尽量往盆里藏。

所以，读师范时的女生澡堂，那绝对是一首婉约的小令。含蓄，羞涩，小格局，人淡意远。

两个十七八的女生，默默地，各自清洗各自鱼一样的身体，好像露水里两朵安静的兰花。

有一回，在那样的小澡堂里，看见过一个结了老茧的屁股。是啊，屁股还会结茧，我也是第一回知道。过后琢磨，应该是姑娘读书过于勤奋，久坐板凳所致。

后来，每每在走廊遇见穿了整齐衣服的她，可我总是不争气地想到结茧的屁股。一想到，就恨自己，好像很猥琐似的。其实，我是同情她的辛苦，及格就好了，要那么多分数干什么呀，不如和男生女生到湖边溜达去。

那时候，洗澡的环境空前绝后的糟糕，至今想起，仍想骂人。

墙边的下水道管子边，害烂疮似的，塞了许多片用过的卫生巾。大约是一些懒姑娘，在脱衣的时候，就把用过的垃圾顺手塞在那里，人走了，东西不走。慢慢地，越积越多，脏不忍睹，令人恶心八辈子。

我想，这样的懒姑娘，她若记得她干过这样的事，她一定后悔终生。

打扫卫生的老婆婆，每天扫荡洗手间，倒厕所垃圾，但就是忘记深入敌后，去清理洗澡房里的陈垢。无法可想，只想快快洗完逃离。

毕业之后，有了自己的小房间。结婚之后，拥有单位第一批套房——配有独立卫生间和厨房的套房，在那时，比结婚还要让人激动。

一个人洗澡，再不用小令婉约，羞羞涩涩。

一个人，放一缸水，开着音乐，备着饮料，甚至还拿着一本书，天荒地老地泡。好像全世界就你一个人。

人一结婚，好像把天捅破一般，什么都不怕了。

不怕去公共澡堂。

甚至是，有点向往，向往那里特别民间、特别原生态的热闹。

在政府家属楼对面，老早就有一个公共澡堂，一到冬天就开张。

曾在那里洗过许多回。买了票，径直穿过大厅，再右拐，便是女澡堂。推开一扇重门，里面水雾迷蒙，人头攒动，水声，人声……简直像解放区的人民在过年，杀猪宰羊，手忙脚乱，喊声震耳，好不热闹。

我像杀鱼一般，坐在长椅上，打掉自己全身的鱼鳞，围巾毛衣袜子通通塞进柜子里，然后把自己放进更浓更白的水雾里，去做一盘水煮鱼。

好小的孩子，大约还没断奶，被大人放进盆里，灌水来泡。小孩子大约初到陌生环境，紧紧抱着妈妈的脖子就不沉下身子，一边肢体对抗，一边嗷嗷大叫。

还有十几岁的小姑娘，头发墨黑，倒拔过来，正低头弓腰在莲蓬头下洗，好像乌贼在喷墨逃生。且逃且洗。头发被水冲开了，冲成一块黑布。黑布好长好宽，坠得她的身子越来越薄，薄得像姜片。

她中年的妈妈在旁边，一边洗自己肥胖的身子，一边指导女儿洗头，一边跟临近莲蓬头下的女人聊着昨天的麻将。

一对母女，一个薄，一个厚；一个是骨，一个是肉。看她们，就会明白时间都去哪儿了。

时间啊，至少是去制造脂肪和赘肉去了。

她们从容悠闲地洗着头发，捋着脚趾，毫不羞涩地呈现她们的身体在几十双眼睛里。

反正都不吃亏，被人看了，也看了别人。

见过一个女人，洗着洗着，趁人不备，蹲下身，一看就知道是在随地小便。以为洗澡堂里小便没关系，到处都淌水，淌淌就冲走了，等于自己不曾随地小便过。可是，自然是让人心理疙瘩一下的。谁都不愿意看的，肯定就不是好景致。

一个老太太，瘦骨嶙峋，被一个中年女人搀扶进来。两个人都是探身走着，惟恐踩到地雷，就地摔倒牺牲。

不知道中年的女人是老太太的儿媳妇还是女儿，只见她干练地打开莲蓬头，转来转去，调好水温，牵老太太站进去。

老太太正面背面都是瘦，骨头历历可数，整个人像被猫啃剩的鱼骨头，现在从盘子里被扶站起来。两个干瘪的乳房蔫在胸前，好像两个假口袋，插不进去钢笔。

在那样的公共澡堂，遭遇过两次擦背。

一回是隔壁莲蓬头下的女人，湿漉漉凑到我面前，提议跟我互相擦背。我看了看她毫无遮挡的身体，肩宽背阔，身体表面积起码是我的两倍，就笑笑摇头。

还有一回，是女澡堂里面的收票员，兼着清理垃圾，想赚点外快，就找背擦。她走到我面前，满脸花开的热情：要不要擦背？

我摇摇头，笑笑。

她不罢休，又说道：不贵哎，十块钱一个背，包擦干净！

我笑出声音来了，她自己也笑了，见我没有买擦的意思，就拎起旁边的垃圾桶出去了。

我不换背擦，也不买擦背，我太珍重自己的小身体了。不敢想，一个陌生女人的手指在自己的皮肤上耕耘奔驰，会是怎样的尴尬。是啊，除了妈妈，没有第二个女人触碰过我的身体。如今长大，连妈妈的手指也觉得生疏了，也不能接受她贴近了。

在公共澡堂，我像是站在镜子里的人，只能看人与被看，但不能被触碰。

那样的公共澡堂，热闹是有，但到底显得凌乱。拥挤，人味烘烘，而且，奇形怪状。

是奇形怪状的女人：胖的厚的，瘦的薄的，老病的，还没换牙的。一个女人一生的体形走向，在这里完整地展示。你刚想羡慕小姑娘的线条简洁流畅，可是，昨天你就是那样。你真想低眉，不看那满身横肉在走动弯腰时都哆嗦，也许将来，那肥肉就不幸转移到你的身上。

你看着满澡堂的女人身体，赤条条的身体，觉得自己是没喝孟婆汤就投胎的鬼，前世和来世，在眼前缭绕错乱。太痛苦！

什么都看到了，就痛苦。

所以，渐渐地，就躲在家里洗。一个人洗。

多年不去公共澡堂了。想象那里，声音，气味，水，人……人世喧哗生猛。而我，回想回想就够了。

一个人在家里，静静洗过，喝杯咖啡，看人世，热闹又遥远。

原载《黄河文学》2014 年第 5 期

梦工厂

刘梅花

乌鞘岭的大雪，一下就封山了，扬风搅雪，天地一片白茫茫。工厂的院子里，栖落着一群黑袍子的红嘴鸦儿。突然，它们呼啦一下集体飞走了，那是因为屠宰工把车间的垃圾倒在墙外，它们抢羊肠子去了。

有时候，为了争抢一截好肠子，红嘴鸦儿也会打架，啄得你死我活。猫儿也在厮打，爪子抓脸。还有狗也扑抢，拿着嘴头撕咬。我说，墙外真是热闹。屠宰工老杨就嘿嘿笑。他的脸真是黑，煤块一样。他一笑，牙也不白，黄板牙。他的皮围裙也是那样的难看，血渍，牛粪渣，碎肉沫……太脏了。雨靴也是那样，脏兮兮的，在雪地里走着，哐啷，哐啷。

我的靴子也太大了，像穿着两只小舟，走路一撇一捺的。不过，工作服很干净。我们的组长，那个高个子的小伙子，我第一天上班，就赶紧从柜子里领给我一套新的白色的工作服，脸笑成一朵牡丹花，说，小丫头，你才从学校里出来呀？

跟在我身后进来的几个女工，就没有新工作服啦。他拖过一只纸箱子，推给她们一堆旧工作服，说，挑吧挑吧。又扭头对我笑，说，宰羊的时候，你不要看啦，吓人得很。

那一年，我十八岁。

我们都在很大的车间里干活。

最西边，是屠宰组。屠宰组都是老男人，都是莽汉子，生肉都能嚼着咽下去的，茹毛饮血。可是有一天，洗肠子的一个小姑娘，突发奇想，也要宰羊。

天啦，她可真是大胆，手起刀落，一下午宰了四十多只羊，刀法精准，比老男人更加熟练。全车间哗然。要知道，宰羊这事儿，老男人们苦苦操练了若干年才熬得这技法，早上起来还要念经，求羊们不要怪罪，求它们下辈子变成蚂蚁。

小姑娘一举成名，全厂的人都争着看她，连门房的老头儿，也撺着看。这事儿就传到了她妈妈耳朵里。她妈妈大惊，骂道，你逞能，将来怎么找婆家呀？

果然，她一直找不到合适的对象。最后嫁给一个混混。混混在外面天不怕地不怕，回家看到媳妇，气焰就塌下去了。有时候混混在赌场子里正吆喝，媳妇来了，混混就吓得跳窗子逃走了。当然这都是后话。其实她在屠宰组只宰了两三天而已。不过，名声倒是出去了。

另一组有四五个小伙子，专门剥羊皮。撕开一角，慢慢剥。羊身上的热气还在冒着，血滴在他们的靴子上，滴答，滴答。一开始，我不敢看，夜夜做噩梦，总梦到羊叫，凄惨无比。慢慢地，习惯了，一个人不能改变环境的时候，就学会了适应。剥了皮的羊，一部分直接送到冷库里入库，另一部分要剔骨。

羊依然挂在滑轮上，往前送。剔下来的羊肉披挂在骨头上，要剔干净，骨头要白亮才算手艺好。有几天，剔骨的人手少，车间主任就发给我一枚利刃，说，你也去帮忙。

羊肉尚是温热的，我摸上去，心里就怵，我担心它从胸腔里咩咩叫出来。那把刀子，真是锋利，一只羊剔下来，我的手就被割得伤痕累累。主任惊讶地大叫，啊呀呀，是让你剔羊哩，你把手爪子剔成这样干啥哩嘛！车间里的好事者都轰隆一下跑来看我的手，天啊，他们笑得眼泪都下来了，什么技术啊。

他们接着笑我剔骨的羊肉——只割下来一半，另一半还牢牢留在骨头上。揪一块，割下来，好好的羊肉被我割成饺子馅儿了。一架羊骨架，看不见骨头，只能算是羊排骨吧。主任也算是美男子了，只不过半边脸受了烫伤，不过依然还是风度翩翩。他说，嗯，这只羊，剥得也算可以，小丫头很尽力嘛，手艺还不太差劲儿。

主任宝贝一样拎走了羊骨架，做了记号，亲自送冷库入库了。第二天，他去会计处开个票，买走那副羊骨架，或者说羊排骨。一斤羊肉两块七，一斤骨头三角五分。老刀客们剥骨，手艺精湛到了入骨三分的地步，骨头上一丝儿肉都没有，连骨头都被刮下来一层。

主任在摩托上绑羊骨架，对我感叹说，啊呀，丫头，你心好啊。那些老滑头们剥骨，比狗啃了的还干净，干干的骨头架子，买回去，猫儿都没有一口。

从此，我成了红人。职工们谁要买羊骨头，主任就指定我去剥骨。主任说，丫头，找个肥羊剥，羊瘦了，你只能割一层皮索索下来。

我手艺总是没有长进。早上选一只肥羊，吭哧吭哧下刀子割，吭哧了一上午，半只羊都没有剥下来。我身边剥骨的两个老刀客，几只羊都卸下来了。说是老刀客，只是说资历技术，其实他们比我才大四五岁。老巴，一个高个子的小伙子，长得英俊，龇牙大笑，总是笑话我的手艺。剥一会儿，转过身来取笑我，哎呀，丫头，你抱着羊说悄悄话哩嘛！老余却说，没有吧？她给羊挠痒痒哩！其余的人都哈哈大笑，笑得眼睛都找不见了。

车间里除了主任和组长是正式职工，我们都是零工，工资是一天十块钱。老刀客们月底还有别的补助。干活大家都是尽心尽力，除了我，没有偷奸耍滑头的。我实在不喜欢剥骨，打包装也不喜欢，因为没有力气扛箱子。但是，大家都很喜欢我，允许我偷偷懒，允许我一天随便剥一只羊。

羊肉剥下来，主任就过来了，一股大笑在他的腮帮子上乱蹿[①]。那只羊，实在是剥得不成样子，千疮百孔，乱七八糟，十斤肉，顶多剜下来五斤。骨架上绑一只塑料袋子，打上记号，主任就亲自送进冷库车间了。

---

① 此处"蹿"似应改"窜"。

第二天，约好的职工就买走。不过，也有意外的时候。有两次，主任明明放在库房一角了，结果晚上加班，又入库了几车子骨架，愣是把那副排骨给淹没掉了，怎么都找不见。主任恨恨骂道，嘁，指不定便宜了哪个孙子，我的排骨啊！

我纠正说，不是你的排骨，羊的排骨。

老巴立刻笑得浑身乱抖，当啷一声，把刀子掉在地上。

有时候，我正吭哧着割肉，厂领导来检查屠宰车间，老巴就立刻转身，帮我剔骨。用他的庞大的身子遮住羊，向日葵一样挡着领导们转。领导们看着老巴剔过骨的羊，骨头白亮，刮骨三分，很满意，一次也没有发现我糟糕的手艺。

老巴说，咱们车间，就这个宝贝，不好好保护怎么行？组长也帮腔说，这丫头一来，我们天天笑得腮帮子疼，高兴嘛。

我剔骨剔了一段时间，总是划伤手，伤痕累累的，主任说，那就去包装组吧。然后又对预约羊骨架的职工说，公家的便宜嘛，占一点就行了，不要往死里占。

包装组，就是把剔下来的羊肉，用塑料薄膜卷成卷，两斤一个卷儿。卷好了，装进箱子，送到冷库车间。这个活儿倒是安全，不用跟刀子打交道了。但扛箱子多么费力气啊。老巴和老余，居然能腾出时间，跑来给我扛箱子。

我们出了车间，外面大雪没膝，立刻扔掉箱子打雪仗。老巴阴险，一直用雪球把我追打到宰牛的高台子上；老余也不是什么好东西，拼命捏雪球，保证老巴有足够的弹药攻击。我在铁皮台子上摔得四蹄朝天吱哇乱叫，老巴的雪球一个接一个飞来，准确打在我的脚上，脑门上。

组长吼吼叫着，从车间里冲出来救我。然后，包装组的小姑娘们也冲出来，扑进雪地里捏了雪团围攻老巴和老余，然后……

整个车间的人都跑出来，过节一样，兴奋得吼吼乱叫，几十个人打得乱七八糟，群魔乱舞，雪团满天飞。宰过羊的那个小姑娘，被人追打的鞋跟子都掉了。主任拍着大腿笑，躺在雪里笑，打着滚儿笑。别的车间的人也跑出来凑热闹，看门的老头儿也撵来了，大院里人声鼎沸，闹成一团。

我们围攻老巴一个人，打得老巴鼻青脸肿。这个笨蛋居然跑到车间，拖着皮管子出来，凉水喷出来，我们逃得比主任快，结果，主任冻成一根冰棍回车间了……

后来，我实在无法忍受屠宰工作，一进车间就惊恐不安。主任就让我去了蔬菜车间。他说，丫头，为了生活，有时候你难以选择，只能接受。

是的，我知道，不打工我会挨饿。为了能吃饱肚子，就得忍受宰羊的现场。

蔬菜车间在冷库地下室里，温度低，阴潮，得穿得厚厚的。成捆子的蒜薹芹菜码在架子上，我们要把菜捆子里的坏菜挑出来，擦去水分，重新归类在架子上。那时候，还没有温棚，青菜的保鲜全靠冷库。

春天了，我们每天都晒不到太阳。十来个小姑娘躲在地面以下，老鼠一样，在昏暗的光线里择菜。老巴和老余有时候跑到蔬菜车间来聊天，约我们去吃面皮。

不过，蔬菜车间的主任是个女的，很厉害，整天吊着脸，不允许我们上到地面去玩。闲来无事，就偷偷捣闲话骂她，说她又老又丑。

春天过后，我离开了工厂，去学裁缝。我觉得，一辈子打工实在太郁闷了，若想活得自由安然一些，就得有一技之长。

不过，我学裁缝学得很糟糕，最终也没有缝好一件衣裳。多半的日子，给师傅带孩子，做家务，挑水做饭。人年轻，总是对日子有好多的梦想。可是，现实就像一块铁板，咣当一声碰壁了，才知道疼痛不离不弃。

几年以后，我在镇子上开了个百货店。我在工厂的那些兄弟姊妹们，就算买一包火柴，也要跑几里路到街上来，从我的店里买走。哪怕让我赚到一块钱，他们也是愉快和幸福的。下雨或者下雪的天气里，不出工了，几个人结伴而来，坐在我的店里聊天，喝茶，说说庄稼，说说天气，也说当年车间里故事。

现在，人都要老了，却常常梦见工厂打工的日子，那么快乐，那么单纯。留在梦里的都是印象最深的，也许人慢慢老去，好多东西都调转了个儿。我以为会梦见那些被宰杀的动物，却一次也没有。

我梦见我还很小，十八岁，和老巴们打雪仗，和小姑娘们一起上街吃酿皮，抢了老余的钱付账。梦见我骑在墙头上，老巴拎着皮管子喷水，主任像冰棍儿一样，走路哐啷哐啷的。梦见工厂墙外的乌鸦在打架，猫儿在撕咬。梦见我和老杨倒垃圾，我还把一截羊肠子扔在老杨的脑门上，老杨嘿嘿笑着，推着车子往回走，我却耍赖皮坐在车子上。他一边走，一边吆喝，坏丫头找婆家了啊，找婆家了啊，谁家要啊？然后组长就从车间门里冲出来喊着，我来啦，我来啦……

　　忘不掉的原来是友情，那么醇浓的人情，那么包容我的笨拙，那么执着的追随。工厂只是一个宏大的背景，而情意，才是核心，温暖一生，跋涉一世。

　　一年是活不老的，十年二十年也是活不老的，得慢慢活，慢慢过日子。漫长寒凉的光阴里，总得找些珍贵的东西来驱寒。

原载《青岛文学》2014 年第 3 期

睡眠颂

钱红莉

　　曾经，此刻，将来，我的愿望，卑微了又卑微，不过是一夜夜，能够顺利自然地入睡，如一尾鱼慢游到深海，静潜下来，一觉天亮，平整一夜的身体于床上舒展，一骨碌爬起，拉开窗帘——新天新地啊。

　　那种深睡后的身轻如燕，仿佛如在昨日，让人回忆了又回忆，是吃过蜜糖的人才有的餍足滋味。那是凄雨中的客途秋恨，往而不复的珍贵剧本，值得写在本子上，日后拍出电影来一遍遍翻阅。深睡以后的感觉，无以形容，是肉体消逝了，唯有灵魂同在。一天的忙碌，周而复始，早晨开始，黄昏结束，延后夜读，困乏难消，关灯，头搁至枕头上，不过几分钟，便呼吸匀称，也像高空跳水，一头栽入无垠的水面，沉下去，沉下去，沉到永恒里。睡眠是一种兽，一口把人吞下去，经过一夜消磨，一直到太阳起山。夜同样也是一只兽，浑身毛发漆黑，它有两个儿女，分别叫漫长和静谧——黑夜旁，总是蹲着一个神仙，护佑着世上所有辛苦人的睡眠，连风也不敢贸然打扰。偶尔会传来花开的声音，大面积的芬芳破空而来，让人世的睡眠更加安稳。

　　什么是世事安稳——睡在神仙旁边的人，能得最大安稳。

青少年时代，我肯定有过如此美丽的睡眠，不然，想象不出那样平和壮观的景况。我不睡在神仙旁很久很久了，大约追溯到二十多年以前。渐渐地，睡着睡着，总是被不同身份的兽一把揪醒，像一个人在演讲总是被打断，像一个完整的句子被任意拆开，没有了一气呵成的连贯性，久而久之，成了一个七零八落的人。这么些年下来，真够漫长的。一个一直受浅层睡眠折磨的人，接纳了许多种层次的痛苦，一日难似一日。

常常推想，患抑郁症的人，可能并非恐惧于晦暗悲观挫败，而是不堪"睡不着"的折磨，才从高处纵身而下，将肉体从楼上重重摔下来的钝痛，一定轻过"睡不着"的长痛。那种屡睡屡醒的无助孤独，在一夜夜中加强，深重。骨髓通过睡眠这唯一渠道来造血——失眠的人大多贫血，血液养分无法充沛运转，导致缺觉的人总是头脑昏沉。白天，不因睡眠少，就不参与一切人间日常生活吧。早晨起床扶墙走的滋味简直痛不欲生，一生这样亏欠下去，还不如痛快一点去死。生不如死这个词，大约是失眠人发明的。这个世上，失业，算什么？失恋了，又算什么？睡不着，才是最无以言传的痛苦。

有时一边做着乌七八糟的梦，一边耳朵里灌满楼上抽水马桶冲水声。浮沉于浅层睡眠，总是睡得潦草而粗陋。是什么令一颗心没有了踏实安宁？一直寻找内因。向来不麻烦医生，热爱自己为自己诊断。所谓心魔，到底隐藏于何处？这么些年，好像未曾领受过任何精神刺激，心态一直趋于平和（不过是内火重点而已），对任何事也看得淡，没什么放不下的。怎么就睡不着了？

大约凌晨三四点，窗外有人开着三轮车呜呜呜地过来，是送奶车，四季不绝。我醒来，在黑暗里等着送奶车呜呜呜地开走。有时，可以等到。有时，等不到，送奶人可能另抄一条小道走掉了。于是把眼睛闭紧，劝自己继续睡会儿。可是，再绚烂多姿的美梦，竟也全盘瓦解，试图接个光明的尾巴，怎么着，也难以为继了。就怨自己，当初选房时，为何一念之差，错过了后面的一幢楼——后面一幢楼的主卧前没有可供车人行走的路，全被草圃覆盖，凌晨的送奶车没法扰到他们。

后来一想，也不对啊，我所在的整个一幢楼二十多户，人人都安睡于主卧，没有谁跑出来抱怨曾受到凌晨送奶车的干扰。唯一一人受难于此，这近似于豌豆公主的荒唐与矫情。一粒豌豆上面铺了几十床棉絮，你还嫌硌着了？

家里三个卧室，我逐个睡了一遍。

春夏，除了送奶车的呜呜声对我的睡眠造成威胁以外，更恼人的是鸟叫声。小精灵们热爱早起，每天凌晨五点不到，争先恐后出来吊嗓子。春回大地，万物复苏，头几回听，毕竟新鲜，也格外婉转清脆，算了，没睡够也罢了。渐渐地，再好听的名伶天天出来炫，且歌单翻来覆去也就那么几首，便觉得单调了。关窗户，又憋闷。我妈开导：你不要烦，小鸟叫得多好听啊，她用汉语翻译一遍，用的依然是小鸟唱出来的音准：哥哥姐姐！快起床咯！哥哥姐姐，快起床咯！嗯，是挺动人的。可是我没睡够啊。夜里醒得频繁，有一个魔鬼站在床头，过一阵，一把将你揪醒。我偏顽强，接着睡，什么也不想，一旦把思维调动起来就坏事，基本上一夜就废了。遇到神经异常兴奋的，一点睡意也无，就这么熬到天亮，头特别沉，生理上困乏，但神经依然亢奋。一日日，一年年，神经过于亏损，有时，骑车在路上也哈欠连天的，到家来，真把身体搁床上吧，也睡不着。球球班有个同学的妈睡眠非常好，整个人脸色白里透红。有一天，她说：你总是萎靡不振的！是啊，萎靡了这么多年，终于被一个心直口快之人点破。一直无能为力。唯一的优点是扛得住，不把失眠当回事。有着可贵的忍耐力，白天跟别人一样投入到人间的日常生活。

恶果是一点点显现的。明显的变化，记忆力基本上被破坏得差不多了。忘性大，尤其擅长错记，一件事明明发生在东北方向，偏要把它记成西南方，还言之凿凿。

春夏两季，睡眠的敌人是送奶车和鸟声。到了秋天的夜，就更坏事了。楼下大面积的草丛里被油蛉们大军占领，这个玩意儿繁殖力特强，它们的叫声简直如潮水，一夜一夜，无止无尽地汹涌澎湃。油蛉气长，咏叹调一样中间不停顿，一路厮杀下去，天亮了还叫，成心地。失眠人的天敌就是油蛉吧。我最害怕过秋天，即便把窗户关紧，都阻挡不了它们的噪音。睡在家里哪间卧室都躲避不了它们的追逐。有时身体或许出于自救吧，上半夜熬着熬着，也能睡过去，但中间不能醒，一旦醒过来，睡不着的厄运狗一样追着吠着，走多远的路，皆无以绕过。究竟有多少秋夜白白浪费？一个没睡够的人，睁着双眼犹如含冤之人，浮尸于秋夜的海面，暗潮涌动，任浪花击打，浑身酸胀，甚至被无数的魔鬼按住了，挣扎着爬起来看书也不能。

到了冬天。夜，分外幽静。悠长的黑暗里，万物都睡了，人再不睡，实在讲不过去。那么，只要冬季，睡眠才会呈现整段整段的趋势，偶尔也会被楼上的抽水马桶吵醒，但不碍事，调整一下呼吸，接下来又能慢慢滑入到虚无里。窗外大雪无声，从不扰人间的梦，无论悲欢忧愁，彩色黑白，大雪一概不干预。心想，你们就梦着吧。冬夜，万物都在自己的小宇宙里做梦。

睡是睡过去了，苦于质量不是太高，一个梦接一个梦的，没有消停。这样的睡眠还是属于残次品。醒后，无法忆及具体。总是恼人的多，平静的少。心魔依然作祟。

有一阵，孩子夜里多梦，总在梦里哭醒，要么正打着架，两只手乱挥乱砍，气得什么似的……偶尔，他能够忆起，叫我记下。站在电脑前，他一边复述，我一边记。目前，也就记下两个梦而已。每天早晨问：又做了什么梦啊？他表情淡然：没做。他正值婴儿般的睡眠期，沉到很深很深的海底，听不见世间一切的繁杂聒噪。幼童经历少，稚嫩人生刚刚展开，是一张昂贵的宣纸，纯洁地在花香中滑翔飘荡，世间一切都打扰不到他们。幼童是神，是观音，心宽，可容一切。即便每每遭遇不如意，哭出来，泪水未干，便也忘却。忘却就是放下，喜悦面对一切。

愿意在佛前求：但愿他一生，夜夜安稳。

这个地球上，许多像我一样的，正在饱受着神经衰弱的折磨。我并非最严重的，不过是不畏惧。尽管临睡前，一再给予心理暗示，不住地叮咛加油打气：一定可以睡好。可惜的是，许多时间都被用来对付睡眠了。入睡慢，需要一个多小时的前奏。不出岔子的话，每夜九点半准时上床，在黑暗里臆想：是广阔无边的草原，一望无垠的野花，我喜欢的那种小黄花，柔弱的茎举着它，满目皆是。远处白亮亮的小溪倒映蓝天，羊在低头吃草，微风四面拂动……想着这些遥不可及的广大无垠、宽阔无边……慢慢地，慢慢地，约莫一小时后，不省人事。

2014
民生
散文选

只是，这一招催眠，用久了，也失效。药有药性，人吃多了会在体内形成抗体，再美丽的催眠大法，也会有疲劳期。

四年多来，孩子临睡前，喜欢在黑暗里捏枕巾一角，他谓之"捏葡萄"。每夜临睡前重复，捏着捏着，大约十几分钟，便入睡。倘若白天没睡午觉，只要捏一两分钟便能睡过去。

总是自我暗示，平静面对"睡不着"这件事——一个人在精神上不先垮，身体绝姨垮不了。

这样的失眠症，是孤独的，没有人来嘘寒问暖，看不见摸不着，不会有人感同身受，没有人可以帮你扛一扛。失眠这种病症，只有当事人独自承担。人是需要同类安慰的动物，一旦发生什么不幸，来自同类的体恤，会减轻当事人的些微痛苦。可是，没有人涉险前来——你是一个孤岛，是自己跟自己厮杀，自己统领千军万马，布兵排阵，在伸手不见五指的黑里跟虚无死磕。幸好，还有一个叫"天亮"的人实在不忍，前来拉你一把。天亮，失眠的人如常投入到生活中。尽管他们的气色很差，双眼没有了光芒，一副萎靡不振的模样。

黄永玉老先生说：人活着，要对得起一天三顿饭。我把这话理解为，人活着，要带着精神和灵魂，不然，也就白吃了三顿饭。

一个人只要还有追求在，有精神支柱，哪怕遭遇再深重的苦难，也不会主动放弃自己。也许，有一天，孩子大了，再也无需妈妈的怀抱；有一天，我不再热爱表达……依然泅渡于失眠的大海，还真不如主动赴死。其实，死特别简单，活着才是繁琐。王朔不是说了——只有生不出的，没有死不了的。死容易得很，死也是对于失眠的最大反抗——你不让我睡，我偏不醒来。或许，死亡是令失眠者获得尊严的一种途径。

但，我不死。我会恨——以跟失眠耗着为乐，看谁活得过谁。

拉赫玛尼诺夫曾经有一阵被抑郁折磨，事业遇到瓶颈期，怀疑自己再也不能作曲。后来在心理医生的帮助下，渐渐恢复。"拉二"可能就是他病症痊愈后的作品，去年自此，我一直对拉二迷狂，每天听，在嘈杂的单位听，心慢慢静下来，四周一切退远，只剩下一人。在阿巴多指挥、格里莫的"拉二"里，我一点点打磨自己，幻想使其明亮多姿。每一个章节，皆烂熟于心。倘若识谱，是可以记下来的。那种来源于灵魂的战栗与精神的开阔，没齿难忘，长久的永不褪色的安慰。在"拉二"里，一个人仿佛失去了一切，又得到了一切。

作为一个平凡平庸的人，或许下半生都会迷失于睡眠的大海。我常常想海子的诗：命中注定的一切 / 此刻我心满意足地接受。

我们活着，并非为了领受上帝的圣餐，更多的是领取磨折、痛苦、煎熬，是一双赤足行走刀尖，是一颗心被大火炙烤，吱吱淌油——有一条狗不知人之痛楚，龇着牙把舌头伸过来舔。这条狗的名字叫"命运"。

原载《红豆》2014 年第 9 期

乡村阅微

赵 瑜

陪 客

蒋涛中午喝了点酒，脸微红，眼睛小的缘故，总让人觉得他缺少睡眠。我们的亲戚关系说来复杂，各自的爱人是姨姊妹。涛是木匠，手艺好。大约是长年和木头打交道，人也有些木讷。话少。

院子很大，是祖辈留下的老院，建筑的房顶上的一些旧砖瓦是证据。

空地的边上种着大蒜，露出的蒜苗被雪盖了，枯黄。家里没有喂鸡和羊，空空的院子，住满了风，总让我想起某个旧电影的结尾。

落座，寒暄几句，涛便出门去寻我的老同学，张良涛。中学时，我们曾在一起热闹。见证彼此最不更事的时光。良涛在村庄的偏僻处，相较旧时，胖了。这是时光赠送给我们大家的礼物。仿佛变胖，是一个男人的宿命。

一说话，便回到了旧光阴里，说起某桩无法言说的好笑事时，彼此哈哈大笑。想来，我们的这些记忆都已躲藏在了内心的某个抽屉里。直到遇到这些老同学，才打开抽屉翻晒。这些记忆多数发霉且模糊，就着一壶茶水，我们开始修补记忆，记忆有时真的需要修补和打磨。是啊，有一些细节，随着彼此的补充，而变得鲜活。

涛叫来我的同学之后，仍然不停地去村里叫人。这是乡下通常的做法，家里来了比较重要的客人，要找来村子里比较有头脸的人来陪客。找来的人，要么在外面混得好，见得世面多，来到家里讲讲外面的遭际，好显得主人家的邻居、亲戚有见识；要么就是村子里门户大的人家，在村子里威望高，很光棍（这里说光棍不是指单身，而是指在村里的地位高）；最差的陪客的人，也是村里面能喝酒的人，这样的人通常是村子里的老师或者厨师，吃得胖，平时闲下来时，爱凑热闹，谁家有喜事忧事都爱掂一瓶酒去道贺，不是为了吃饭菜，而是想找个酒友，喝上几杯。喝到半醉不醉的时候，说一些平时都不说的话。乡下人叫"喷空"。

"喷空"是乡村生活中一项非常重要的精神生活，几个人坐在一起喷空的内容听起来精彩十分，既有附近乡村的古怪稀奇的事情，也有各自在外所闻的一些重大的事情。重要的是叙述语气，这些诚实本分的乡下人，只有在喷空的时候，才会不停地夸大事实真相，使得一些本来合乎逻辑的事情，慢慢远离事情本身——一个人说一个故事，到了第二个人再转述给其他人听的时候，由于夸大了数字和事情的具体细节，而让人听起来像是传说。

听这些人说话，和刷新微博的效果非常接近。

这些民间故事的叙述者，在村子里，也都是一些被村民们共同加 V 认证了的世面人。他们说的话，都有着权威性。他们说完一件事情之后，村里人再转述时，怕别人不信，往往会加一句："谁谁家二叔说的！"

坐在酒桌上的，便有一个人是涛的二叔，不是本家，是邻居辈分。这位二叔，见多识广，讲他在生意场上遇到的人和事，语言十分短促，如果直接录音下来，照抄，便是一个方言版的聊斋。陪客的人中，有一个年轻帅气一些的邻居，不知该如何称呼。酒喝了没有三杯，老婆便来叫。离席不久后，又回来。他一离开，众人便开始说这位后生的逸事，多是怕老婆的种种尴尬。乡村社会，如果怕老婆，又或者老婆管得严，便成了村子里嘲笑的对象。

陪客的主要内容是喝酒。通常情况下，豫东乡下，如果来了城里的客人，为了表示客人的尊贵，陪客的人都要给来客敬酒。敬酒一开始并不陪喝，先要给客人端酒，端了两杯，第三杯才陪着喝一杯。在旧年月里，酒珍贵，平常人家都喝不起，所以，让客人多喝些，自然表示主人待客大方。可是，现在，酒早已经不再稀罕，而旧规矩不变，总有一些想要客人喝醉后出丑的恶作剧心理。

在酒桌上，如何推托，是一门非常深的学问。那些高明的乡下人，说一些完全无用的套话，总能把客人逼迫，觉得不喝这杯酒就对不起敬酒的人。他们在劝酒时的说词极尽了谦卑，那些充满了比喻的家常话，让我恨不能马上录音下来。逃过第一杯，逃不过第二杯，只要我端了酒杯，那么，便会有接二连三的理由来敬酒。我总结了一下，喝酒的理由大概如下：第一次见面、家里人健康、和表弟的关系亲密、同在一个城市、都喜欢吃鱼头、孩子一样大、都得过一样的病、对某种虫子都过敏、都是兄弟三人、不喜欢的东西类似……

这乡村的酒桌远超过我们在城市里 QQ 群的理解，喝酒的理由梳理了这一切。随着几个醉酒的人开始大声叫喊之外，我有些喜欢这乡村的酒桌了。

可是，孩子闹着回家。离席，我知道，这意味着又一次进行人际关系的切割。我想好了的，如果非要让我喝一杯酒，才能离开，我就一饮而尽。

哪知，出乎我的意料。并没有纠缠。而是开始了另外的热情。一群人一边劝我喝茶等一下，一边让在座的某位年轻后生去开车。

乡下人泡茶水，都是将大袋的茶叶，直接倒进暖水瓶里，然后，再往茶杯里倒水。那些喝得微醉的人，每一次倒水都会泼出不少。喝茶的人呢，一口吞了不少茶叶，在嘴里嚼巴嚼巴，就吞咽了下去，就像叼了一筷子凉菜一样。

天气晴好，我自然要将三轮车骑回去。可是不行，这有违乡村伦理了，在晚上，又是喝了点酒，所以，必须要用汽车送。电动车呢，明天，涛再起早给送回去。

百般谢绝，也不行。乡村这种过分热情不仅仅体现在语言上，而且体现在动作上。他们几个人，一个拔掉了我的电动车钥匙，一个人拉住我的双手，一个人从电车将行李拿好了。是的，我的两只手都被涛的邻居抓住了。他们用善良而热情的方式限制我的行动，这近乎野蛮的善意彻底打动了我。如果我非要固执地不听从他们的安排，那么，僵局将会继续。

好吧，只能屈从于这种热情了。从蒋涛的家里坐车到我住的大院，共走了七分钟。下车后，又对来送我的人百般表示谢意。

然后打电话给蒋涛，他们仍然在喝酒，电话那端吵成了一锅粥，显然，送走我以后，他们的酒才刚开始喝。

糊 涂

在豫东乡村，"糊涂"是名词。是乡村社会赖以生存的主要食物种类，差不多，它伴随一个人的一生。

放风筝的孩子在寨外麦田里应着母亲的叫喝，回应晚饭吃什么，是一句"擦——糊涂"。擦字后面是拉长了的，仿佛孩子在说出的时候已经想到了风箱里的火以及土锅里飘出来的香气。几个坐在一起纳鞋底的妇女看到地里干活的人回家了，相互扯两句闲话，就要散场，最后说的那句也是"赶紧回家擦糊涂，孩他爹夜儿个（豫东方言，是说昨天）都说擦得时候不够长，不黏"。"擦"字包含熬制玉米糊的关键动作，需要用一柄长勺在锅里画圆，制造波纹。时不时地，还要盛满一勺玉米糊扬起来，观看一下黏稠度。

糊涂是将玉米打碎成为糁状，然后倒入开水中慢火熬制而成。大约学名称为"玉米糊"，如何转称为"糊涂"，几不可考。"糊涂"在书面用语里是一个指向不明确的哲学用词，一说是智慧不足，看不穿世事，洞不明物理；一说呢，却又是看透琐碎参透万物后的假装。将这样一味哲学词语当作最为粗朴的饮食，真是趣味之至。

旧乡村，食物的样式单一。那么如何将最为简单朴素的食物做得别致，便会成为乡村审美的谈论对象。比如，我们村东头，有一户木匠家的女人就很会擦糊涂。同样的水同样的玉米糁同样的火候和天气，她做得就是黏乎。绝招是一点点被传播开来的，一开始是他们家的风箱大，水开了，玉米糁刚下锅的时候，要大火。等到玉米糊在锅里均匀了，要小火。这是火候。还有观音土。观音土就是锅与土灶间的黏土，长时间被火烤着，焦黄，每一次擦糊涂，木匠女人都会抠出一点，碾碎了，放入糊涂，这些土是碱性的，放入玉米糊汤锅里，自然就多了些香味。

　　熬制玉米糊，对水的要求极高。在我的老家兰考县，县城东部的乡村的地下水便是碱性的，所以，煮出来的糊涂便特别难得。同样是煮，用液化气煮出来的味道，便不如煤炉煮出来的，而最好的滋味，自然要说乡下地锅柴禾煮出来的滋味。即使同样是用地锅来煮，加厚的那种锅煮出来的味道就更厚实。因为柴禾烧出来的火爆烈，温度比液化气或煤球要高，所以，锅厚一些，才能承受这种温度。乡村的大口锅像极了孕妇的肚子，我总觉得，每一次熬糊涂，都像是一场孕育。想来，这食物之味，本来就是一场孕育与酝酿的过程。

　　食物的味道是最为文学的表达方式，乡下人虽然不会用华丽的语言描述，但是只要是一沾到嘴唇，他们便知那滋味是经过多长时间熬制出来的。

　　喝糊涂呢，也是有绝招的。刚刚熬好的糊涂，颜色金黄，盛到碗里，看上去就像一碗黄金。不仅喜庆，而且香气弥漫。但是如果着急喝一大口的话，保证会猛地吐出来，因为，温度太高，烫得口舌受伤。所以，喝糊涂需要就着碗边，慢慢转着碗边喝。我爷爷是喝糊涂的高手，不论多热的糊涂，只见他半倚在厨房墙根，一只手用筷子夹了一根腌好的脆黄瓜，另一只手端着碗，半转着碗边，左边旋转半周，滋溜一声，喝了一大口；右边又旋转半周，又滋溜喝了一大口；这时候，他才顾得上咬一口手上的咸菜。爷爷喝糊涂，从来左半圈右半圈，七八口，一碗糊涂便入了肚。

　　爷爷不仅爱喝糊涂，也爱烧锅。就是奶奶在上面擦糊涂，爷爷在下面坐着烧火。看着火在火膛里明灭，一边拉风箱，一边闻着糊涂在锅里渐次成熟的味道，也是一种绝好的享受。每一次，我在爷爷的火膛里烧鱼或者花生的时候，爷爷都会不高兴，说我烧的东西破坏了气味，他只能闻到我烤熟的鱼肉或者花生味道，而闻不到糊涂熟好后的气味了。

奶奶在上面用勺子舀了一勺糊涂，扬起来，问爷爷，闻起来怎么样了。爷爷闭上眼睛，由着那香味在鼻子里停留一会儿，吸进肚子里，仿佛要在肚子里消化一番，才说，还不行，还要三把火。

一把柴禾塞进锅膛里，需要拉十多下风箱的拉杆，时间呢，也差不多要两分钟，三把火，那就是要五分钟以上。可是，在旧时，我爷爷从来不会用分钟来计时。他熟悉的是农具、庄稼和食物。比如，他说锄了一晌地。一晌就是一个时间段。又比如，他会说一顿饭的工夫，吃饭就是计时单位。爷爷喝糊涂特别快，快到没有办法来计算时间，所以，爷爷从未说过，喝一碗糊涂的时间。关于喝一碗糊涂的具体耗时，我相信，爷爷是糊涂的。

秋天的时候玉米成熟，等打下玉米，晒干磨成玉米糁，季节已经是深秋入冬了。所以，整个冬天，如果去豫东的乡村，会发现，每一户人家都喝糊涂。想想，都觉得壮观，甚至可以申请世界吉尼斯纪录了。

玉米经夏秋两季成长，到了冬天成为人们日常饮食的主要选择。它不仅给乡民们提供温饱，还提供人们对美好味道的所有想象。

比如，喝糊涂时佐味的小菜便是一种搭配美学。在我们村，普通人家喝糊涂的佐饭小菜，一般是西瓜豆酱。西瓜是入秋后那种笨西瓜，不十分甜。每一次腌西瓜豆酱时，母亲都会请我们这些小孩子帮忙，将西瓜最为中间的甜瓤吃掉。所以，腌西瓜豆酱对于我们这些孩子来说，是个节日。吃完西瓜中间的部分后，只剩下和瓜皮相连的部分，然后和煮熟晒干的黄豆一起腌制成瓜豆酱。吃西瓜豆酱时，我最喜欢吃的是瓜籽，腌好以后的瓜籽嚼起来又香又咸，还有一股难以描述的甜味。哥哥自然也喜欢吃，每一次，为了争执几粒西瓜籽而发动战争，是平淡生活的调剂。

除了瓜豆酱，就着糊涂的小菜还有腌黄瓜和蒜苔。蒜苔我不喜欢吃，黄瓜如果切成丁，放了小磨油，我勉强可入口。如果佐味的小菜是腌制的山姜切成了丝状，咀嚼起来有脆响的节奏，感觉就像是一场口舌交响的音乐会。

我的确喜欢山姜，山姜并不是姜，是一种野生的薯类食物。好玩的是，只要是种过一年，便再也不用过问，每一年，在原地都会生出更多的山姜，以后无论如何深挖都刨不净。山姜就像是一个可以让土地中毒的程序一样，只要你种过一次，每一年便都会收获。

正是因为山姜只要种了便永远也刨不干净，所以，正常的土地里，谁家也不敢种。山姜除了腌菜吃，无其他用途。因为蒸煮不得，所以，山姜从来被农民视为敌人。只有孩子多的人家，会在地头，或者河沟边上种上几棵。然后年年收获不止，且越来越多。也正是因为山姜无论如何刨，第二年都会生出来，所以，邻居们不管谁家种了山姜，都会当作是自己家种的，去刨几块，腌制成咸菜。村里人看到谁手上拿着几块山姜，也会问在哪儿刨的，一说，就成群结队地去刨。村子里谁家种了花生，都会在地里搭个棚子，白天黑夜地看着，怕有人偷花生吃。种了西瓜也是要搭瓜棚的。连玉米也是，玉米棒刚刚饱满时，也怕有人嘴馋掰了去煮着吃了，也要让孩子坐在地头看着。孩子们屎尿多，大人都交代好了，尿尿拉屎都不能拉到外人地里，小孩子的屎尿都是最好的肥料。所以，孩子在地头看着，就会不停地往玉米地里钻着尿尿，人家自然就不会去偷了。

而山姜是唯一一个让大家觉得共产主义的食物，分享了别人家的东西，却不用有丝毫的内疚。这在贫穷得连一只小鸡翅膀都要做上记号的乡村里，不能不说是一件温暖的事。

然而，终究最为温暖我们身体的，是早餐时的那一碗糊涂。

孩子时代的我们，最喜欢糊涂刚刚擦好时的那一刻，疯着站在锅台边上，等着掀开锅盖的那一刻，争抢着吃锅边缘的锅巴。糊涂锅边的锅巴是完整的一圈，焦脆，又有着玉米的香味，是食物贫乏时代最为奢侈的零食。

糊涂喝完以后，锅底会粘着一层厚厚的糊涂泥巴。这个时候，大人们会往锅底涂上一层均匀的西瓜豆酱，然后用炒菜的锅铲抢到自己的碗里，说是特别好吃的锅饼。

随着乡村社会的发展，多数农家早已经换了液化气灶具。但是，烧柴禾的地锅从未退出。原因便是大多数乡村人的饮食习惯。

春节时，只有回到老家，才能喝到柴禾烧出来的地锅糊涂味道。父母亲在县城住，老家的院子里没有人。回老家，便只有到一个远房的亲戚家里喝糊涂。一听说我们回老家了，那亲戚热情得很，糊涂熬了很多，然而，却迟迟不盛碗。往堂屋里一坐，天啊，满桌的鱼啊肉啊，要喝两盅才能罢休。

亲戚家里的厨房有一个长长的烟囱伸出屋顶，房间里几乎没有烟气。我年幼的时候，厨房是不能进的，每一次引火过后，厨房里的烟雾都会呛得人咳嗽不止。但也不是全无好处，比如，在锅膛的门前上方，一般会吊一个陶水壶，那水壶被烟火熏得浑身黑透。每一次，我用筷子在壶身上刻下我的名字，只需要两天半的光景，就又完全不见了，刻哥哥的名字，一天就会不见了。这是我常常得意的。不只是这样，比如，这水壶里的水，在冬天的时候，可以洗脸洗脚，十分方便。

而现在，一个电热水壶不过几十元钱，所以，早已经没有人家在锅门前吊一个浑身黑透的水壶了。可是，我总觉得，那一只全身被烟火熏烤得黑透的水壶，就是我自己。虽然在城市里生活了多年，我常常洗不干净自己满身的灰尘，也总能闻到那玉米糊的香味。因为，我就悬挂在老家的锅膛门口。

红白事

旧年月里，乡下夏忙和秋忙，都是累死人的季节。所以，但凡是在这个季节离世的老人，周年的祭日都会移到春节来办。这样的好处是，春节时，村里杀年猪，猪肉够吃。再者来说，那时候家家都穷，摆一次宴席，桌面上的剩菜，吃不完，也可以存放，天冷，不会坏。

哪知，到了现在，这规矩仍还坚持着。

缘由却是变了，现在的乡村，平时年轻人和壮劳力都进城打工，只有在春节的时候才回家。所以，祭日也自然要在亲人齐全的时候办。

大年初一至初六都是走亲戚的好，家家户户都忙不停地换东西。张家的一箱方便面搬到李家，李家将八宝粥改天再送回到张家。过去不是这样，过去穷，都是用竹篮挎着一篮好面馒头走亲戚。从姑家走到舅家，从姨家走到远方的亲戚家，走来走去的，一篮馒头就裂了馊了，可即使是馊了，也是舍不得吃的。总要将亲戚全都走完了，才会让孩子们分着

2014 民生散文选

吃了。那个时候，我们家就是如此的，平日里自己吃的馒头，从外表上看，是好面的，可是，掰开来，里面却是杂面的。外面只是包上了一层好面的衣裳。全白面的馒头，只做一锅，走完全部的亲戚后才能吃。所以，就显得格外珍贵。

现在农村富裕了，早就不兴馒头篮子了。兴什么呢，方便面，各种山寨的劣质饮品。比如我见过两个好玩的品牌，一个叫作"雷碧"的汽水，一个叫作"大个核桃"的核桃露。

过了初六，乡下的亲戚开始办白事，初七、初九是个好，如果订不到厨师，那么，到初十也是有的。正月十五之前，在农村都是过年。

年初七一早，我去参加一个亲戚的周年祭礼。照规矩，是要先上坟磕头的。

几家亲戚在大寨西街集合，大寨是一个集镇，虽然属于山东，却被河南的地域包围着。因为是集市，一直兴旺。

在大寨街上取了插的祭品，两枝摇钱树，两个家用电器。

其他祭品早在出殡的时候已经烧过了。这些纸插的祭品，完全是老百姓日常生活的想象，总是想着，人有轮回。往生之后有另外一个世界，叫作阴间，在阴间，更是贪污盛行，所以，多给死去的亲人烧些纸钱，好让他去阎王爷那里行贿，保佑尘世间活着的亲人。

坟一般埋在村庄的角落里，或南边或东边。

亲戚的坟埋在一片树林里，冬天的风一吹，极寒冷。

照例是有唢呐等响器，女亲属离坟五百米的时候，便要哭起来，和过去不同，过去的哭词是有讲究的，现在大都简单了，只需要喊着离世亲人的辈分即可，比如，这次离世的，是我爱人的舅父。她只需要反复喊着一句：我的舅啊。

女方一哭，坟前的响器班便吹响了唢呐，表示迎接。坟前正跪着的那些直系亲属们呢，也要哭起来。这才有了响应。

男客们要排队在坟前行祭拜礼。

我和几个姐夫们准备好了，有领头的，不会行礼的，比如像我这样长年不在乡村生活的，要跪在最后一排。看着前面的人，前面怎么做，我就跟着学。

往往，城里人到乡下行这种祭拜礼，观者颇众，大家主要是想看笑话的。在乡下，祭礼中出错的特别多，这样就会闹出笑话来。

我们一群人行的礼的叫作"懒九拜"，一个懒字，已经解释了这个行礼仪式的简单。那些长辈们多是行"二十四拜"或"十四拜"，我们这些小辈，行九拜礼，也要再简化一些程序，就成了"懒九拜"。

行过礼，就散了，回到主人家里坐着等吃饭。

亲戚家里长子在县剧团工作，为了父亲的祭日，请了剧团的人给村里唱两天戏。村庄里的人嫌两天不过瘾，大队出面，又请剧团再加演三天。

在村庄的广场上，正在唱戏。现在的剧团和过去比也有了些条件，灯光音响都好了很多。

我们一群人站在戏台下面看了一会儿。看戏的还是老人居多，他们搬着个小马扎，穿得厚厚的。戏的内容是一个悲剧，好几个老人，都在那里抹着眼泪。

白事的酒席自然比红事的酒席差一些，但是，乡村的菜非常实惠，比如，整只的鸡，半个猪脸。好玩的是，这半个猪脸有一个体面的名字，叫作"有头有脸"。这食物的名字，也注释了乡村社会的价值观。说到底，在乡村熟人社会，他们对万物的认知，仍然停留在那些戏词上，什么"妻贤子孝"，什么"出人头地"，什么"朝里有人好做官"。

比起白事的宴席，乡村红喜事的宴席要隆重一些。

乡村的婚事，也越来越接近城市。结婚的时候，新娘子也穿着婚纱，不过，因为寒冷，一般婚纱里面还套穿着保暖的棉衣，看起来十分幽默。

我参加的一个远房亲戚家女儿的婚礼，竟然是纯西方式的。原因是，新郎的奶奶信了基督教，便请了教会的牧师来主持婚礼。

牧师领着一群穿着整齐的教众，唱了赞美诗，主持了全部的仪式。然后，婚礼就要结束的时候，新娘子被婆婆叫下台来，原来孩子饿了，闹着要吃奶。所以，新娘只好下台来，抱着孩子，无奈婚纱束得很紧，一时撕扯不开，孩子仿佛是闻到了母亲的气息，更饿了，哭闹声更大了。婆婆便来帮忙，帮着将婚纱的系带扯开了，一边扯一边还小声说，这婚纱可不能弄坏了，要赔钱的。

终于解开了婚纱，掏出奶子，塞进孩子嘴里，孩子才止了哭声。

这就是乡村婚礼的现场片断。

结婚的男女往往都已经生了孩子，才忽然想起要办一场婚礼。也有的，本不是相亲的对象，甚至男孩女孩各自都有对象，可是，在集会上，或者是玉米地里好了几回，就大了肚子。结果，双方只好各自退了原来的婚事，奉了肚子里的孩子结婚。虽说是结了婚，可是，双方的父母亲都不大愿意。男方家长嫌弃女孩不贞洁，都已经订婚了，还来勾搭自己的儿子。女方家长嫌弃男孩耍流氓，说不好是怎样诱拐自己的闺女。

然而，孩子生下来了，男女都去了城里打工，孩子丢给爷爷奶奶，外公外婆不时也来看一回。孩子很聪明，又觉出女方的好来。等到春节双双回家，和女方家长一商量，再漂亮地办一回婚礼。

这是常有的情况。

我的这位远房亲戚，倒不是双方解除原来的婚约后再婚的。是两家人相互请了媒人介绍的。可是，两个人分别在广东和宁波打工，春节时见了个面，第二年中秋节时递了个订婚金戒指，春节就住在了一起。结婚后仍然分开打工，就像是没有结婚一样，直到女方怀孕回了家，男方仍然在宁波打工。

因为男方打工的工厂有自己的医院，有产科，所以，到了快生产的时候，将女方接到了宁波。孩子生下后，女方也在宁波谋了个工作做。男方的母亲只好去宁波看了半年孩子。直到今年春节，一起回老家过年，才补办婚礼。

在他们的新房里见到了婚纱照。新郎新娘站在那里，一岁半的儿子坐在中间。

婚礼上，牧师问新郎，无论新娘是否能生育，你是否都愿意一生一世相守？围观的人都笑了。牧师愣在那里，重复着问新郎，新郎骄傲地说，是，我愿意。

婚礼结束后，新娘抱着孩子喂奶的情形十分戏剧化。

村里的人对这样的场景仿佛并无什么不妥的反应。吃喜宴的时候，一些长辈们在旁边议论，说现在的年轻人挺孝顺，都是在外面挣了些钱，用自己挣的钱来办婚礼，省得长辈为了办这一桩事愁得白了头。

继续听下去，马上就听到了为了给儿子办婚宴而白了头发的人家。那是一个极为贫穷的人家，孩子长得也排场，就是家里盖不了瓦屋，两夫妻只好搬到村外的草棚里住，给儿子娶亲用旧院旧房。儿子呢，娶的媳妇并不体面，是个半边脸的人。

我怎么也没有明白，什么叫作半边脸的女人。难道是天生残疾，半边的脸有损伤，又或者是幼小的年纪时出了什么差错，而使得半面脸有了缺陷。后来知道了答案：我们乡下，所谓的半边脸，是指女人已经嫁过一回了。二婚，脸已经丢过了一半，只剩下半面脸。

那天的婚宴上，没有上半边猪脸，大约是喜宴不时兴这处"有头有脸"的虚荣。上的菜有几道都是酸甜喜庆的内容。

对了，去吃喜宴，在乡下，照例会得到主人家一条大红色的毛巾。这是作为回礼的赠品。这种毛巾来自同一个厂家。我在乡下住的几天，去了不少亲人家走动，发现，他们每一家都用的是同一花型色彩的毛巾。不用说，查查有几条毛巾，就知道，他们参加了几次婚礼。

在乡下，哪怕是富裕了的人，也都是精打细算过日子的。他们被贫穷和疾病挤压得太久了，所以，哪怕是高兴，也总要留一些余地，生怕一不小心，高兴得过了头，得罪了管高兴的神灵，没收掉他们高兴的权利。

虽然主人家办婚事都大方地上菜，但是同桌上吃菜的人，边吃边说，这两个菜，如果不吃，就都别动了，到时候，他们好收拾，别吃了一口，他们就当作剩菜给倒掉了，多糟贱粮食啊。

我本来正准备往一道菜上动筷子，立即止了念头。连剩菜都要替主人家完整地剩下来，这种纯朴，虽然好笑，却没来由地让我觉得珍贵。

乡村，越来越不乡村了。只希望住在这里的人，能有根，深深地扎在泥里，一直保持着那春播夏长的姿势，平静，温和。

原载《西部》2014 年第 1 期

一个医生的日常手记

蓝燕飞

下 乡

陡峭的路，如一条盘着的蛇突然昂起的脑袋。一路上，没有人烟，只有连绵不断的群山，层层叠叠，大海般向天边涌去。到达山巅时，隐忍了好久的胃终于爆发，如江海般翻腾起来，师傅刚把车停稳，我就直扑下去，蹲在路旁，那些就要喷薄而出的家伙却被咽喉牢牢锁住，更是难受，歇了好一阵，才渐渐平息。

清凛凛的山风却在此时吹过来，碧空下，树影摇动，树叶沙沙，举目眺望，远远的山坳里露出斜斜的屋檐，正是我们要去的地方。

一个抱着孩子的年轻女人从车旁走过，我们追上去，她狐疑着，支支吾吾，说孩子是她姐姐的，她不清楚孩子打没打过预防针。问她住在哪里，她手指前方，说在大屋坪。我们说正好顺路，要她上车坐一程，她摇摇头，继续走自己的路。

我们苦笑着，心里却是见怪不怪的。通常我们被怀疑为搞计划生育的，如果某户人家有两个以上的孩子，我们只能获得两个孩子的信息。无论如何，我们都解释不清楚，或者说，无论我们怎么解释都无人相信。一个孩子，不管计划内还是计划外，不管有没有户口，只要一落地，就具有某种权利，包括免费接种。但是我们并不恼怒，"工作人"的话，向来是晴一套雨一套，谁又敢相信？何况是一个陌生者云里雾里的话呢？

大屋坪有六户人家，奇怪的是，一个小孩子都没看到。一角阳光转过院墙，落在场院上，有人在打麻将，还有三个围观。我们说明来意，问谁家有小孩，他们笑笑，说年轻人都搬到山下去了，这里剩下些老头老太太，见不到几个小孩子了。我们赶紧问，总有几个吧。一个在旁边看麻将的老头说，有是有那么几个，都出去耍了。

清冽的阳光下，这幢住了六户人家的大屋那么安静，掩着的门、关着的窗，黑瓦下陈旧的泥巴墙。四周是一望无际、无法穿透的绿，没有玩耍孩子的踪迹。

白白跑了那么远的路，实在有点不甘心，但是我们不能强行闯进门去，只能继续往前走。转过一个山坳，发现不远的山坡上坐落着一户人家，有条羊肠小道，飘然而上，这样的路，自然走不了汽车，山里的距离，正是看得见，跑死马——看起来没几步路，我们却走了四十多分钟。

一座孤伶伶的屋子，如一块石头堆在斜坡上，屋子似乎是废弃的，有七八间的样子，有的门窗俱无，有的顶上露着天光，地上零落着断腿的板凳、瘪的箩筐，一股荒凉的气息。我们的心虽然也荒凉着，却不做声，只一步一步走下去，相信有人居住，因为我们能够感受到隐隐的生活的气息：草丛中觅食的鸡、悠闲溜达的鸭和一只狂吠不已，却止步不前的半大黄狗。

我们相信柳暗花明、豁然开朗。果真，拐过屋角，见到了那两个老人，见到了刷得雪白的房子。

两个老人一个在门前菜地里择白菜，一个在劈柴。见到我们，都停下手中的活，大爷一边感谢着"政府的关心"，一边进屋找接种证，大娘从学步车里抱出小孙女，孩子刚满一岁，红嘟嘟的脸蛋，黑亮亮的眼睛上长着一排刷子般的睫毛，可爱之极。

更大的惊喜在后面，接种证竟然填的满满实实，不仅免费的一针不拉，自费的也打得很好。大娘说，儿子、儿媳都到广东打工去了，走时

2014
民生
散文选

交代过，要他们记得带孩子打预防针。就是太远了，不方便，先坐十多里的摩托车到村部，再坐汽车到县里。仔细一看，确实，每一针都是在我们单位的接种门诊打的。

大爷说，我们这里原来也有好几户人家，都搬走了，那些房子，可惜了。

我问大爷，大屋坪有几个孩子？

大爷刚想说，又想起什么似的看看大娘。大娘笑着说，看我做什么？然后告诉我们，上个月来了一伙人，也是和气得很，把家家的人口都搞得水样清，结果竟是上面来检查计划生育的，学大官微服私访，听说县长都挨了批评呢。后来村长就叮嘱大家，有外人来不要轻易乱说话，特别是小孩子的事情，更不能乱说。

我们的情绪突然低落下来，自然也知道那次检查极其险峻，双方斗智斗勇，使尽手段，但是目的呢，总不是那样磊落的，总在磊落的名目下藏着些不宜示人的东西。

抬头西望，落日低垂，斜阳夕照，染遍群峰。

挥手告别老人，默默走在归途中，希望可以遇见那个拒绝坐车的女人和她手里的孩子。

体　检

炎炎夏日，单位接了个民生工程的项目，给社区那些没有职业的人做健康检查。民生工程，说白了就是赚国家的钱。我们身处钱时代，只有钱让所有的人都像被注射了鸡血一般亢奋。

我负责女内、外科。虽然脱离临床二十多年，但我并不怵。这归功于我勤奋、刻苦的学生时代打下的良好功底。一般的问题逃不过我的耳朵，复杂的问题，有仪器呢。现在还是个仪器时代，已经没有人仅凭一只听诊器诊断疾病了。

这些女性，年龄跨度大，年轻的 21 岁，最老的 83 岁。她们的衣着不管花哨还是朴素，一眼可以看出都是些廉价品。每当我俯视躺在检查床上的女人，心情特别复杂。那些身体已经松垮，皮肤上有这样那样的斑迹，乳房像一只用旧的口袋，皱皱地、软软地趴在胸脯上。她们有的只三十四五岁，身体却过早地失去了光华。完全不是艺术家们呈现出来的模样。生活就像一柄重锤，在它的连续敲打下，身体之美如昙花迅速凋败。时间更像只凶猛的蚕，把一枚枚青翠欲滴的桑叶，啃得千疮百孔，面目全非。

那个 21 岁的姑娘，四肢长满扁平疣，她的父亲却无力支付每次 150 元的治疗费用，五次治疗只做了三次。我打听到一个偏方，用醋浸泡青皮鸭蛋，每天吃一枚，坚持一个月，据说效果不错。按照姑娘留下的电话打过去，连续三次都无人接听。

比较有意思的是 64 岁的那个女人，有着阔大的脸庞，头发纹丝不乱齐齐地往后梳，在脑后绾起一个髻，髻上却颤动着一朵红艳艳的绢花。虽然没有为她增加女人的妩媚，但也干净利索。一进门，她就问，这里查什么？我说内科。她突然往后退，脸上有一丝惊恐：我内科好，没毛病，我不查。她明显有些犹疑，手搭在门把手上，身子却侧过来对着我。我微笑，尽量使自己更和蔼：年纪大了，最好定期检查一下。她又说，我害怕，不想脱裤子。轮到我惊愕了：不要脱裤子啊，只是听一听。

原来她以为内科就是妇科。内，意即深入、里面。可不就是妇科吗？

似乎为了掩饰自己的尴尬，她连珠炮一般一口气说了下面的话。

我十九岁破身生老大，两三年一个，一气生了八个，生到三十八，再没怀过崽。四十五岁做了老人家，从此，不想那事了。前年去深圳，儿媳也带我去做检查，花了好几千块呢。吓死个人，身上脱得精光，一根纱没有，一个墙洞里，有七个医生看到我。他们都说我身体好，没子宫，没毛病。我试探着问：你做过手术？她说，没有啊，我是完身子。那子宫……应该还是有的，可能萎缩了。她笑起来：是是是，医生是说缩掉了。我不想啦，身子干干净净，所以身体好。她有些神秘地靠近我，声音低下来，说她认识个老太，快七十的人，还惦着与男人睡。结果后来得了羞死人的病，脏血流个不停，子宫烂掉了。没几个月就死了。现在骨头都打得鼓响。她很庆幸自己"没"了子宫，不用担心它会不会烂。她再一次强调她的不想，然后说：我不管老头子，我只管住钱。我们各人睡一间房，夜里我插上门，一觉睡到大天光。她十分得意，笑得眼睛都眯起来了。可见那事在她心里确实不是什么事，更不是好事、正经事。

那事是上帝赐予的，是保证物种延续的必须。当她再不能生育，上帝把它收了回去。

想起那两句诗：花开堪折直须折，莫待无花空折枝。

写它的人，一定是人到中年，渐入老境，面对时间，才能滋生出如此深沉、无奈、惊恐的复杂况味。

"小时候四条腿，长大两条腿，老了三条腿"，这是孩童时玩过的谜语。谜语和寓言一样，看似简单，却蕴藏着事物与生活的本质。那个老妇人看不出年岁，像七十也像八十。她腿脚不好，走路颤颤巍巍的，一脚高一脚低，手里的拐杖几乎撑到下巴处。检查床高不过一米，靠她自己的力量却很难把自己放上去。我把听诊器放在她胸前，眼前的身体已经被时间腐蚀得完全变形，消瘦，胸部只有两颗乳头软软地歪着，腹部是一堆松垮垮的皮肤，我很快把视线挪开，看到她眼窝深凹，眼瞳浑浊，瘪瘪的双唇，乱七八糟的皱纹如刀刻一般，只有头发还依然浓密，却白如冬雪。因为上检查床用了力，她显然累了，胸脯在急促地起伏，呼出的气体有胃液混合隔夜食品腐败的气息。

"那时你是年轻女人，与你那时的容貌相比，我更爱你现在备受摧残的面容。"这句话吸引了多少人啊，但我总觉得它有点假。备受摧残是个什么概念呢？我眼前的老人应该就是最好的诠释。沧桑是身体抗拒时间两种力量碰撞绽放出的火花，备受摧残却是彻底沦陷，束手就擒，再无一丝一毫反抗之力。

无一处是美的，无一处可以悦目。处处惊心，衰老真是件让人恐惧的事情。但就是这样一俱身体，却有让人诧异的能量。

她就是江湖传说中的戴婆婆，据说是个上访专业户，是个让领导麻头的不稳定因素，自然是村委会的维稳对象。

戴婆婆，曾经做过民办教师。这个曾经，时间很长，一做就做了二十多年。20世纪80年代，一场大病，让她卧床九个月，这场病不仅把她变成个瘸子，而且把眼看就要到手的铁饭碗砸个稀巴烂——90年代所有的民办教师转为国家正式教师，她却因为突如其来的疾病与这件天大的好事失之交臂。她十八岁开始教书，先是一个人在离家好几里的山上，山上的学校只有十几个学生，却分三个年级。所有的学生都在一个教室上课，称复式班。几年后才调到大队小学。这辈子，她只做过一件事情，就是教书。她想不明白为什么病了一场，就不要她了。她又不是块抹布，她又不是一头牲畜。人吃五谷，生个病也不是稀奇事，怎么能说不要就不要呢？

她是个火暴性子，咽不下这口气，到处找人说理。村里不行找乡上，乡上不行找县里，答复却都一样，说超过了多少时间没上班，就算自动脱离。

自动脱离，铁板钉钉。她看过那些文件，但是她咽不下这口气，认了死理，要把这枚钉子拔出来。结果拔了半辈子，把一条路走细了，把自己走老了。想想她也并不无理取闹、装疯卖傻，从不跪在路上，拦车口称青天，她只是反复找那些人解决问题。那些人先还同情安慰几声，后来就把脸冷了下来，再后来就嫌她做狗屎臭，忭她像大麻风，任她坐一天也好，两天也好，不赶她走也不搭理她。

她就这样成了上访专业户。

我试着与她交谈。她说：都是命。命里只有八合米，走遍天下不满升。再说，不认命，我现在这样，也走不动了。想想这几十年，好像着了魔，眼里啥都看不见，只有一条路，路尽头有只铁饭碗，这路真长，我走了一世都没走到头。我的老头子是个老实巴交的人，他劝我的话有一箩筐。他说，铁饭碗泥饭碗不都是饭碗吗？不饿着就行。听他的话多好，在家做做饭，让他们爷仨的日子暖暖和和。可我愣是听不进去。路上跑了几十年，先把老头子跑没了，两个儿子出去打工，媳妇、孙子都出去了，我把自己的日子跑成个冰窟窿。再不认命，怕是这条老命也难保了。

她眼里的火苗已经被时间吹灭。

钉子锈死在铁板上。

原载《作品》2014年第4期

穴居里的黑暗和光明

吴佳骏

一

仲秋时节，一个细雨绵绵的午后，我提着两袋苹果，撑一把被风吹折了伞骨的雨伞，跟随雪君走在一条荒草掩膝的乡间土路上。草叶上的水珠，像一些被风摇落的马豌豆，不断掉进我的鞋子里。有一团化不开的凉，便从我的脚底慢慢穿过双腿，朝心的方向逼近，使我原本就忐忑不安的心情，愈发显得慌乱而游移。

我即将去拜见的，是一个既熟悉又陌生的年轻人。

说陌生，是我根本不认识他；说熟悉，是缘于雪君不止一次跟我提起过他。我对他的生活和精神状态，乃至内心隐痛和理想追求，可谓一清二楚，并对其生发出由衷的敬意。

这个人名叫小海，是雪君的表弟。

雪君是我多年的朋友了。我们常在一起谈论文学和生活，她作为女性特有的慈悲和细腻，常常给我的创作带来诸多启迪。至于小海，是她近来才频繁给我提及的一个人。雪君每次说到他，都眼含泪花。甚至说着说着便抽泣起来，仿佛小海的命运就是她的命运。

她说："我表弟很苦，一直瘫痪在床，日常起居尚难自理。"继而，她话锋一转："但他很有才华，古典诗词写得好，还能写一手漂亮的毛笔字。"说到这里，雪君总是两眼放光，仿佛一个农民在锄地时挖到了黄金。同时，她还滔滔不绝地跟我背诵起小海写的诗词来。起初，我并没觉得怎么样。后来，雪君多次请我抽空去看看她的这个表弟。她说："我请你去，没别的意思。你作为文学杂志编辑，去鼓励鼓励他，这对一个残疾人来说很重要。这种意义已经超出文学本身，你去是为让一个备受病痛折磨而几近绝望的生命，如何更好地鼓足勇气活下去。"雪君的话情真意切，近似哀求。我自知没有她说的那么重要，但还是被她的爱心和真诚所感动。于是，我决定去拜会一下她的这位表弟。

据雪君讲，小海是在十岁那年，患上一种怪病导致下半身瘫痪的。而且，他还患有肝病，他的母亲也有肝病。小海的病属于家族遗传。他的父亲便是因肝病去世的。他还有一个哥哥，长年在广东打工。目前，小海跟他年过花甲的母亲相依为命。

我和雪君在镇上下车后，便一直在山间小路上前行。一路上，雪君都没说话。或许是她平时已经跟我说得够多，又或者，她的心情也如我一般惆怅吧。大约走了四十分钟后，一座青瓦土墙小屋出现在我的视线中，屋前的菜园子里，有几只鸡在啄食。小屋后面栽种有苍翠的竹子，远远看去，像一块绿色的帷幕。而那小屋和菜园，则好似自然界刺绣在帷幕上的一幅乡间素描画。雪君用手指着那小屋说："到了。"

刚一进屋，便看见狭窄的房间里摆放的木床上躺着个年轻人。他好似刚刚睡了觉，垂肩的头发有些凌乱，眼眶凹陷下去，面容蜡黄。雪君喊了声："小海。"他便双手撑着床面，使劲儿挪了挪上半身，抬头回了句："姐来了。"大概是紧张的缘故，他脸上的笑容略微有些僵硬。雪君拉亮电灯，原本潮湿而暗淡的屋内顿时亮堂了许多，仿佛还把弥漫在房屋里的霉味和尿骚气也给驱散了。雪君跟小海介绍我说："这就是我时常跟你提起的吴老师，这次是专门来看望你的。"我过去拉着小海的手说："经常听你姐提起你，我被你的精神所感动。"小海羞涩地低下了头，用颤抖的声音回答："苟且偷生罢了，苟且偷生罢了。"这时，我发现他的手透着冰凉，且枯瘦如柴。那天，小海跟我说了许多的话，但所谈大多

2014
民生
散文选

是关于写诗填词的。我仔细聆听他对文学的理解和观点，末了，他说："其实，我并不具备写东西的资质，练习书法也纯属消遣，不过是跟死亡玩玩游戏罢了。"或许是初次见面，他的心扉并未完全敞开。我也不便深究，怕影响他休息和触及他的自尊，只说了些安慰的话，便与雪君起身告辞。

那个下午，直到我们离去，都没看到小海的母亲。听小海说，母亲到镇上替他买药去了。

二

　　残疾人中想写作的特别多。这是有道理的。残疾与写作天生有缘。写作，多是因为看到了人间的残缺，残疾人可谓是"近水楼台"。但还有一个原因不能躲闪：他们企望以此来得到社会承认，一方面是"价值实现"，还有更具体的作用，即改善自己的处境。这是事实。这没什么不好意思。他们和众人一道来到人间，却没有很多出路，上大学不能，进工厂不能，自学外语吗？又没人聘你当翻译，连爱情也对你一副冷面孔，而这恰好就帮你积累起万千感慨，感慨之余看见纸和笔都现成，他不写作谁写作？你又不是木头。

这是史铁生在他的《病隙碎笔》里说的一段话。我曾将这段话专门拿给小海看过。小海看后，陷入了长久的沉默。然后，他深有感触地说了句："说得真好。"从此，小海像突然之间找到了精神上的盟友般，疯狂地喜欢上了史铁生的作品。而在这之前，他压根不知道有史铁生这个人。有一次，我在书店买了一本史铁生作品集送给他，他如获至宝，夜以继日地翻看。隔三差五，我就会收到小海发来的短信，谈他读史铁生作品的感受。他说，史铁生的作品，宛如一盏巨大的精神之灯，照亮了他那被黑暗笼罩的命运。虽然，他未必真正读懂了史铁生作品的深邃内涵。但这已经不重要了，重要的是，通过阅读这些作品，让小海看到了即使身为残疾人，也可以活得那般充实和有意义。甚至，比健全人还深刻和有价值感。

小海的阅读视野无疑是狭窄的。在我没有送书给他以前，他的床头除放着一本新华字典外，就只各有一本《唐诗三百首》和《宋词三百首》。这还是雪君在几年前给他买的。那本字典，由于长年累月地翻查，早已残破不堪，像被老鼠啃过一般。而那两本古典诗词，也都掉了封皮。纸张陈旧泛黄，加之受潮，书的边沿被染上了一层黑乎乎的污渍。小海说："这本字典和两本诗词，是我的救命稻草和精神支柱。"只要随便提到书里某首诗词的题目，他皆能倒背如流。

我每次去看他，小海都要拿他新写的诗词给我看。那些诗词虽然大都写得浅显、单薄，有的还不合格律，但却不失本真之态。每首诗都在抒发他内心的痛苦和人生愁绪。而在那锥心般的痛楚之中，却又充满了对活下去的坚定信念。

除写诗填词外，小海把大部分时间都用来练习书法。他的床边长年安放着一张四方桌。桌子靠床的一边，已经被他的衣袖摩擦得光滑了。因无钱购买练字的纸笔，小海就将自己的头发剪下来，再找来几根筷子，用线头和胶布将头发缠在筷子头上替代毛笔。然后，他让母亲从镇上的建筑工地上要回几块砖头充当宣纸；再从家中的水缸里舀来几碗清水充当墨汁，就开始了他漫长的写字生涯。我亲自目睹过小海练字的样子。那用头发做成的毛笔，在巴掌宽的砖头上游走，清水留下的痕迹，组合成一个个堂堂正正的方块字。意到笔到，水乳交融，方寸之地天地尽显。我从未看见过如此练字的人。那一刹那，我像被电流击中，眼中似有两股热泪要夺眶而出。客观地说，小海的字比他的诗词写得好。他房间的墙壁上，贴着一幅字，那是小海唯一用墨汁书写的作品，内容是常见的两句励志的话：宝剑锋出磨砺出，梅花香自苦寒来。我问小海："你这些年消耗掉多少块砖头啊？"他用手指着床底下让我看。我低头一瞧，竟然堆着三四块像磨刀石一样凹下去的砖头。我再问："那你这毛笔呢？"他摸着脑袋戏谑地说："这个不耗材料，人废了，就剩这点毛发管用。"我说："那你完全可以申请专利了。"他说："如果你愿意投资，我可以试试。"说完，我俩都大笑起来。那是我见他最为开心的一次。

后来，我无意中将小海的故事讲给了一个书法家朋友听，谁知这个朋友竟是个热心肠，他非要去见见小海。而且，坚持要给小海送去一把毛笔、一箱墨汁和几捆宣纸。领着朋友去见小海那天，我并未事先跟小海说。除了我和那位书法家，还有书法家的另一个至交。我们三人扛着宣纸和墨汁，像几个下乡支教的人，走在弯曲的乡土路上。阳光从天空洒下来，暖融融的，鼻孔里能嗅到野草的清香。书法家和他的那个朋友，突然从大城市来到乡下，眼前的一切都令他们感到新鲜。只有我的心，像吊在深井半空的水桶，有种悬浮感。我担心我们的突然造访，会显得唐突。果不其然，我们刚进屋，小海即感到惊讶。待我说明朋友的来意后，他才稍稍感到几分释然。那次会面，小海明显有些不悦。但或许是考虑到照顾我的情面，他才压制住了心底的怒火，没让它当即喷发出来。我见两个朋友还在喋喋不休地缠着小海问这问那，便提出告辞。朋友无奈，只好随我匆匆离开。

事后，我怕这次莽撞造访，会给小海造成心理伤害，我给他发去一条短信，向他表达我的歉意。短信发出后，一直未见小海回复。我想，这次是真的伤害到他了。我正暗暗自责时，却又意外收到他发来的一条信息。只有一句话，很短：

    我只想做个像史铁生那样有尊严的人。

<h2 style="text-align:center">三</h2>

时间宛如初冬时期的银杏叶，被几场冷风一吹，转瞬间便飘逝了。自从那次冒然造访后，数月过去，我都未敢轻易去看小海。我怕我的出现，会再度引起他的介怀。要不是雪君突然给我打来的一个电话，我真不知道该如何重新去面对小海。

那是一天上午，冬日的雾霾使外面的能见度很低。我打开书房的窗子，正准备静下心来看一本书。这时，我的手机铃声响起。我一看是雪君打来的，料想一定与小海有关。果然，我刚一接听，手机里便传来雪君急促而发颤的声音："小海割腕轻生，正在医院抢救。"

我急忙赶去雪君说的医院，刚到病房，即被雪君拦住了。她说："小海刚睡着，不要吵醒他。"我透过病房门上的玻璃窗，看到躺在病床上的小海，比几个月前更加消瘦。头发油渍渍的，好似长久没有洗过；胡须也像秋收后的稻茬，包围着他那干瘪的嘴。他露在被子外面的右手腕缠着纱布，纱布上有暗红的血丝渗出来，像他家院落里那株月季的颜色。

雪君跟我说，小海已经是第三次轻生了。第一次是在前年夏天，他从床上滚到床下，拿起他练字的砖块朝头上砸，整个头部鲜血淋漓。幸亏被他母亲及时制止，方才化险为夷；第二次是去年春天，刚过完春节，他偷吃了藏在家中的老鼠药，所幸吞服的药量不大，才又躲过一劫。

小海这次割腕，是因为他刚刚因肝硬化去世的母亲。

据雪君说，小海的母亲，是在他割腕的三天前下的葬。母亲的亡故，使小海瞬间掉进了寒冰地窖，所有的希望都烟消云散。以前，小海的饮食起居，全靠多病的母亲照料。如今，离开了母亲，他不知道自己该怎么活。痛苦绝望之下，他选择了自杀。

雪君的讲述，让我顿时回忆起了小海那孤苦而顽强的母亲来。一个乡间老太太的身影，像电影镜头一般，清晰地闪现在我的脑海中。

除第一次去见小海，我没有见到他母亲外，之后每次去，他母亲都在。这个老太太给我最深的印象，是她那张饱经沧桑的脸。密布的皱纹有如刀刻，版画般透着力度和被岁月浸染的痕迹。满头银发，宛如春蚕吐出的丝线，缠绕着她那颗充满忧思和焦虑的头颅。她一见到我，总是非常热情，感激的话说个不断。我每每与小海交谈，她就默默地站在旁边听我们说话。目光始终停留在小海身上。只要小海脸上一露出笑容，她也会跟着笑起来。要是小海偶尔谈到某个伤感的话题，她就会背转身，用衣袖抹眼泪。这时，小海就会突然岔开话题，顾左右而言他。

小海曾跟我说，她母亲经常从屋外的墙缝里窥他。尤其是他情绪不好的时候，她母亲自知不好去打扰小海，又担心他想不开，每隔一会儿，就会偷偷地朝屋里瞅。只要看到小海还平静地躺在床上，她绷紧的神经才能稍稍放松一下。天气晴朗的时候，她总是要想法把小海挪到屋外的院坝里去晒太阳。小海说，他母亲年老体弱，每次背他去外面透风都很费劲。小海虽然也很瘦，但毕竟体重超过她母亲。有一次，他母亲在背他的过程中，腿一软，双双摔倒在地，把彼此都吓傻了。他母亲强忍着痛，拼命将小海扶起来，嘴里满是自责，眼泪止不住地往下流。当天下午，小海发现母亲走路有些趔趄，撩起裤脚一看，才发现母亲的左脚踝肿起一个大青包。晚上，小海坚持要为母亲热敷，母亲却极力推辞。小海说："当我把热毛巾硬搭上母亲脚踝那一刻，我的心都碎了，仿佛满地都是玻璃渣子。"

　　我最后一次见到小海母亲，是随书法家朋友去看小海那次。我们离开的时候，她跟出来送了很远。末了，她从衣兜里掏出三个煮熟的鸡蛋塞给我们。我们坚持不收，见实在推托不过，便也都收下了。小海母亲见我们收了她的鸡蛋，脸上浮现出一丝喜悦。直到我们快翻越山坳了，她还在朝我们渐行渐远的背影挥手。一路上，握着那个温热的鸡蛋，一股暖流在我的全身游走。瞬间，我想起了史铁生在《我与地坛》里写到的母亲形象。那个同样平凡而伟大的母亲，在无数个上午或下午，清晨或黄昏，跑到偌大的地坛公园里，去偷看她那同样瘫痪在轮椅上的儿子的情景：

　　　　曾有过好多回，我在这园子里待得太久了，母亲就来找我。她来找我又不想让我发觉，只要见我还好好地在这园子里，她就悄悄转身回去，我看见过几次她的背影。我也看见过几回她四处张望的情景，她视力不好，端着眼镜像在寻找海上的一条船，她没看见我时我已经看见她了，待我看见她也看见我了我就不去看她，过一会儿我再抬头看她就又看见她缓缓离去的背影。

　　这其中的辛劳和酸楚，爱与揪心，真正是痛彻肺腑。史铁生说：有过我的车辙的地方也都有过母亲的脚印。

　　其实，凡是有儿女的地方，就一定有母亲的挂怀和守望。

四

　　命运对人的作弄，类似猫对老鼠的戏耍。直到那只老鼠在猫的利爪下被玩弄得精疲力竭，奄奄待毙，猫才得意地露出轻蔑一笑，转身蹲在墙根晒太阳去了。即便如此，猫的目光却仍旧没有离开过那只老鼠。小海或许就是那只被晒太阳的猫盯住的"鼠"，经过命运反复的摧折，他几乎丧失了挣扎的力气。

雪君和我都很担心小海的生活，自他母亲去世后，小海便只能暂时跟着大哥大嫂过。小海的大哥也患有肝病，拖着两个尚未成年的孩娃。见小海每天像一根藤条样缠着自己无法外出打工挣钱，大哥大嫂天天吵嘴，甚至大打出手，搞得一家人鸡犬不宁。小海每次看见哥哥嫂嫂吵架，内心五脏俱焚，万箭穿心，死的念头宛如夏夜的闪电，一次又一次在他大脑屏上闪现。雪君说，小海的大哥有回当着她的面咒骂小海："一个废人，你活着有卵用，害得我也跟着你受罪，我早晚会被你搞得妻离子散的，你去死吧，去死啊……"小海听大哥如此责骂，脸被气得乌紫，泪花在眼眶里打转，却掉不下来。后来，雪君忍无可忍，跟他大哥吵了一架，他大哥负气而走，举家跑去广东了。

目睹孤苦伶仃的小海，雪君只好把他送去镇上的养老院，每个月的护理费均由雪君支付。雪君每个月都要去看望小海，每次去，都要给他买很多的东西。小海一见到雪君，心里就很愧疚。她每次都劝雪君不要再为他浪费精力，说人各有命，他不想成为别人的累赘。小海越这么说，雪君越是不放弃。

其实，雪君有时跟我谈及小海，也会发出另一番慨叹。她说："偶尔想想，觉得人活着一点意思都没有，像小海，整天瘫痪在床，不说爱情，连亲情最终都无法得到，你说有什么意思？试想，一个正值盛年的小伙子，指不定哪天就离开了人世，却最终连女人是啥滋味都不知道，你说这有意思吗？"

我跟雪君说："小海长期由你照顾，毕竟不是长久之计，得想个妥善的办法。"雪君说："能有啥办法啊，他大哥又甩手不管，我不能眼睁睁看着他被逼上绝路吧。"那段时间，我们利用各种关系，通过各种渠道替小海寻求生活保障。我还多次去镇政府，乃至区民政局反映小海的具体情况，希望能得到政府的帮扶，解决他的后顾之忧。镇上和区里均对小海的遭遇深表同情，但同情之后的答复都是小海目前尚有亲属，不符合全部由国家来赡养的相关政策。

无奈之下，我请一个记者朋友帮忙，在他供职的日报上为小海写了一篇报道，这招果然凑效。报道发出后，引起了区里领导的重视，并责成镇政府妥善安置小海的生活。最终，镇政府想了一个万全之策。他们决定赞助小海大哥三万元建房补贴，但前提是他必须赡养小海。

小海大哥听到这一消息后，火速从广东赶了回来。这些年，小海大哥一直都在试图靠打工挣钱回乡修房。但他们两口子的月收入，除了支付房租、水电费，和两个孩子的花销外，几乎没有结余，有时还入不敷出。这一现状让小海大哥的建房梦想几成泡影。故当得知镇政府的决定后，小海大哥无疑是兴奋的。拿到钱的当天，小海就被大哥从养老院接了回去。那天，我和雪君也一同去养老院接小海回家。冬日少有的阳光从天空洒下来，照在路两边挂着稀疏叶子的树上，像是披了一件淡黄的薄纱。小海的大哥背着小海，健步如飞地走在回家的路上，脸上的笑容也如阳光一般耀眼。我和雪君跟在他们身后，默默地走着。只听小海大哥不停在说："老弟，你放心，哥哥就是再穷再苦，也不会丢下你不管。"小海爬在大哥背上，对哥哥说的话没做任何回应。他的脸一直愁苦着，仿佛他正在去的不是家，而是另外一个什么地方。

小海被大哥接回家后，因为工作原因，有好几个月，我都没去看过他，也不知道他过得怎样。

2013年10月的一天，我突然想起去看看小海，便买了两套保暖内衣给他送去。我刚进门，便看见小海蓬头垢面地躺在床上。他一见是我，迅速用手捋了捋头发，并强打起精神的样子。小海的话明显少了，我问他问题，他也总是支支吾吾。我在屋里坐了很久，都不见他哥嫂的身影。只见小海的床头柜上放着一碗冷饭。我说："你就吃这个？"他答道："嫂子农活儿重，我泡点开水就吃了，不碍事。"我没有再说什么。直到午时已过，我准备起身离开时，才看见小海的嫂子牵着两个孩子从外面回来。她一见我就满脸堆笑，说："吴老师，你真是我们家小海的恩人哪！你坐，我马上去煮饭。"我说不用，我吃了饭来的。继而我问她："小海他哥还没收工？"她遮遮掩掩地答道："快回来了，快回来了，我是提前回来煮饭，担心饿着小海。"事后我才知道，小海他哥自从把小海接回家不到一个月，就独自跑去广东了。而小海嫂子那天也并没上坡干活，而是在邻居家打麻将。

令我更没想到的是，那次居然是我最后一次见到小海。

就在这个冬天快要结束的时候，小海走完了他生命最后的路程。雪君说，小海是从床上摔下来，头部撞在床前一块生锈的毛铁上死去的。雪君流着泪跟我讲述时，嘴里不断在说："死了好，死了好，少遭罪，少遭罪啊……"

雪君还跟我讲述了另外一件事，她说，小海生前曾跟她表达过看透人情冷暖的话，说有些人活着其实比他还可怜。我问他为何说这样的话。雪君说可能跟那些隔三差五送他电脑和轮椅的人有关吧。我说什么送电脑和轮椅？雪君说，自从我那记者朋友跟踪报道了两期小海的通讯后，镇上的领导有的给小海送去轮椅，有的送去吃的和穿的。后来，听说区里的领导看到镇领导给小海送温暖的照片出现在日报上，又有区里的领导给小海送去一台电脑，还叫上电视台的记者进行报道。再后来，小海只要听说有领导要去慰问他，他就紧张得睡不着觉。小海说，他不想把自己的伤痛变成别人的一种荣耀。

安葬完小海那天，我和雪君去整理小海的遗物，在小海睡的床后面，我发现放着三个崭新的轮椅和一个连包装都还没拆的电脑。雪君说："这些东西小海一次都没用过，他根本用不上。"

我在小海睡过的枕头底下，还发现一个硬抄本，上面全是他写的日记，内容多是他这些年来心中的苦楚和灵魂的煎熬。在日记的最后几页，我看到这样一句话：

> 明日区领导要来探望，我尚未做好心理准备，心里慌张得很。

这句话让我有种欲哭无泪的感觉。同样是史铁生，在他的《病隙碎笔》里，还说过这样的话：

> 残疾，并非残疾人所独有。残疾即残缺、限制、阻碍。名为人者，已经是一种限制。肉身生来就是心灵的阻碍，否则理想何由产生？残疾，并不仅仅限于肢体或器官，更由于心灵的压迫和损伤……

也许，上帝正是要以残疾人来强调人的残疾，强调人的迷
途和危境，强调爱的必须和神圣。

读着史铁生这段话，再想想小海曾经躺在床上的模样，我的脑海里，
突然跳出台湾诗人哑弦的一句诗来：有那么一个人，他真的瘦得跟耶稣
一样。

而我，则无疑是把小海推向绝境的最大罪人。如今，面对已故的小
海，我唯有顶礼合十，并写下这一切，来虔诚地表达对他的哀悼和纪念，
以及我那深深的内疚和忏悔！

原载《作家》2014 年第 8 期

协和医院幸遇黄牛记事

毕星星

我得了过敏性鼻炎。一说鼻炎，听的人都不当回事。是的，此等疥癣之疾，哪能比得了癌症心肌梗死。我很惭愧，没有得下振聋发聩吓人一跳的大病。只能在心里叹息，铁心肠的人们多么不了解鼻炎的病苦。一旦发病，暴嚏如雷，流清水样鼻涕。那就是水渍，不擦，滴滴答答就滴下来，流下来。一有刺激就犯一回，你防不住。一旦开始，眼泪鼻涕不停地滴流，面巾纸一天擦一包。难受就不说了，偶有聚会，你不停地流涕，那是什么形象。好歹我也是个国家干部，如此不堪，在群众中会产生什么影响。

在山西看过多少遍了。山大二院也是个不错的医院，耳鼻喉科的门槛不知进出多少次，医生由此结交得烂熟。来了啊？给两瓶喷剂，回去圪哧圪哧朝鼻孔里喷几下。这个不灵了，换另一种喷剂。几年下来，连我也会看这病了。就是那几样喷剂，轮换着来，一圈换过去，从头再来。慢慢的，什么喷剂都不灵了。

我再去二院，诉苦。那个熟悉的大夫说，这病，山西没办法，全国都没办法，美国也没办法。要不，你到北京试试？

我一听美国都没办法，分明是这位大夫认为美国最拔尖，美国没治我们肯定没治。这当然激起我爱国主义的豪情万丈。我动了念头，到北京，找最好的医院——找协和医院。

知道协和医院难进，就开家庭会，一家人商量办法。

孩子说，北京的大医院名医，有一种挂号办法，网上挂号，电话排队。可以提前三个月预约。国家考虑得真周到。北京是全国的北京，北京的好医院好医生理应给全国人民看病。要是光让北京人挂号，北京岂不太过特殊化。提前三个月，不怕。过敏性鼻炎，三个月好不了，也绝不至于死人。我等三个月怕什么。挂了号，我该干啥干啥，三个月后，进京，看病，进协和，病愈，眼睛鼻子更加俏丽通畅。事情原来这样简单。不由得我美不滋儿，习惯地展望了一下美好的明天。

一家人围在电脑前，查出协和的挂号流程，电话号码。一查，三个月内已经挂满。那就挂三个月后的第一天。扳着指头算出今天几月几号，三个月以后几月几号。还有那 30 天 31 天 28 天 29 天几种可能都想到。第二天 8 点，及时打开电脑，准备第一时间拨打进去，协和呀协和，我看你往哪里逃？

看表，8 点到。像听到发令枪，我们以极快的速度打完那一套字符，红色电波穿越进了协和医院。也就不超过 30 秒时间，那页面显示，专家号已经挂完。

这么快？我们决定第二天再试。总不至于天天这样吧。

整个一天全家心事重重，干啥都没有心思。虽然谁也不说什么，一旦对视，都明白，明天一早，协和！协和！

第二天再试，几个人屏住气，行云流水哗啦啦输入那一串熟悉的字符，闪电霹雳一般确定回车，电脑依然是显示：专家号挂完。

一连几天，事实终于教育了这几个倔强的病人和家属——网上挂号，你是挂不上的。

几个回合的挫折给我们上课，我们终于聪明一些了。中国人民当然包括中国病人都是坚强机智勤劳勇敢的人民，这些坚强机智勤劳勇敢的病人，每到 3 个月以后的那个第一天，都在盯着那个关于协和医院挂号的屏幕，千山万水呀，千家万户呀，千台万台呀，千人万人呀，都在 8 点钟准时到点敲那一行字符。这是遍布全国的抢号大战。协和医院那几个号，如同杯水车薪，如同大海撒饵喂鱼。千人万人抢那几个号，电脑一启动，那就是秒杀。如果有谁把希望寄托在秒杀上，那也太不靠谱了。这世上不光是你才坚强机智，你才勤劳勇敢呀。

我们没有屈服，我们一咬牙一跺脚，进北京！

我在北京大小有个住处。下决心，住一个月，和这个协和较较劲，看是你难进，还是我顽强。

大冬天的，去？商量了一下，还是去。"心忧炭贱愿天寒"，越冷越好，冻得他们都不愿出来，我们不就大摇大摆挂上了号？

头天先去协和踩点，熟悉场子。不愧协和，气派和我们山西就不一样。治疗过敏性鼻炎的这个科，人家不叫耳鼻喉科，人家叫变态反应科。这名字一听就提神。耳鼻喉科，太平庸了。变态反应科，实事求是又标新立异。对外界刺激过于敏感，可不就是变态反应。听说目下，除了协和，还有305医院叫变态反应科。其他医院正在跟风，都要改。看人家协和，就是走在前嘛。

我找的这个看过敏性鼻炎的专家，姓夏，女的，科室主任，网上介绍专长就是对付过敏性鼻炎的。经常参加国际学术交流，名字在全世界闪耀。顶尖的医院，顶尖的科室，顶尖的专家。我要找的，简直就是世界一流。

知道求她一号肯定难于上青天。按照常规到窗口排队，哪里行？我们住在五环外，早上起来乘车赶去，剩饭都没了。我们的目标是抢到窗口排个前几名，我们的目的一定要达到，我们的目的一定能够达到。我们全家头一天就进了城，就在协和医院附近找了个宾馆，住了下来。

大冬天，凌晨三点，我们瑟瑟缩缩起了床，赶到排队大厅门口。那里已经排了十几个人。

排队的头一名，穿军大衣，浑身围得密密实实，靠着一把躺椅，打盹儿。身边的说，这人半夜就来排队了。看我们有些紧张，他说，他这个位置可以转让，50元。

回头看一看我们的长队，觉得我们的位置实在没有把握。50元算什么，只要能挂上专家号。我们毫不犹豫，掏出50元，换到第一名。

那人扛起躺椅，拍打拍打大衣上的土灰，摇晃着走了。这时身边有人说，像这号人，都是专业排队的，每天上个夜班，穿暖和，裹实了，排在门口。看病的队排长了，他把好位子卖出去，也就挣个辛苦钱。

管他呢。我排了第一名。

女儿在外边转，看看还有没有别的机会。不一会儿，她回来了，说有号贩子在附近转悠，有夏主任的号，800元。

黄牛说，可以先不交钱。确实挂了号，看了病，再交。

黄牛是个小青年。小黄牛也是黄牛，一副黄牛的标准表情。痞子气夹杂几分狡黠。看得出常年在这个领域打拼，在协和这个领域他有足够的自信和底气。

盗亦有道。这个小黄牛挺讲道理。他说，他的办法，是在维持队伍的保安那里走通了关节。这里每天晚上，每个窗口都排长队。为了减轻患者负担，协和医院想了个办法，提前排队的，由保安头一天登记患者，按迟早顺序记上姓名，身份证号码。一大清早，保安就出动维持秩序，按照次序叫号。这就给保安留下了活动空间。每个保安，每天都可以空出几个名额，出让给那些排在后边的，偷偷收费。外边的黄牛和保安串通好了，悄悄塞进几个人，不显山不露水，高价号卖出去了。

我们当即在小黄牛这里登记了姓名和身份证号，哪一科。反正，看完病交款，不怕上当。

排队加黄牛，双保险。

天色渐渐灰白起来，回头看，我身后的队排得老长了，在协和院子里拐了好几个大弯。回头看长龙，我有些庆幸。这个时候，长龙在我眼里就成了景观。神龙见首不见尾啊，这一列长队里，我是最有希望挂上专家号的，我骄傲。

7点多，挂号大厅灯火齐明。协和揉着惺忪睡眼，准备迎客了。隔着窗玻璃，我突然发现，里面已经排满了人，他们原来席地而卧，这会儿好似站起一地青纱帐，各个窗口立马排起我们最担心的队。很奇怪，我们这里锁了大门，里面怎么还埋伏着千军万马？身边的人说，那是彻夜排队的人们。他们昨天一个晚上就在挂号大厅里排队，当然，他们排在我们前头。你是半夜来，人家是整夜等，人家在你前头，没说的。

我这才叫一头凉水浇下来。原来我这第一名，只不过是大厅门外的第一。大厅里面还有一个优先群体。这好比足球的甲级队乙级队，我闹了半天，只不过乙级队第一。前面还有一大拨子优先股，要抢在我这第一名之前发行。略一扫描，看看各窗口的长队，立刻可以判断出，我这个门外第一毫无意义。多掏50元，也就是买一个虚幻的高中魁首，暗暗地高兴三个钟头。如果这会儿我还相信厅外排队，那是我有了毛病。

此时天光已经大亮，协和内外，熙熙攘攘起来。四面八方的病人迅速聚拢来，看来多数国民和我一样，对于协和的排队困难艰巨性估计不足。匆忙走动的人们，麻木的呆立的人们，一旁是号贩子耐心的叫卖声，"专家号，专家号来——"有人上来搭讪，几句来往，有诚意成交的，立刻就躲到一旁咕咕哝哝去了。一边是躁动不安的长队，一边是鬼鬼祟祟的小型谈判，这个协和就医广场有多少号贩子，我看谁也说不准。

小黄牛找到我们，看到我们一脸沮丧，他当然有些得意，那是一种掌握了独门秘籍的得意。我们迅速决定乾坤大挪位，战略大转移。听他的话，跟他走，照他说的办。他带着我们，到了另一个挂号处，他说这里是专家门诊。同样是吵吵嚷嚷，门里门外等待排队。小黄牛嘱咐我们不得离开，等候保安点名。

人群还在乱糟糟吵嚷不安。几个保安开始维持秩序。他们拿出预先登记好的名单，按次序叫号排队。看到有人维持秩序，挂号的人群很是欣喜。人民群众多么希望稳定，希望秩序，希望有人出面维护排队大局。保安点名，对身份证，监督排队。听到点名，我急忙挤过去，这一个窗口，我排在第五名。小黄牛很负责，不骗人，我们哪里排过队，我们哪里提前登记过？我们知道，这都是可爱的小黄牛暗里给我们通了气。他和这里的保安，果然是暗通款曲，安排照顾几个加塞儿排队的，能做到。

我们挤进队伍前列。我们守住第五名。我们开始斥责那些企图插队的人，给他们讲解按号排队是一种高尚品质。我们理解了，一旦挤进了既得利益群体，我们当然就会一本正经地拥护稳定，自觉珍惜来之不易的安定团结局面。

8点整，小窗口打开，伟大的协和医院正式开始放号。电脑显示屏显示，夏主任今天挂 4 个号。

看来我还是没有多大希望。

身旁有人说了，靠排队哪能挂上号啊？这协和有三个挂号点，门诊挂号，专家门诊号，协和国际医院门诊号。就算是每个点都排 5 列队，3 个点 15 列。4 个号，每列的第一位也未必能挂上。

果然，夏主任那 4 个号，在显示屏那么流萤一闪，立刻就成了"无号"。我明白了，你即便跑到协和医院窗口，夏主任近在眼前，这里，也是秒杀。

夏主任啊夏主任，我们热爱您，我们想念您。真的好想您！千万里，我追寻着你，可是你却很不在意——

时间当然丝毫不允许我继续抒情。排到我了。

挂号的是个标准的"郎心铁"，我恭恭敬敬递上挂号本，她用眼睛余光扫视了一眼，告诉我，夏主任没号了。要看过敏性鼻炎，还有个副高，"副高挂不挂？"我看看她的脸色，我不敢犹豫。她坚硬的表情告诉我，我略一沉吟，她会推开我接着高叫："下一个——"我这队就算白排了。

既然千里之外赶到了协和，不能白来一趟。我没有听信叶挺将军的《囚歌》，我奋然低下高贵的头，恶狠狠地挂了那个副高。

我知道医院的医生等级。副高之上还有正高，正高兼博导硕导更好，再就是"学头"——学科带头人，又高一个台阶。那是个包工头，能要回科研经费大把花，当然了得。最高的当然是"锅贴"——国务院特殊津贴的专家。享受一种补贴，这个补贴还能带来更多补贴，这才是天下最好的补贴。

我们找到副高，协和的副高面前也是人满为患。我不知道为什么窗口放不了几个号，医生面前的诊疗本却是摆了一长溜。每一个都夹着一个小纸片，每一个都有当天的挂号。我不知道人家的号怎么挂的。等待期间，又不时有医生护士插进一个医疗本子来。他们相视一笑，明白了那是介绍的熟人。我也恨不得搜索枯肠，抖落出一个哪怕拐上七七四十九个弯能攀扯上的关系，当然这是徒劳。

和副高也没有多说几句话。等待的病人太多，他不容我多说。当然，更重要的原因是他对我的病了如指掌，未卜先知。我自诉未完，他已经在本子上开药。天南地北的患者他见得多了，他完全有能力写好预案提前应对。

他告诉我，这次给我开了两种喷剂，你以前不是一次喷一种吗？这次喷一种，接着再喷一种。这个好像有点道理，加大力度，单兵突进变成两路夹攻，或许好些。

他接着语重心长地告我一个单方：用冷水捂住鼻子，半个小时，再换热水热敷，半个小时。每日数次，坚持半年，肯定有效。如果不行，再坚持半年。几个轮回下来，肯定就好。"你回去试试啊。"他亲切地说。

这个冷热交换浸泡的办法我觉得有道理。过敏无非是反应过度，冷热交换刺激，锻炼鼻黏膜的耐受力，在不断的差别刺激中间使得感觉钝化，从而祛除过敏。但这个功夫太大了，每次一个小时，一日数次，坚持半年。半年啥也不干就对付这个鼻子，要是无效呢？还需要下一个半年。几个半年下来，谁能折腾得起，谁敢于冒险投入这样大的时间和精力？面对协和提出的宏伟规划，我只在心里摇头。折腾几天就这个结果？

我的协和求救，至此结束。

一家人还在失望茫然。小黄牛却没有忘了我们，他来收费来了。

我们说，没有挂到夏主任的号，你失信了，不能付款。

小黄牛说，那你也挂到副高了啊，那也是专家。

确实是，如果不是他，我们连副高也挂不上。

我们就在医院的走廊讨价还价，声音逐渐加大。原以为他会心虚，争辩起来，他一点顾忌也没有。看来在这里，这不是什么秘密。

夏主任挂号800，副高拦腰砍，400，再降100，我们300元成交。

他收费，一眨眼就消失了。他当然还要分给保安一些，他们是合作人嘛。这样的生意每天总有几宗，一头黄牛每天得个几百块小意思。

一轮下来，走过神秘的协和，我终于彻底明白了协和目前的挂号治疗内情。

到协和找名医看病，流程如下：

第一步，网上预约，电话预约，只能寄希望于秒杀。

亲赴协和挂号，协和门诊、协和国际、协和专家三个挂号点，15个窗口，一流的专家窗口也不过发放几个号，一开窗当即放完，也是秒杀。

彻夜排队，带铺盖席地而卧，还有一星半点指望。半夜排队，大厅外等候，白辛苦。

一句话，挂协和的号，完全靠撞大运。

当下中国有句俗话，什么都知道了，你就绝望了。一点不假。

希望，只在于黄牛。高价买黄牛。

啊黄牛啊黄牛，可爱的黄牛。我虽然出了血上了贡，毕竟我见到了协和真佛。不见真佛不烧香，你是我们的带路人。我要赞美黄牛，歌唱黄牛。有人说你这是投机是剥削，那你投我一机吧，你剥我一削吧。否则我哪里能找到协和的"学头""锅贴"，自豪地坐在协和的病室，听任国宝级别的名医轻轻地抚摸我的病灶。那一刻，我骄傲极了，我惬意极了。我要放声歌唱，我要引吭高歌。虽然要少许破费，可是相对于朝拜名医，相对于名家诊断，又算什么。你要体会一番中国最大的医疗码头，没有一点代价还行？

我也知道政府在打击黄牛。我这是不是有点不知感恩，自甘堕落？想一想，我还是撇开高尚，治病要紧。千军万马，治病大军盯着那几个专家号，只要医术高明的医生稀缺，市场总会自发调节，让他的挂号涨价。也总会有黄牛从中斡旋，拿到专家号倒卖。唯一的办法是培养更多的协和医生，建立更多的协和医院，这才是缓解挂号难的根本办法。可是眼下，我这不是说梦话，规划乌托邦嘛。

至于黄牛的专家号怎样走私出来，高价收入怎样分配，哪里是我能知道的。

协和医院的院子里，永远聚集着两个群体——熙熙攘攘的看病大军，三五成群的黄牛党。"要号吗？要号吗？专家号，专家号——"这叫卖声还得持续下去。

媒体不断报道打击高价专家号的消息。

朋友们也说，打击黄牛倒贩挂号，已经取得重大成果。

问我北京怎么样。

我说嘿嘿嘿。

原载《散文》2014 年第 10 期

2014
民生
散文选

岁时记

陆 梅

2012 年 1 月 1 日　元旦 / 腊八

信仰。

卓越网上订的书，元旦第一天上午到，效率极高。
书单：《资中筠自选集》5 卷，广西师大 2011 年版。

《玛格丽特·尤瑟纳尔——创作人生》，花城出版社 2004 年版。

给圣恩复习语文、英语。三天后考试。是她作为小学生的第一次期终考。我急，她不急，仍悠哉找乐，嘻哈串门。

看蒋勋《新编传说》。勒口一句话："美之于自己，就像是一种信仰一样，而我用布道的心情传播对美的感动。"

晚间喝茶。抄录《地藏菩萨本愿经》。

"慈因积善。誓救众生。手中金锡。振开地狱之门。掌上明珠。光摄大千世界。智慧音里。吉祥云中。为阎浮提苦众生。作大证明功德主。大悲大愿。大圣大慈……"

《本愿经》文字静美。恰应和了蒋勋对美的理解。美就是信仰。而我们用布道的心情传播对美的感动。

2012 年 1 月 6 日　小寒

清朗。

今日小寒。又是农历十二月十三日。此前一日，农历十二月十二日，又叫百福日。《墨子·鲁问》："今以一豚（猪）祭，而求百福于鬼神。""活法儿"微博有人发帖：立百福之基，只在一念慈祥；开万善之门，无如寸心挹损（淡泊谦让）。

再说小寒。俗语云："小寒大寒，冷成一团。"即为三九隆冬之时。此时"寒性凝滞，寒性收引"，正是关节痛、颈椎病、脾胃病易发之时，要保暖，少进补。《粥记》："每日起，食粥一大碗，空腹胃虚，谷气便作，所补不细，又极柔腻，与肠胃相得，最为饮食之妙诀。"

医院探病回，开电脑，抄录一段来自一个外科新兵的日记："我们都要好好活着。温良恭俭。正直善良。无悔于心。怀有理想。我们都要好好活着。每一天，都要好好地吃早饭。不要大鱼大肉，不要餐餐饱食。吃本地的，应季的食物。知其寒热温凉。频繁小口的喝温水。多饮茶……我们都要好好活着。"

今日小寒，告诉自己：要保暖，少进补。内心清朗。朴素生活。新年伊始，开个好头。《周易·系辞》曰："君子敬以直内，义以方外。"敬乃立身之道，义为处事之道。说的是内心正直、做事有原则。一个有主见的人，气质是清朗的，就像冬季雪晴后的空气。

2012 年 1 月 15 日　阴有雨

农具。

周末。窝在家里翻书。今年 1 月号《作家》封面不再是作家的大头照，改以水彩插画，清新可喜。

作家照改在封二，这一次是阎连科。"作家地理"有他新作《711 号园——北京最后的纪念》。从篇幅看，应是长篇散文，一本书的量。开篇"引子"大气凝神。这个"711 号园"就是去年夏天媒体沸沸扬扬的北京花乡公园强拆对象。阎连科在这里租了房，和这里有了一段城市里的诗栖记忆，直至这个千亩绿地的消失。

第一章农具。阎连科总结农具最后的三个去处不一样的命运：一是被扔在田头化为黄土；二是被提回家，再无用处后再次走入炼铁炉；三是被偶然发现送到博物馆里。三种去处，表面看第三种是最好的命运，阎连科却给出了不同说法："……这貌似通向神灵的座位，其实是一条最为悲哀的路途与去处。因为在那儿，它们将再也不是自己，再也没有安宁，再也没有新生的可能。""博物馆是农具的囚室。"

在南方，农具的去处有点尴尬。城市化进程湮没了田间地头。"田间地头"已然成为一个意象，一种想象。昔日麦苗田地，如今拔地而起幢幢高楼。杂芜、密集、沉闷。那些农具如何消失？又消失在哪里？都不甚了了。真有遗落在地，也少人在意。

有一次，我在江南古镇见到一家有卖锄头镰刀的农具店。店里清冷，一整排簇新的铁器出奇地打着盹。木柄透白，铁器黑沉。镰刀、锄头、耙犁、洋铁皮簸箕……连同这家崭新小店，它的存在，本身就是奇迹。在这个小镇，农具的消耗微乎其微。它更似一间农具展示厅——博物馆的民间体。

阎连科如此叹息："农具一词已古老得有了唐诗宋词的味道。城市人以分不出韭菜与小麦的差别而认为是一种体面的荣誉。"

2012 年 1 月 16 日　小年
问答。

今日小年。抄录"活法儿"一则微博：

"二十三，糖瓜粘。"今天是小年儿，家家户户打扫厨房，以糖瓜献灶王，让他"上天言好事，下地保平安"。传说灶君爷上天专门告人间罪恶，"司命随其轻重，夺其纪算"，大罪减寿三百天，小罪减寿一百天。不信则无。但势必一年一度的大扫除即将开始，而炉灶象征着财库和全家人的健康，必锃光瓦亮。

想起《论语》里的一问一答：

王孙贾问曰：与其媚于奥，宁媚于灶，何谓也？

子曰：不然。获罪于天，无所祷也。

这一问一答很有意思。王孙贾话里有话。孔子的回答圆融中庸。可以这么理解，也可以那么理解。看你要哪一个答案。

2012 年 1 月 19 日　农历二十六

买花。

年味日浓。今天是年前的最后一次报社编前会。到得早，李工照例已经到，正举着平日抄录的纸片念念有词。俯身探看，都是古人的好词好句，从尺牍上抄来。也拾得一句，马上记下："清洁芳风，良可玩味。"

下午去凯旋路附近的花市买花。捧回三束桔梗、三枝腊梅。桔梗浅绿蓝紫。腊梅枝长花茂。真真清洁芳风，雅静可喜。日本很多作家写过桔梗花，脑海里翻出安房直子、樋口一叶，好像还有石黑一雄。曾在新出散文书《女孩四季》里，给自己挑了一种花：桔梗蓝的雏菊。买花时，还真有雏菊，惜乎颜色不对，温吞的粉和土黄，看着叫人黯淡。桔梗插在玻璃花瓶里。腊梅置于书房墙角。清香满室。

2012 年 1 月 20 日　农历二十七

清供。

睡了个懒觉。起来看桌上花瓶里的桔梗花，绰绰风雅。花和一只金黄南瓜并排，与一堆书相伴，脑海里想起汪曾祺的一本书：《岁朝清供》。

怕记忆有误，查了下网。曾看过日本推理小说家连城三纪彦的《一朵桔梗花》（短篇小说集，新星出版社 2010 年版引进）。此书获过日本直木奖和推理作协奖。东野圭吾的推荐语：我作品中每一位女主人公的塑造都借鉴了《一朵桔梗花》，因为这是唯一一部让我感到酸涩的小说。

连城三纪彦，本名加藤甚吾，1948 年生于爱知县名古屋市。

"女人如花，花落留香。"在连城三纪彦笔下，花就是女子，女子就是花。桔梗花是恬美、柔弱、清幽的指代。但是，在日本文学里，凡是美的东西常常也有魅惑人的神力，你无端地被魇住，直至以命相抵。

以花的凋谢喻生命之陨落。《一朵桔梗花》里的女子生活于社会底层，被大时代所弃，逃不脱花一样的流转凋零。唯美典丽的文字背后，是人性之复杂纠结。豆瓣上有人留言："如果他是一位画家，那么他必定喜画枯萎的花，并让萎谢的花朵，看来比盛放的花更美……"日本人擅于描摹恶之花。

写童话的安房直子更是将桔梗写成了经典——"用桔梗花染蓝你的

手指吧！"《狐狸的窗户》里，小狐狸这样说。于是大家口耳相传，不约而同被这个故事所感染。脑海里翻出一片美丽的蓝色桔梗花田，天地一片蓝。读故事的你伫立在这一片花海中。理所当然的，一只可爱的小白狐悄然而至，托着一盘桔梗花汁冲你道："染染你的手指，用来做成小窗……"这扇小窗，就像卖火柴的小女孩手中的三根火柴，点燃的那一刻，可以看到你渴望见到的景象。

安房直子笔下的桔梗花，纯美。魅幻。哀婉。淡淡的哀伤。

2012 年 1 月 22 日　除夕
文字里的香。

今天是大年夜，大寒后的第一天。天空飞飞扬扬飘起了雪花，细细密密的雪粒子倾空而下。终于在南方的上海见到雪，圣恩很兴奋。

上午去了趟久光百货。笑笑短信来："梅子，下雪了！"

久光地下一层超市，收银处排起长队。同样排长队的是路面的私家车。人们行色匆匆，手提大袋货品，只为购物而归。归心似箭。

午后雪停。日阳下了无痕迹。云很快又收了去，一下午的阴。

与父亲打电话，定下年初二回家。年初一母亲要去庙里敬香。

继续翻看新一期《作家》。阎连科的《711 号园》。

年年岁岁年相似，总把旧桃换新符。

隔壁书房的三枝腊梅少了幽香飘拂，空气也显微浊了。

汪曾祺的《岁朝清供》读过又读，仍满口噙香。原来，最幽香不绝的，是文字里的香。

比如《夏天》的开头："夏天的早晨真舒服。空气很凉爽，草上还挂着露水（蜘蛛网上也挂着露水），写大字一张，读古文一篇。夏天的早晨真舒服。"

就这么几句，神清气爽，勾起我无限神往！仿佛走进童年夏天的乡村早晨，屋檐下，草叶间，那闪着莹光的露水，一不小心，濡湿了你的发和眼。空气清新。

2012 年 1 月 23 日　大年初一

日常。

窝在家里。喝茶。翻书。看《汉武大帝》。日常里的一天。黄昏时刻，下楼透气，自觉意志消沉，书写的心情散淡。

逛氧气生活。店员小姐送了本 2010 年 1 月号《氧气生活》。这一期主题：日常一天。

这个日常一天，也是壬辰龙年的第一天。晚上借此主题，回想我的一天：晚起。一碗芝麻汤圆作中餐。接着给桔梗花换水。悉心整枝，去黄叶。修饰过的桔梗花疏密有致，亭亭玉立。手机拍下《岁朝清供》一角。绿的叶，黄的瓜，浅白蓝紫的花，大摞的书静立在后。存作手机壁纸，是为纪念。

翻《岁朝清供》。汪曾祺的文字是竹林里的一阵清风，是雨后停在草尖上的露水，是闲步莲花池一径走，是突降大雨，跑至小酒馆，与好友"两杯市酒，一碟猪头肉"的久坐。汪曾祺的日常一天。数十年后，他写了这日常一天的一首诗寄给与他对饮的友人。诗曰：

莲花池外少行人，野店苔痕一寸深。

浊酒一杯天过午，木香花湿雨沉沉。

买了两块棉布。大的桌布，小的靠枕套。皆白底印花，花瓣黑线勾勒，绿叶深浅不一。产自印度的 workinghouse。大朵大朵的线条勾勒，清朗素颜。

《氧气生活》里的一个问题：如何理解"日常"这一个词？日，常。

有曰：日常，平时生活。

或曰：日常，即每日无常。

又曰：日常，就是平凡的一天。

想起顾随先生一句话："以悲观之心情，过乐观之生活；以无生之觉悟，为有生之事业。"所谓日常，既是日日之有常，亦是每日之无常。

原载《天涯》2014 年第 4 期

泾河滩

第广龙

1

泾河是一条大河。我出生长大的平凉是小的，局促的，只有一条街道，不过，人口不多不少，也觉得合适，还有松散的感觉。泾河流过，在城北边，在低处，似乎要把小城扛在肩上带走，带到宽阔的地界上去，却只留下了冬天的清澈，夏天的泥沙。泾河给了一个少年走向远方的幻想，河水到哪里去，我能跟着去吗？世界那么大，多少人都出走了，对于我来说，只有离开家乡，只有在多年以后，才能反过身，看清楚疼痛的根源。我不是一个彻底的背叛者，当我身处异地，往回走，是我强烈的冲动，就像一些鱼类的洄游一样。父母在衰老，我的回来是必须的，我的离开，又多么无奈。回去，在家乡，瘦瘦的炊烟还在升起，我回去，灶火里多添一把火，弥漫开来的，是多么呛人的亲情啊。

火车也是一条河，在铁轨的河道上，长长的身子，有自身的流速，火车头是掀起的浪，扑打着山野的空旷。许多年前，关于平凉要通火车的传言，在民间流动着。这样，就有一条和泾河并行的河了，却是可以双向流动的，可以承载起一个游子分量越来越大的归心。大约在 1996 年前后，一座真实的火车站，终于出现在泾河滩，而我原来熟悉的泾河，却变得陌生了。

我们家是 1976 年搬到八盘磨的。这里离泾河近，晚上灌进房子里的风，都有泾河泥腥的味道。也就是在这里，我的心思增多，心绪杂乱，度过了我的少年期；就是从这里，我离开家乡，用双脚给自己趟着一条并不平坦的路。当火车站出现在泾河滩，我是在西安坐上火车，在夜半经停，才得以亲历什么叫归来，什么叫离开。汽笛声似乎是从我的胸腔发出的。别说分别的寒冷，火车站大厅采用的地热，让我在等待的钟点里，脚板热，身子热。我的父亲在八盘磨离开合上眼睛，我的母亲在八盘磨咽下最后一口气，有多少不甘，有多少期盼，都消散了。停灵的位置，都是在正房的墙下，用的也是同一块门板。父亲先走的，躺床上，脑仁疼得呻唤。我一趟趟回家，坐长途班车。母亲病重的日子，我回家勤，坐的火车，是那种绿皮的老式火车。坐车在下午，到站是夜半。回来，是经停，离开，是过路车。我的生活，就这样过路着，经停着。火车厢的气味，在我的鼻腔里，走动，鼓吹；半睡半醒的影子，在我的眼前，晃动，变形。

有了火车站的泾河滩，我已经不认识了。我曾在一个冬天的早上，折返到火车站，要看看火车站的样子，也看看泾河滩的样子。

从八盘磨的马路往北走，端走，还没有走到泾河滩，就能看见火车站了。经过一座桥，桥对面，就是火车站。泾河在哪里呢？泾河似乎断流了一般，看不到水流，泾河被人造的石板覆盖了。泾河边，靠近河道的一侧，新修了宽展的公路，就叫泾河大道。河滩上，一大片楼群，不但已经建起，而且入住了人家。据说是铁路上的人。

这是让我认不出来的泾河滩，原来的泾河滩，似乎被人们弄丢了，不知道哪里去了。就是找，也找不回来了。

2

我第一次产生出远门的感觉，是在上初中一年级那年。也就在那一年，我真正跨过了泾河，由南岸，到了北岸，而且还继续往远处走，往深处走，到了一个叫马家庄的村子。

现在看，八盘磨到马家庄，实在不算远。可在那时，晚上睡在陌生的地方，每一顿吃饭，端起来的，都不是家里的饭碗，在于我，都是头一次。

这不正是我盼望的吗？从小到大，一直守在家里，天天来回走的，都是固定的线路，我习惯了，也想过改变，可怎么改变呢？我不知道。我确实有往外走的冲动，可当我真的要出去时，既有新鲜感，还有些害怕。

在马家庄背后的北山，有一道沟，顺着一边的山崖，修了土路，攀爬上去，便到了山顶。山顶上，一边地势低，凿挖了一排土窑，另一边是高台，修建了一排平房。这条沟还有许多沟汊，都不宽，有的仅能容纳一个人斜着身子上下。说白了，这是一条连粮食也种不成的沟壑。平凉二中给这条沟起了一个名字：育苗沟。不论好苗瞎苗，我也是其中一棵苗。没有情愿不情愿的说法，移植到育苗沟里，长些日子，适应不了也得适应。

房子和窑洞，似乎都是平凉二中修筑的。还种了许多树。都是原来没有的树种：苹果树，松树。我们初一班的同学，来到育苗沟，就是种树。上坡顶，爬半坡，掏挖树坑，搬运树苗，两个人抬水给树苗浇水。男生住窑洞，女生住平房。我在窑洞里做怪梦，尿床，也在天黑下来时，想象女生睡觉的样子，上厕所的样子。我的性幻想是幼稚的，也是出格的，但确实不具体，只是一个轮廓，只是懵懂的勾描。

我种树的地点在一座山峁上，种松树苗。有一尺多高，在阳光下，在山风中，轻轻摇摆，似乎扎下了根。松树苗能长大吗？当年，我就这么想过。几十年过去了，我再也没有去过育苗沟，我依然在想，松树苗长大了吗？我总觉得，缺水少肥的土山，不是松树苗待的地方。

在育苗沟，我只住了一个礼拜，就下山回家了。我上学那阵子，提倡勤工俭学，要求向工农兵学习，我被带到二十里远的农村捡拾过麦穗；也在校园的木工房里推过刨子，还在教室外的试验田里给小麦传花受粉。正是在这样的形势下，学校在马家庄开辟了育苗沟，我也有了到育苗沟短暂种树的新奇经历。

住在育苗沟的窑洞里，我没有听到泾河的水声。可我知道，过几天，跨过泾河，我就可以回家了。

3

泾河滩是我童年的天堂，最安慰我还没有长大的身体和种种混乱的想法。那时候，泾河滩是空旷的，自然的。八盘磨通往泾河滩的路，还是土路，路边生长着杨树、槐树。有一道沟汊，旁边隆起土坎，上头长着几十棵巨大的柳树。柳树的树冠，有圆形的，也有长条形的。我高中毕业前的一段日子，来这里最多。冬天的泾河滩，我偶尔去，河面结冰，可以在上面走，冰块能吃，咬一口咔嚓咔嚓，咬碎玻璃似的。夏天隔上几天就去一次，不去难受。在泾河游泳，钓鱼，打水仗。泾河里的鱼，我们叫狗胡子鱼，现在回想，应该是一种鲶鱼。往水里丢进去一根绳子，没有鱼饵，隔上一会儿，猛地拽一下绳子，就能带出来一条。都是手指长的，颜色褐黄，有黑点。

泾河滩对我的诱惑大，往泾河滩去的路上，也是我喜欢的。路边会遇上果园。是苹果园，梨园。苹果园结了果子，看着结实，颜色身形在变化，变大了，变红了，变熟了。梨园里的梨子，和叶子的颜色相近，不仔细看，发现不了，一旦发现，满树都是，拥挤在一起。是那种薄皮的梨，弹一下就能出水。经过果园，香气在空气里走，好闻。更多的是菜地，是泾滩二队的菜地。成片种植的西红柿、豆角、黄瓜，这是要搭架子的。包菜，白菜，一个个不乱跑，都在原地，长得一样又不一样。包菜地里蝴蝶多。白菜地到初冬都没有采收。菠菜地也是经历一场又一场霜降后，还把铁青色坚守着。包菜和菠菜似乎不怕冷，似乎冻不坏。菜地有人看护，想偷个西红柿也不敢。到秋天，采摘完了的西红柿地，黄瓜地，堆着一堆堆菜藤菜蔓，可以随便进去，找寻一些被遗忘，或者被遗弃的西红柿、黄瓜，叫拉蔓西红柿，拉蔓黄瓜。都干瘪，小，没有长好，带疤的，有伤的，但吃着有老熟的滋味。尤其是拉蔓黄瓜，虽然个个奇形怪状，数量多了，坛子里腌制了，冬天吃最下饭。

说无忧无虑也不完全。有时在家里挨了打，跑出来，想都不想就往泾河滩方向走。四下无人，在树下坐下，自己再伤心一会儿，觉得好受多了。肚子饿了，才不情愿地回去。没有钱，看电影看不成，吃瓜子吃不上，也来到泾河滩，听麻雀叫，捉虫子，拿石头打水漂，忧愁很快就忘记了。

一年四季，都有人到泾河滩拉沙子，架子车拉。有的是人力拉，有的是毛驴车，毛驴在前面使力，人在驴屁股后面，稳着车辕，也在使力。城北一个买卖蔬菜、鸡鸭、粮食的市场，叫北沙石滩，就与拉沙子的架子车过往有关。在秋天，还有人在泾河里洗羊皮，一堆羊皮，在河水里软胀了皮子，被捶打着，抖落着，散发出浓烈的腥臭味。我看拉沙子的架子车，看洗羊皮的人红彤彤的手，也看得高兴。现在想来，我感到不解的是，一车一车沙子被拉走了，泾河滩还是泾河滩，看不出有什么损伤；羊皮在河水里浸泡，河水也没有发生明显的变化，狗胡子鱼依然在游走。也许，在那些年，即使是索取，也是有限的，即使脏的东西进入了河水，也在河水能接受的程度上。

4

在平凉城里，有七八条路，都通向泾河滩。早先，都是土路，现在都是柏油路，我家乡人简称，直接叫油路。说油路，是说高级的路。这些路，我都走过，有的走一回，再也不走。有的经常走，走熟了。

柳湖公园后门正对的那条路，我过年走，去看我的三姨。三姨家就在泾河滩边上，土房子，土院子，篱笆门。去了，三姨拿出柜子里藏着的彩色玻璃杯，泡白砂糖水给我喝。吃饭时间，还能吃一桌子好吃的。后来，三姨离婚了，再婚又远去了河北。我再也不走这条路了。

还从城西的西新桥走到泾河滩去，不是游玩，是找人。高中毕业，高考落榜，我在家待业，班里一个和我要好的同学，也没考上，找了一份零活，在泾河滩筛沙子。我在一天中午，走了几个钟头，才在泾河滩辨认出一个渺小的人影，走过去，同学在筛子旁站着抽烟，旁边是一堆沙子。正是为前程忧愁的年纪，心里都烦乱，不知道身子朝哪里安顿。同学脸色不好，神情萎靡，这也影响到我的心情。谁也安慰不了谁，我俩不说话，只是一口一口吃烟。把身上的劣质的纸烟抽完了，扔了一地的烟头，就叹气，就大声唱歌，却是很欢乐的歌。我和同学告别，走出去很远，想回头看看同学，忍住了没有看。

小时候，盼着长大。长大了，才觉得长大了是很沉重的。

5

当我离开家乡，到远方谋生后，才渐渐了解到，泾河发源于宁夏，一路流入陕西，到关中平原上，与渭河汇合。也知道因为泾河的发生和流过，而有泾源、泾川、泾阳诸多与泾河相关的地名。在汇入渭河的高陵，竟然还有一个地名，五个字，叫泾渭分明处。

河流流向了能去的地方，在有的地域，强调了自己，在有的地域，消失了自己。一条河流的长度，是自己丈量出来的。河流向前，也给两岸以滋养，浇灌出有水色的文化，习俗。人也是要走动的，有的人只在一个地方走，有的得换地方，换着走。不但换地方，还要换水土。世上的人，就这么迁徙，分布，定居，散开又聚拢。就像河流也会改变河道一样，大地上人的群落，面貌也是难得稳定下来，好不容易稳定了，却又被天灾人祸打散了。

我就是一个要往远处走动的命。可是，再走多远，也得有停下的时光。只是，即使我已经在外省安顿下了我的生活，我也无法断脱和家乡的关系，这是一辈子的关系，这是到死也连着的关系。我是在泾河滩旁长大的，我的家乡在固定的点上，我的亲人在黑旧的房子里，等着我回去，回去看看。这么多年了，年年回去，我有喜悦，有难受。只是我已经换了的水土，恐怕再也换不回来了。

原载《人民日报》2014 年 4 月 23 日

田地的面子

——农谚：穷人莫听富人哄，桐树开花才下种

严 泽

　　我突然萌生了回家种稻的念头。并且，这念头就像浮在水缸里的一个空心葫芦，怎么也摁不下去了。

　　具体地说，这念头是在参观一个朋友的米厂后萌生的。那是前年的一天，这个朋友想让我长见识，邀我参观他的米厂。朋友的米厂在一个低档的工业区里，那也是珠三角生产工业垃圾最多的地方。进车间前，朋友对我说，你看了不要以为我是黑心老板，现在很多行业都这样，你懂的。

　　你放心，我懂的。我对朋友说。

　　那天，我第一次看到了大米的加工流程：那些色泽暗淡的米，从一个巨大的铁罐中源源不断倾泻在传输带上，随着机器的运转，这群来历不明的"黑孩"，仿佛在清水里洗了一个澡，立马成了一个白净的孩子。当一袋袋晶莹剔透，光彩夺目的"优质"米排列在我眼皮下时，我简直瞠目结舌。朋友在一边淡然地告诉我，大米在运传过程中经过了抛光、打蜡、灌袋、贴标签多道工序，由于机器运转快，你根本看不出来。我不得不佩服现代工业机器这个神奇的魔术师，我也

269

终于明白，城里的淘米水为什么会跟自来水一样清——米饭越来越没味道了。

我很感谢朋友的坦诚，我没有说他是黑心老板，我懂的。我知道这就是当下老板们赚钱的法则。参观毕，朋友宴请我，面对桌上那碗白得瘆人的米饭，我食欲全无，没有下箸。我突然生出一种别样的思念，想小时候吃过的那香喷喷的米饭，想那些至今还叫得出名字的农垦五八、鱼刺、玉针香，还有黄花粘。就是在那一刻，我萌生了回家种稻的念头。

但泼冷水的很多。他们说，在千里之外的家乡种稻？太不切实际了吧；再说，你就是种得出放心稻，你又种得出放心水、放心空气？

他们的反对不无道理，在势不可挡的工业化城镇化浪潮中，我一介草民又哪里奈何得了水和空气这些大问题？但我有信心种出不打农药不施化肥的有机稻——在远离工业的洞庭湖边，我还有三亩良田。

中学毕业我就在家务农，六年后洗脚上田去东莞，二十年过去，我从一名流水线上的产业工人混进了白领行列。虽然生疏农事二十年，但我对种好几亩田的确信心满满，犁耙耥耖，捅草除稗，插秧割禾还拿得起手。再说，我有自己的计划，把这三亩田交给表哥管理，我在东莞遥控指挥。

蛇年春节，我回到老家，正月初三给表哥拜年，我跟他说，我的三亩田不给邻居了，今年自己种。

"你自己种？哈哈，你是睡起不骚想爬起来骚吧？（指瞎折腾）"谁知表哥一听我说出计划就大唱反调。

"是真的，我想种点不打药，不打化肥的有机稻。"

"有机稻？哈哈，如至今哪里还种得出有机稻？"表哥大摇其头。

"肯定种得出，我又不巴望高产，收多少是多少。"

我跟表哥说了城里米饭如何难咽，在米厂的所见。表哥也许是对我许诺的那份报酬心动，抽了几口烟后，才慢腾腾地说："看你这样犟，那就试试看，不过，我把话说在先，帮你照管可以，出力的活我可不干。"

"行，到时力气活请人干。"见表哥终于同意了，我松了口气。

表哥的确不能帮我做力气活了，六十好几的人，一个人种九亩田，还要跟表嫂照顾两个孙子（儿子媳妇都在东莞打工），用他的话说，是一天到黑忙得两粒卵子冒合群。

闲谈中，表哥向我大倒苦水，说如今田没法种了，以前一斤谷可以买四五斤小菜，现在一斤都难买了；还有，种子化肥农药翻跟头一样涨，如今一担谷最多卖到140，好在我们这里是平原，搞机械化，种得多还可以落点口粮。

这些情况我都知道，我们垸里年轻人大多都出外打工，田荒了不少，只有一些灌溉方便肥沃的良田还有人种，种田人都只是落点口粮。我对表哥说，我也只是这个想法。

我的家乡是湘资沅澧和长江五大水系冲击而成，田地肥沃得流油，一直以来天下闻名的鱼米乡和米粮仓。因为水资源丰富，有农耕史以来，就大面积种植水稻，早晚两季，农人十分辛苦，但从没有饿人的纪录。

谷雨整高田，麻鞭水响时，套上大水牯，用大铁犁铧把铺了一尺多厚的红花籽翻耕过来，塞上月口浸泡半月，待红花籽发酵发出特有的腐烂气息后，再用小犁翻耕过来，然后耙、耖、耜，一丘丘镜子般的稻田就展现在面前。

春插日子夏插时。春插时节，老人孩子都出现在田头，能帮手的帮手，不能帮的递水送饭，一派跟时间赛跑的景象。插秧是青壮年的活儿，男男女女你追我赶，欢声笑语间，随着他们灵巧的手指梭子般穿织，白花花的水田眨眼间就穿上了绿色的新衣。

我的家乡，两季稻从不施肥，它们有红花籽和塘泥的肥力营养就足够了。红花籽又叫紫云英，晚稻收割时把种子撒在稻田里，次年春雪消融时，它们就占领了广袤田野，千百年来，它一直是稻田的主肥。常听老班子挂在嘴巴的一句话：人要补，红枣桂圆子，地要肥，塘泥红花籽。我的家乡水网纵横，塘堰遍布，塘泥取之不尽，红花籽无边无际，这也是我们那儿种植水稻得天独厚的优势。家里的人畜粪，灶膛里的火土灰，这些奢侈品只有种植经济作物的旱地才配享用。

因为水土好，我的家乡自古以来就产优质稻。农历六月与九月，是两个吃新米饭的月份。六月正是"双抢"季节，但性子急的农人再忙也会抽空打一担新米犒劳自己。新米饭上桌，汉子们就几条虎皮青椒也能呼呼扒上三大碗。新米的醇香，加上收割季节谷物的特有气息弥漫着整条垸子。因为新米的粘、酥、香，勤快的农妇还会不顾农活的繁重，把新米磨成米浆，做发粑粑吃。那时候，煮饭都是大铁锅，烧柴火，新米饭的锅巴是孩子们去争抢的，用新米饭的米汤泡饭却又是一番风味。

但自从去了东莞打工，我二十年没吃过家乡的新米饭了。超市的大米让我的味蕾退化，特别是参观朋友的米厂后，我对超市所有大米心存恐惧。我想念家乡香喷喷的大米饭，我坚信一定种得出我想念中的有机稻。回到东莞后，我对家乡的天气变化都关心起来，我时刻不忘我的有机稻计划。

雨水那天，我问表哥田里红花籽的长势。表哥在电话中说："红花籽？如至今田里哪还有？"我很惊讶，问表哥原因。表哥说："一是找不到种子了，二是如今红花籽冒化肥也不长。"我说那就怪了，田里怎么不长红花籽了？表哥说："是真的长不起来了，去年这个时候，一帮城里人背着照相机专门来跟红花籽照相，找了几个垸子也没找到。"

我一时无言，没有绿肥怎能长出禾苗？我只好对表哥说："那你快叫人帮我收十几担家肥。"

表哥说："这个嘛，下午我要四喜帮你问问，如至今收家肥怕有点子难。"

我问表哥："怎么会出现这种现象？"

记得分田到户那年，正月初四，表哥叫我哥去搞开门红，到镇上收大粪。因为正过年，我哥极不情愿，不停地抱怨。表哥说，再晚就收不到第一茬肥了。那时我还是半大孩子，问表哥怎么要收第一茬肥。表哥说，第一茬肥最好，过年嘛，人吃的油水好，拉出来肥劲足。直到今天，我还记得表哥挑回第一茬肥喜气洋洋的样子。当时我们一群孩子正在路边玩耍，见表哥挑着粪桶大步流星走来，大家纷纷掩鼻侧身路边，表哥骂道："你们书都从屁眼里读进去的吗，没有大粪臭，哪有五谷香？"

过了几天，我问表哥收肥的情况。表哥说："正想告诉你，昨天叫四喜去镇上，一担肥也莫收到，白给了他半天工钱。"四喜是村里的五保户，虽然六十多了，但由于青壮年都在外打工，他成了香饽饽，自己不种田，一年四季给人帮工，150块钱一天。

"如至今单位都莫化粪池了，也莫几个人喂猪，家家户户烧煤烧气，火土灰也莫得了。"表哥说。

"那就搞几十担塘泥到田里算了。"我没想到情况会变得如此遭，迟疑了片刻说。

"如至今哪还找得到人搞塘泥？"

"就叫四喜搞嘛。"我说。

"四喜如至今做事挑，重活儿他不干。"

表哥说的是实话，把塘泥掀上来是壮劳力才吃得消的活，六十多岁的四喜怎么奈得何？

以往过年时干了渔塘，捉完鱼后，男人们就把塘泥用戽斗掀上来。到了正月，塘泥滤干了水分，正好挑到田里去。掀塘泥是每年干塘后必做的事，既清了塘，又积了肥。

"如今莫人清塘了，塘堰都淤了。"表哥对现状很有些愤愤然。

"那如何搞才好？"我还真有点急了。

"不急，你回来再想办法。"

桐树开花的时候，我知道是回去种稻的时候了。

我请了五天假，打了二十年工，法律规定有十五天假，加上两头双休，五变九。我准备分三次利用。

我是坐高铁回岳阳的，三个半小时后就到了家乡——洞庭湖边上的一个垸子。在老屋里放下行李，我就直奔我的田里。表哥早在那儿等我了，他请了一台耕田机正在帮我平田，因为村里只我种一季稻，我的田三面都是正在分蘖的早稻。

"积肥的事莫得办法了，你看你还是施复合肥。"表哥一见我就说。

"坚决不能施化肥，我的目的是种机稻，有机稻你懂吗？"听表哥要我施化肥，我火不知从哪儿来。

"劝你莫做梦了，你不施化肥的话，恐怕只会收到一把草。"表哥说。

"湖边的田都是一等良田，过去都不施肥的，再说我也不巴望高产，收多少是多少。"

"那等于我莫说。"表哥见我坚持己见，也不与我多说。

看到表哥大热天穿着过膝的长筒胶鞋，我问他为么子不打赤脚。不问还好，一问，表哥竟骂起娘来："如今还敢打赤脚，渠里到处是玻璃，上次就割破了脚，几天都走不得路。"

"水渠里有玻璃？"表哥的话让我无比的惊骇。

"如今的人莫良心，打完农药，玻璃瓶子乱丢，你看，渠里还浮了好多。"

原来表哥是在清理水渠。我随眼看去，长长的水渠里长满了杂草，草上漂着几个农药瓶、还有农膜和历年育种丢弃的塑胶托模。

这哪像是过去的水渠啊！那时候，水渠里流着清汪汪的水，歇息、收工上田的人们到水渠里洗手脚，我们这些小把戏在水渠里摸鱼虾。

"小心点，渠里莫要打赤脚下去。"表哥见我脱皮鞋，这样告诫我。

听表哥如此说，我没敢下渠，直接下到稻田里。黑油油的泥巴软乎乎的，从我的脚趾缝冒出来，酥酥的，痒痒的，是那么熟悉、温暖，把我带回过去的时光。不同的是，二十年城市行走，我的腿脚已像失血的城市，已异样的苍白。

耕田机手是外村的，我并不认识，表哥说请他费了周折。因为这一块只有我种一季稻，三亩田，机手不愿来，划不来，幸而表哥的女儿嫁在那个村，认得机手，说了一箩筐好话才肯来。这些表哥在电话中告诉过我，当时我对表哥说："不来就不来，请个牛工嘛。"表哥说："我怕你是外星来的吧，过年你也回来了，冒看到村子里无牛了？"表哥的话当时让我极为吃惊。我真不知道村子里没有牛了，因为平时我都是冬天回家的。我问表哥乡亲们为什么不喂牛了。表哥说，如至今搞机械化，省事，喂头牛一年才用几天，划不来。

我极目远眺，在广袤的田野上，不但看不到几个种田人，更看不到一条牛的影子了。

我的家乡水田多，如果没有牛，光靠手中的锄头，简直无法翻卷百分之一的田地。过去，衡量一个村子的富裕程度，最好的参照物就是牛，嫁女儿也要嫁到牛多的村里去。牛是农家宝，农民对牛的感情甚至胜过亲兄弟。而现在我的家乡，随着年轻人一批批进城打工，随着城乡一体化，随着机械化的隆隆推进，水牯，这些过去种田的大功臣，竟然成了累赘，被最重感情的农民兄弟逐出了田地！我真是不得其解。

　　我小时喜欢牛们一边吃着红花籽，一边背着犁铧前行的身影，那时，我提一个桶子跟在父亲后面，一趟下来，可以拾到好多被犁出来的泥鳅鳝鱼。如花针样的雨密密织着，燕子在低空剪子一样飞来飞去，走在温软、平坦的犁沟里，背后是一行行散发出泥土气息的有规则的泥坯，那简直就是一行行春天的诗歌啊。眼下，被耕田机捣碎的泥巴，像从狗嘴里吐出来一样零碎，也看不到一条泥鳅鳝鱼（即使有也会被耕田机打得粉碎），只偶然看到一朵朵紫绿色的油花在泥水中洇散开来，那是耕田机泄漏机油的痕迹——是我在东莞工厂见得最多的工业符号。

　　我本来想种常规稻，但表哥给我选的是杂交稻，表哥说，如至今农民手中已经没有常规稻了，种子都得去买，只管半年。以往的常规稻每亩要 25 斤到 30 斤稻种，但种子可以放上几十年甚至百年，遇有旱涝之年也不怕，只要种子在，命就不会绝。听表哥说现在没常规稻种子了，我不禁有了一个担忧：要是遇上不平静的年份，老百姓问谁去找稻种啊？

　　整田的前三天，表哥就帮我浸好了种子，到晚上把种子从水中拉出来，摊放到星空下。日浸夜露之下，稻种很快就长出了一寸多的嫩芽。这天天气晴好，在暖风的吹拂中，我与表哥把稻种撒了下去。过去两季要先育秧苗，等秧苗长到五六寸长再插秧，现在早稻还要育秧苗，但中稻可以撒种，晚稻实行抛秧，这比插秧节省了大量时间，但种子量要比插秧多一些。

　　接下来的几天都是晴天，晚上露水如下了一场小雨，三天后，我的秧苗在泥巴里站直了身体。我每天早中晚去田边转转，有时甚至忘记自己是在东莞打工的人。说真的，要不是为了那一小叠工资，我真的就这样每天赤脚走在田埂上。

　　这天一早，我还在床上，表哥像打雷一样喊："快起来，快起来！"

　　"么子事？"听他叫得那样急，我赶快爬起来。

　　"春伢子鞋厂的臭水要流到你田里了。"

"啊，鞋厂，我们村里有鞋厂？"我极为惊骇，趿着鞋，打开了大门。

"那春伢子在东莞发了点财，回到家乡搞了这个鞋厂，臭水乱排。"

我一口气跑到田边，几个老农见我来了，七嘴八舌告诉我原因。原来有人发现那条水渠里的水变了色，几只难得见到的青蛙也死了，怀疑水里有毒，顺渠一看，发现是从春伢子鞋厂流出来的水造成的。大家都问我怎么办？我说还能怎么办，现在就去找他。我很气愤，没想到我们家乡有了鞋厂。天啊，一旦有了这害人的东西，那还会有好日子过么？我还能做我的田园梦么？

春伢子是我一个垸的，相隔不到一公里，算起来还是我的侄子辈。我们到他家时，没看到他在家，我只好问了他电话打过去。春伢子电话中听出是我，连忙说："表叔，是你？你回来了？"我说："我不但回来了，还种了三亩田，你厂里的污水都排到我田里了。"春伢子说："有这样的事？表叔对不起啊，我马上回来处理，保证……"

第二天我去田里，发现春伢子的水没往水渠放了，也不知排到哪儿去了。

转眼假期结束，我回到了东莞。

原计划是等收完早稻就休第二次年假，那时候正是中稻打苞抽穗的时候。但在早稻快开镰时，表哥就打来电话，要我赶快回去拿主意，我问么子事这样急。他说，电话里说不清，快点回来说。

听情况有些严重，我只好次日请假回家，放下行李就直奔我的稻田。

正是早稻收割的季节，大地一片金黄，太阳烤得人生痛，田野看不到往日乡亲们忙碌的景象，只有一部收割机，一部耕田机在冒着黑烟。远远地看到一身泥巴的表哥在田边等我，估计正在忙自己的农活。我来到田边，一看田里，傻眼了，我的禾苗不到一尺高，比想象中的矮了一半，田里的杂草比禾苗还高。

表哥好像看出了我的不满，叹了口气说："表弟你也不要怪我，村里两千多亩田都莫人捅草了，都是用除草剂，所以要你回来拿主意。"

"这个样子，叫我怎么拿主意？"说真的，看到禾苗长得那样子，我的心冷了半截。

　　"一季稻生长期长，救过来还来得及，只是有三点要你定：一是不打除草剂不行，二是不施化肥不行，三是不打农药更不行！你看，四面八方的早稻一收，虫子都跑到你田里，再过几天，你的禾苗就只看到一把枯杆了。"

　　表哥虽然六十多岁了，说话还像当年当队长时一样，虽然对他没给我捅草有些气，但我也没理由发作。因为他早就说过，只帮我打照管，出力的事不干，我有什么理由怪他？但让我不曾料到的是，早稻会这样多的虫子。

　　听我这样问，表哥像看外星人一样盯着我："我说你还莫去美国呢，早稻好多年前就要打两回药了，有的地方还不止，水稻的三虫三病你不晓得吧，按这样，就要打六回药。"我承认种田没表哥里手，但时代的变化真是让我始料不及。记得我在家时，早稻从不打药，哪有什么三虫三病。

　　我蹲到田边仔细查看我的禾苗，发现几乎每蔸至少有三到五个稻飞虱，有的上面还有钻心虫、卷叶螟。我的这些可怜的侏儒，正被这些虫子慢慢吞噬。凭我的一点农业经验，如果不想放弃，打药已经刻不容缓。

　　表哥手里捉住一条虫子，又叹了一口气说："你如至今变修了，不晓得种田了，我早说过你不信，哪有不除草，不施肥长得出禾苗的，要不农资店不都关门了啊？"

　　但我还是坚持不打农药，要是农药化肥一起上，我回家种田的意义何在？反正在家有九天时间，我决定自己先捅捅草再说。

　　第二天，我戴着斗笠出现在田里，我的农活是捅草。在农业管理捅草叫"松根"，就是用脚把禾苗间的杂草踩进泥巴里，既除了草，又给禾苗松了根。我们祖宗聪明，发明了平衡法，捅草时手里拄着一根棍子，几千年来，农人都这样效仿，我怀疑现代钢管舞的创作灵感就来自这原始的劳动。捅草可以不弯腰，相比起来，是栽秧和收割这种繁重劳动后的放松。捅草也是一项很有趣的劳动，运气好可以踩到甲鱼或捡到一窝秧鸡蛋。站在绿色的田野里，面对蓝天白云，欣欣万物，劳作的人的内心很容易被触动，田歌在这种情境中大量产生。

四月到来插禾忙，日栽田来晚扯秧，

我的哥喂，世间只有种田好，

半年辛苦半年闲，少年不做老来难。

五月到了夏至边，薅禾捅草莫等闲，

我的哥哥喂，捅草记得下好粪，

田也肥来产也增，泥巴里面出黄金……

　　农谚说，脚脚捅到底，担谷八斗米。捅草不能做表面文章，下足了功夫，谷子颗粒也会饱满壮实，产量高。事实也是这样，分田到户后，务实的老农种的田，产量往往高于那些不肯下力气的年轻人。

　　我一走进田里，感觉就跟过去完全不一样，以往的田泥松软，冒着有机质沤得发酵发放出来的泡泡，泥巴也是黑油油的，没几根杂草，一脚捅下去毫不费力，而此时我脚下杂草成堆，什么稗草、千金子、霸根草、野荸荠、牛毛毡、空心莲、鸭舌草、水苋菜、猪耳朵、矮慈姑、丁香蓼等，简直像个杂草王国。我站在上面，就像站在晒谷坪上，黄色田泥板结坚硬，一个小时下来我已挥汗如雨，看战果，仅清理了几平方杂草，照这样下去，三亩田，两千平米，我要费上几百个小时才能干完——我的天，还是打除草剂吧。

　　表哥给我打的是一种叫百草枯的农药，他说除草剂有几十种，这个效果最好。果然，第二天我去田里看时，杂草全像被斩断了根一样枯萎了，禾苗却没受一点影响，高科技就是厉害啊！表哥说，自从除草剂出来后，就冒莫人捅草了，所以如今种田不费力，只要把秧抛下去，打几回药，就等收谷。

　　杂草全部死去，我的禾苗露出了面目，远远看去，稀稀拉拉还没封行，用得上面黄肌瘦来形容。四面陆续收割的稻田里的虫子无处可栖，纷纷飞到我的禾苗上，把我的禾苗压得果实累累，看来不打药也是不行了。见我同意打药，表哥顿时高兴起来，说："你脑壳转过弯来了吧？我早就说过，如至今哪有不打农药化肥的东西呢？我们自己吃的谷都打，只是打少一点，打苞抽穗的时候不打。你如至今是城里人了，就那样怕死了。"

"不是怕不怕死的问题，反正……打苞抽穗时你千万不能打。"

我只能退而求次了。

我这样假设：超市里的米是发霉后米厂抛光打蜡的，是打了多次农药的，是打苞抽穗的时候打了药的，我的比超市的打的药少，抽穗时绝对没有打。我只能这样假设，只有这样的假设才能给自己一丝安慰。

表哥给我足足施了三百斤复合肥，还每亩追了一百斤碳胺。表哥说，按道理，复合肥最好是施到泥巴里做基肥，但如至今只能做叶面肥追了，这是采取补救措施。表哥还说，经过他观察，我的禾苗还有稻瘟病，要先治稻瘟病，再杀钻心虫和稻飞虱，由于虫子太多，只能打甲胺磷，这是最毒的药。我对表哥说，能不能用毒性温和一点的？表哥说，温和个卵啊，对病虫害一定要心狠手辣！

几天后，打了一瓶稻瘟净、一瓶甲胺磷，施了重肥的我的三亩水稻终于起死回。到我回东莞的那天，三亩禾苗在微风中向我挥舞着瘦绿的小手，似乎在感谢我的搭救之恩。

但我对它已经兴趣寡淡，因为它们不是我梦中的有机稻，它们有了化肥农药的成分。我要的不是它们，但我又有什么办法呢？它们结出来的稻米至少比超市的好，比米厂的好，我敢保证，这是肯定的。

我对表哥说："管理上的事，你就全权处理，只是拜托表哥你，打苞抽穗的时候千万不打药啊。"

表哥拍着胸脯说："这一点我会保证做到！"

秋季到来。

一天，表哥打电话说稻子可以收割了，次日我就坐高铁回来了。

我的稻田一片金黄，在四周还是青色的晚稻中尤其吸人眼球。表哥叫来的收割机已开进田里。另外，表哥还叫来了四喜帮我搬谷。几个小时后，三亩田的稻谷就装进了蛇皮袋，被四喜搬到我的禾场上。

地净场空，农事完毕。中午，我在镇上宴请表哥，另叫上四喜等人喝酒。

吃完饭回来，天气突变，表哥和我只好把谷子从禾场搬到堂屋里。

表哥喝了酒，有些兴奋，他目测了一下谷堆，得意地说："还是袁老倌子（袁隆平）的杂交稻过得硬，这样搞，亩产也有八百斤。"我说："除了袁老倌子，再就是你的功劳。"我这一表扬，让表哥更加得意了，他说："你要是早听我的，至少亩产一千二呢。"我心里很想说：那一千二跟现在八百又有什么区别呢？但我没说。

傍晚时分，下起小雨，表哥请我去他家吃饭，我们两人又喝了一斤谷酒，我头晕晕的，但表哥一点事也没有。他问我："听说如今推广一种稻，比袁老倌子的杂交稻还厉害，虫不生，病不得，草见草让道，这样好的种子，不知么子时候引到我们这儿来。"我一听就知道表哥讲的是转基因，我没好气地说："好个卵啊，那是美国佬搞的，转基因你听说过吗？要是推广了，我们子孙就完蛋了。"表哥却不屑地说："只要不起病虫，产量高，怕个卵啊，你们城里人有了钱就怕死，我们反正没钱，不怕死，什么都吃得，怕么子呢？哈哈……"我拍拍表哥的肩说："你放心，湖北那边都种开了，很快就到湖南来了。"

秋雨连绵，一连六天，眼看假期结束，可是我的谷子还堆在堂屋里，谷堆开始发热，再不见太阳就可能发霉。我到表哥家问怎么办，表哥说："好办，在谷堆上打瓶草甘膦。"我惊诧地问："打农药能干谷？"表哥说："会干，"表哥说，"这草甘膦是美国产的，我们叫它一把火，除草的，也不晓得怎么会干谷，下雨天谷子不干，我们都这样打。"表哥也不顾我的惊愕，如数家珍。

天哪，现在谷子都不用晒了么？

我知道一粒稻谷从晒谷坪走到谷仓的艰难。它们担到晒谷坪上，至少要经过四个日头暴晒，早上摊开，晚上收拢，为了防盗，还有专人守夜。这还不够，仓库保管员还要在谷堆上盖上一个类似封条的石灰印。晒谷人无数次地翻晒、打扫后，最后经过风车的去伪存真，扬弃瘪谷，才担进谷仓。打谷场是一个村子里最繁忙的地方，也是一个村子的全部希望所在。

现在很多农家的谷坪虽然铺上了水泥，但都不晒谷了。

为了不让我的辛劳付之东流，我同意了表哥的建议。

"一把火"果然厉害，喷洒到谷子上后，像水泼到了石灰上，热气迅速冒出来。几个小时后，热气消散，谷子冷却，捏在手上时已干燥无比，像在六月的太阳下暴晒了四天。

我借了表哥的摩托，驮了一蛇皮袋谷去打米厂——几分钟后变成了半袋白白的大米，这就是我说过的九月的新米——我梦想中的新米。

我决定把这袋新米带到东莞去。

坐在和谐号上，那袋新米，真实地睡在我身边，就像我的一个孩子。

在车上闲得无聊，我把回家种田成本核算一下：稻种9斤324元；碳胺300斤90元；复合肥300斤480元；打钻心虫、稻飞虱、稻瘟病、纹枯病、除草剂各一次计300元；请耕田机330元；请收割机240元；四喜装谷入袋拉回家50元；灌溉费60元；给表哥报酬1000元；支付五保户四喜收肥半天工钱75元，买草甘膦20元。合计2969元。

我没有把三次往返的高铁票2400元加进去。

和谐号无声地向前开去，眨眼间把我的故乡甩得无影无踪。在车上我思潮起伏，我已明白，在我的家乡，再也种不出我梦中的有机稻了。看上去，我的家乡像没什么都没改变，但水不再是过去的水，田地不再是过去的田地了！

我的家乡那是多么美的地方啊！长江东边流淌，洞庭在南面荡漾。那里万物青葱，飞鸟翔集，是被人们称为"地球之肾"的湿地。千百年来，它是人类与各种生物生存的乐园。而今，它不再是最美丽干净的地方了。这几千年来哺育着我们的母亲，她丰满的乳房再也没有了源源的乳汁，她老了，病了，为了饥渴的儿女，她只能靠一边吞服大量的抗生素，一边打着营养点滴，维系乳房的造乳功能。

我是一介草民，我没有陶渊明归隐的情怀，却有告老还乡的田园梦想。当真正到了那一天，田地——我们的母亲，她是否还能坚持到那个时候——靠吃抗生素、打营养点滴，让乳房流出最后变质的乳汁？

高铁真快啊，一下子就要到东莞了。但我真希望它能够慢下来，慢下来——如果时光可以倒流，我情愿像过去，从东莞回到老家坐一夜火车，等半天轮渡，再让大巴在乡间公路中颠簸半天，真的，再苦再累我也情愿——只要我回去的村子还有牛羊，沟渠里还有小鱼虾，田里的泥巴还像过去那样干净，我还能吃上三十年前的米饭。

但谁能阻止脚下这势不可挡的时代的经济的快车？

就要下高铁了，我现在考虑的是如何向我东莞的朋友们交差。化肥农药催生出来的大米饱满、晶莹、洁白，它们跟三十年前的大米没有任何差异，就是神仙也分辨不出来。看来，为了我的面子，为了家乡田地的面子，我只能在朋友们（包括那开米厂的朋友）面前撒一次谎了。明天我就在微信上把我的大米晒出来。就说，朋友们啦，我种的有机稻收获了，来分享我的有机稻吧。

原载《文学界》2014 年第 8 期

与克拉玛依分居的美人

刘　华

听一个故事就能想见她的美丽了。

我从前在国营垦殖场的分场管伙食，也管着开饭之后就无人问津的一栋空房子。除了冬季总场会调集劳力来此修水库、挖树坑外，平日里来食堂打饭的单身职工，要比梁上的麻雀少得多。麻雀也少。

分场是刚刚划归垦殖场的公社农场，那些老农拖家带口的，谁愿意吃食堂呢？几个单身职工通常是打饭回屋吃。不小心飞进食堂的麻雀，噪闹一番，鼓翼便走。麻雀嫌饿得慌，也嫌闷得慌。

食堂一端有两间房子。都应该算库房，一间贮存着粮油菜，另一间存放的是账簿、饭菜票和我，是我的寝室兼办公室。当食堂管理员的好处是，可以脱产，不用下田上山受累。不过，众口难调，这是个受气的活儿。

没多久，垦殖场要调我去相距二十多里的总场当会计，从总场那边选了个同样读过高中的职工来接替我。那是年近三十的女性，其丈夫在克拉玛依，长期两地分居。我向她移交食堂的账目和钱物，很费了些时日。原因是，她虽然高中毕业，却没上过几天课；她长得太漂亮，演出呀讲解呀礼仪呀，都得用漂亮的。

所以，由她接管食堂，我得先替她辅导算术，从珠算教起。她常常红着脸解释，她没学过珠算。怎么可能呢？比她矮几届的我，至少换过三把算盘。她笑眯眯地翘起玉指，捏住了羞答答的算珠子，算珠子随她的睫毛一块儿扑闪。

移交自然是在我的房间里进行的。那些天里，百忙之中的场长一直陪着我们，养鸡场闹鸡瘟不管（锲而不舍地连年养鸡，肉鸡未见出栏，蛋鸡不曾下蛋，都瘟死了），架高压线资金紧缺不顾（养的是洋鸡，叫白洛克，挺娇贵，没有恒温的环境，它们宁肯发瘟），整天就蹲在我们的腿边，逗美人的女儿玩。

交接完毕后，我感慨道：你这么喜欢小孩呀！我其实想说，那女孩既不好看也不可爱，逗她岂不是没完没了地替她擤鼻涕抹泪？

场长正色道：我是为你好。大家都出工去了，这里空空荡荡，就剩下孤男寡女，好吗？你太年轻，我怕你上当。你一个知青，二十啷当岁，将来前途远大。你看她眼睛，是个埋人的窟，怕你掉进去！

场长辛苦了。

场长是个好人。场长后来威严的一句话，改变了我的人生。恢复高考那年，我所在的小城是全省的试点，我获知此事已来不及复习，匆匆上了考场。总场离小城有十多里地，考场设在城里的中学。我最有把握的就是政治，在知识荒芜的年代，我们不就生活在政治里吗？可是，头天上午考完政治，感觉可能拿不到我预期的高分，想想下午是考已丢掉六年的数学，心里发怵了，逃也似的回了总场。午饭后，被场长发现，他一把揪住我，厉声喝问为什么临阵脱逃。我支支吾吾地解释一番后，他竟上纲上线，给我扣帽子。被他吓着了，我骑上他的专车——一辆铃铛崭新、别处破烂的自行车，一路狂奔，途中还得跨过信江上的浮桥。赶到中学校门口，第一遍铃声响了，闯进考场，恰好第二遍铃声乍落。

由此看来，甘当联防队员的场长真是为我担心为我忧。

得到场长的警告，有一阵子我经常反思与美人相处的细节。当时不经意的那些细节纷纷突显出来——每当大家出工走了，场长马上就到我的房间里来上工了，他要么坐在床上、坐在我俩的背后抽烟，要么蹲在地上逗孩子，目光却是时刻警惕着；当美人的脸距离我手中的账簿太近时，场长立刻叼着香烟凑过来，腾腾烟雾蒙住了她的眼，我的脸；而当场长暂时离开后，一旦门被女孩闩上，他敲开门进来的那一瞬间，目光尤其扎人。

当然，美丽既然被人看作邪恶加以防备，一定有他的理由。理由之一，恐怕就是美的强大的蛊惑力，以及人自身脆弱的心志。在反思中，我不免心虚。假如没有悬殊的年龄界限，假如她与遥远的克拉玛依毫无干系，我能保证自己不会搂着所谓的前途一道跳进那个埋人的窟里吗？她的微笑芬芳而甜蜜，让人情不自禁地要做几次深呼吸；她的美貌神秘而热情，让心在算盘上活蹦乱跳，也不识数了。

这可能是所有男人共同的窘迫。所以，在总场那边，全场上下都挣扎在她的气息、她的声音中，以极端的方式抵御着她的诱惑，冷落她，蔑视她，甚至丑化她。公社农场划归垦殖场后，我第一次去总场，瞄着她的背影，也许我的目光很可疑，当即就被刚刚结识的好心人告知，她姓甚名谁，她在高中、在县文工团如何风流，如何下放垦殖场，如何远嫁克拉玛依。冷静想来，都是漂亮招致的麻烦。然而，蜚短流长把总场那边的女人滋养得光鲜娇媚。鬼鬼祟祟的口口相传，通常是在井台上进行的。井台关涉洗涤，在那里，女人们用井水洗衣洗菜，用传说洗涤男人不安分的心灵和眼睛。去分场管伙食之前，她在总场的林业队。林业队常在井台边取水配农药。打药杀虫，是林业队春天最日常的工作。十多个人，只有一台三人操作的喷药机，其他人各自背一只喷药器。人人都有邀伴使用喷药机的机会，她却没有。谁敢邀她呢？粘在她背上的目光，比梨树叶片上的蚜虫更稠密。她的春天是一只孤独的喷药器。

最叫人惊讶的是，人们厚此薄彼的那种自觉，以亲疏好恶表达出的那份警戒。他们对另外两位与丈夫两地分居的少妇，长得富有安全感的女人，时时投以无微不至的关怀。出工，有人帮着扛工具；在井边洗衣，有人帮着打水；病了，更有人举家前往病榻边慰问；有的丈夫公然与之打情骂俏，妻子还在一边偷着乐呢。而美人却被孤立着，尽管见了谁，她都打老远笑脸相迎，可得到的回应总是冷冷的，从鼻腔里发出的。尤其那无辜的女孩，打小就没机会学喊叔叔阿姨。办移交的日子里，她老是被场长逗得哭，大概是受宠若惊吧？

我恰恰是通过观察那只丑小鸭，来窥望美人的命运的。一旦离开母亲的怀抱，女孩便摇摇摆摆冲向宿舍的墙角边，那里竖着为屋顶补漏留下的空的柏油桶。女孩好像特别迷恋柏油的气味，藏在桶后探出头，像附着在桶沿上的一大块沥青。她总是含着手指，警觉地谛听着世界的动静。一双黑色的眼睛好像远在克拉玛依，掠过遥远，不解地张望着母亲碧玉般的美貌和寂寞。也许，女儿正是因此让自己长成一块沥青；或者，那如花似玉的美貌正是因此嫁给了石油。

可是，我从未见过美人愁苦或气恼的样子，无论遇见的是敷衍、冷漠，还是戒意。她永远笑眯眯，仿佛她就是要以多情的微笑征服一切，征服每天所经历的无数次失败，征服自己的美貌。这可能恰恰就是其狐媚之所在了。回想起来，当她的眼睛和形形色色的警惕遭遇，那神采多么纯净而高贵！

黑瘦委琐的女孩，不会是爱笑的她不经意间挤出的一滴泪吧？

其实，总场的职工几乎都是下放青年，高中生多得很。为何偏偏调她去分场呢？分场在山里，偏僻，人少，条件也差，她怎么愿意呢？我一定这么探问过。可我的探问无解。最好的回答是暧昧的一笑。问她，她也笑，笑得却是明亮，像早春一夜之间陡然绽放的满树梨花。

我调总场后，仍能时常见到她的笑脸。有时是我去分场发工资，有时是她来登门求教。她来的时候，场长尽可放宽心了，哪怕是单独教她做账。因为，场部几间办公室门对门，我的窗户紧挨着场部大门，找我的人都喜欢扒窗探看，更何况，她来了，许多的关切自然会纷至沓来。

既然美人管着大家的嘴，所有的嘴都有话要说了。批评伙食，批评账目，批评算盘珠子的笨拙和字迹的丑陋……以至终于有一天，她带着沥青去克拉玛依和石油团圆了。我记不确切了，对她的批评是不是从某次调集劳力去分场会战开始的。

前几年，我去哈纳斯路经克拉玛依，车在辽阔的油田里迷了路，迷失在由"磕头机"构成的迷魂阵里，迷失在她最后的微笑里。我记得道别时她的眼睛依然多情，依然如包围着总场的那片果园，果园里的明媚的花朵。那是清晨，被她叩开的每扇门只敞着一道缝，很窄，只有声音才能挤进去。她的声音轻轻的、甜甜的，像是从笑眼里发出的。当人们确信她真的要走时，那些门才如释重负般豁然洞开，首先打门里冲出来的是刚下床的花短裤。皱儿吧唧的花短裤。一片庆幸的五彩斑斓，投映在她笑意盈盈的眼睛里。

车在油田里转悠，我真想停车找个人，打听她那属于江南的娟秀的名字，打听她那像江南一样温柔清丽的声音是怎样交织在粗粝而灼热的风里，打听她那桃红柳绿的美貌会不会长成一路上不时可见的向日葵，那由无数细密的破碎建筑起来的花朵。

可是，平野茫茫，道路纵横，机井遍布，却不见人影。不由得，我心里一惊：当年调她去偏僻、荒凉的分场，该不是别有用意，该不是为了远避美丽吧？

选自作者同名散文集，三联书店 2014 年出版

我回故乡看大戏

乔忠延

那一天，我突然明白了，帝尧为什么会在看到人们击壤而歌时，脱口说出小康人家。而且，经他这么一说，小康就成为我们这个古老国度人人向往的理想社会，至今仍在追求的理想目标。

其实，那一天没有啥特别的，只是因为故乡盖起了新舞台，才让我有了不同以往的感受。早早起来，我就朝故乡赶。村里要唱大戏，邀请我回去观看。进城40余年了，非但没有淡化了我和故乡的感情，那情愫反而像是在心底酿酒，时日越久，味道越浓。听到这消息，我马上想到悠悠万事，唯此为大，甩掉琐事，回村看戏。

我喜欢看戏。喜欢看戏的因子早在童年就已播植进心底。我童年的时候，新生的共和国也是童年。那时出门玩耍，碰见的大人们都是满脸挂笑。笑得最舒心的是在戏场，台上的锣鼓弦乐一响，台下的人都笑得裂开了嘴。有时候，也会敛住笑，绷紧脸，那准是白花脸奸臣仗势害人，忠良蒙冤遭难。不过，最终还是会笑的，而且笑得比先前更舒畅，甚而喊好拍手，因为谢幕前再狡猾的奸臣也逃不脱灭亡的命运。我就这么钻进人窝看戏，伴着父老欢笑，笑着笑着，那台上的音韵潜入了神魂，一听见锣鼓弦乐血液就止不住跳舞，就把别的事情丢到了脑后。

现在回味我对戏剧的痴迷劲，就深深理解了乡亲们为什么会说，误了收秋打夏，不要误了存才的挂画。存才是当时最有名望的戏剧名家，他扮相好，善作戏，一个大男人扮演的花旦，即使女儿身的戏子也自愧弗如。一招一式，得体到位；一腔一调，勾魂摄魄。只要是他演戏，乡亲们扔下成熟的庄稼，扔下到手的口粮，争抢着去看，挤嚷着去看，恨不能挤到前头，把那招式全塞进眼里，把那唱腔全塞进耳孔，一点也不落地带回家里。然后，在炕头，在场院，在庄稼地里，久久回味。回味得按捺不住了，乘兴吼出声来，亮响几嗓子。那个美啊，美得胜过大年初一在爆竹声里吃饺子，美得胜过在锣鼓声里娶媳妇。

也有一点不如意，就是我们村里没舞台，看戏要到外村去，要跑腿走路。对于常年劳作的农人，跑腿走路费点劲不算啥，只是唱戏都在晚上，等生产队收了工，急匆匆赶去，戏场里的人早就黑压压地挤满了。若是不带个高凳子，那就只能看别人的后脑勺。说我们村没有舞台这话不准确，舞台是有的，只是太古旧，太衰老。人老了会掉牙，舞台老了会掉瓦。有一次演戏，锣鼓正紧迫，武打正较劲，哗嚓一响，溅起了呜哇的哭声——是一片瓦落在地上，砸在前排一个孩子的脚上。众人都说好险，若是砸在头上，这娃就毙命了。往后，没人再敢在那古老的舞台上唱戏。

在外村看戏总不得劲，那一年众人鼓捣把这旧舞台拆掉，盖一座新的。村里人没有不响应的，有钱的出钱，有力的出力，说干就干，那个老舞台眨眼就被撸掉了。如今想来撸得实在可惜，回望那舞台的形姿，我看和当下的国宝元代舞台别无二致。再可惜也于事无补，当务之急是快盖新的。然而，盖不成了。史无前例的"文化大革命"狂风骤起，要破"四旧"，要立"四新"，古装戏被当作封建迷信查禁了，谁也没有再盖舞台的兴趣。

后来，上级来了命令，各村都要演唱样板戏，我们村也不例外。可是，要排演还真不是容易事。按说，最难的本来应该是缺少演员，可是经过了大饥饿的历练，乡亲们都懂得低标准、瓜菜代，便筷子里头拔旗杆,选村里能吼喊几嗓子的人滥竽充数。这么一凑合,竟然排出了大戏《红灯记》。戏排好了,道具成了问题,不说别的,铁路工人李玉和手里提的那盏红灯就是必不可少的。那红灯是专用的信号灯,村里自然没有。要买,又没有钱,怎么办?领导说,只要思想不滑坡,办法总比困难多,大家开动脑筋想办法。这一想,还真有了办法,饲养员王伯喂牲口照亮的马灯被借过来顶替。锣鼓一响,大幕拉开,我们村的《红灯记》在临时搭起的土台上开演了。

李玉和上场手臂一扬,雄赳赳气昂昂地唱:红灯高举迎头照,我叫了一声磨剪子来锵菜刀——

第二声未唱出来,就被小孩的吵嚷搅扰了:回去,那是马灯,不是红灯。

那时候,《红灯记》已被拍成电影,四处放映。看过电影的人都知道红灯是啥样子。大人不说,孩子猛嚷。嚷叫得李玉和没法往下唱,就有大人喝喊孩子别嚷。这一喊多数闭住了嘴,可那个爹头发的小三就是认死理,还叫个不停。众人恼火,他爸更恼火,一个耳光打过去,嚷是不嚷了,却大哭不止。李玉和还是无法唱,只好退下场,待风波平息再出来。好不容易等到小三止住哭声,大伙儿催着快唱,马灯却被王伯提走给牲口添草料去了。

干等不回来,众人等没了耐心,渐渐散去。

散去的乡亲再聚拢来看戏,是十多年后了。伴随着改革开放,往日的历史剧重新绽放光芒。不过,我们村却只能演些歌舞小戏,要唱大戏需要有能够挂起大幕的舞台,这没有舞台的缺憾不断引起左邻右舍的怨怪,因为要过把戏瘾仍然要到外村去。兴建舞台一次又一次被大伙儿提起,一次又一次说过也就撂弃。原因在于,盖舞台没有钱不行,恢复古装戏之初乡亲们刚刚能填饱肚子,哪里有余钱办这大事?梦想和现实总有距离,缩短这距离发牢骚不顶事,说大话不顶事,需要的是经济实力。经济实力又不是吹个泡泡就能鼓圆的,积累着就过去不少岁月。而且,这积累还不止是村民的个体积累,集体也要有积累。当然,探寻这积累背后的能量,惠民政策才是最大的动力。

是日回村时,我看到了久违的笑容,这笑容勾起我的联想,想起童年看到的那些笑脸。眼前的笑脸如同当年那样笑得舒心，笑得痛快。自然，那笑容里包含的内容绝不一般。童年看见的那笑容是笑有了土地，有了吃穿。而今不光是笑土地重又回到家中，还在笑春种一粒粟，秋收万颗籽，无论收多收少，不上粮，不纳税，每一粒都是自己的。这还不算，修路、搭桥、硬化水渠，就连夜晚那街巷里明亮亮的路灯都是国家花钱给安装的。所以，当一座舞台耸立在我们村时，欣喜的不是我一个人，而是全村的老老少少。我何止是陶醉于一己的欣喜，是在奔往父老乡亲的满怀欣喜啊！这欣喜的还不止是我们村的父老乡亲，离村子还远，路上就散点着络络绎绎的人们，无疑那都是邻村的。快进村边，人们已经成群结队，我跳下车来，挤进欣喜的潮流往前涌动。

对村上新盖的舞台，我做过各种美好的畅想，但是，站在面前时还是有些惊讶。惊讶自己总是保守，用迟暮的眼光去度量日新月异的发展。新舞台形体高，台面宽，即使大型表演也绰绰有余。台前那平坦的广场，也远远超出了我的想象。再看看满场落座的人们，欢笑着指指画画，说说道道，我只能怨叹自己目光短浅。就在此时，锣鼓敲响，幕布拉开，大戏开演了。先出场的是个三花脸，一句台词未出唇，只往台口一站，众人就笑成一片。

这一片笑声好生熟悉，仔细分辨，像是从数千年前飞来。当初，帝尧走进的似乎就是这一片笑声。笑声中，他看见击壤游戏的人们歌之舞之，歌唱的是：日出而作，日入而息；凿井而饮，耕田而食……而且，歌之舞之的人群里还有一位满头银发的老人。鹤发童颜，仍然激情不让童稚，这便引起帝尧的关注。走上前去询问老人歌舞的原因，得到的回答是：不愁吃，不愁穿，情不自禁。

帝尧笑了，笑得和那些歌之舞之的农人一样舒心。闻知这个村子名叫康庄，笑着把足下走过的路称为康庄大道，把那些其乐融融的人们称为小康人家。

小康，自此承载着一个快乐祥和的理想社会不胫而走，走过了数千年的岁月，一直走到今天，走到了我的面前。

此刻，我站在故里，耳听着撩拨身魂的鼓乐音韵，品吟着古往今来的太平盛世，蓦然觉得小康不小，那里面不仅容纳着肢体需求的丰衣足食，还容纳着精神快乐的歌舞音韵。

故乡那场戏看得我热血沸腾，感慨良多，未及散场我就有了实录感受的冲动。及至今日伏案敲击，我仍然心潮起伏，文思奔涌。敲击到这里，一抬头看见了屏幕上的日期，国庆 65 周年的日子渐趋临近。随之凸现在我眼帘的是，镶嵌在共和国里的"人民"二字。再回头掂量小康社会的内涵，那丰衣足食，那歌舞音韵，绝不是某个人、少数人的专利，肯定是普天下民众同享的。

我的祖国，伴随着时光在成长，在成熟。

原载《邯郸日报》2014 年 10 月 9 日

大山深处

李登建

　　山抱岭，岭抱山，会仙山山群山窝窝里，藏着一个名叫唐李庵的小庙。它简直蜗牛壳那么小，可是山不在高，水不在深，庵寺也不在多么气派。这里为别处所不及的魅力是格外幽寂，而这恰恰是古刹的魂。绕白石清泉，钻茂密松篁，踏着曲曲弯弯的小径走进来，那宁静、虚无的氛围，顿时使你躁气消除、心灵净化。小庙殿宇僧舍亭榭廊柱结构紧凑，玲珑剔透，尤其它是个真家伙，现在看到的虽是明清时期修复后的面貌，也已三四百年，而其创始年月已不可考，也许庙门一侧那棵千余岁的文冠果树，保留着关于它的最初记忆。

　　唐李庵下面山谷里有一座小草屋，住着一位花甲老汉，为守庙人。这个守庙人本是看山护林的，守庙纯属义务。早年他借宿在大殿，没事时就瞅神像，瞅残存的壁画和梁柱上精美的明代彩绘。瞅着瞅着两眼放了光："这可是老祖宗留下来的宝贝哩！"大字识不了两箩筐的他要文化一回，自己花钱买车票到市里找文物部门，蹲在人家门口不走，讨钱维修寺院。款项拨下来，县里却没往寺院上用，他又去找文化局长"打仗"。有一天夜里大雨如注，大殿顶子塌了一角，老汉趴在一片浸湿的彩绘上呜呜地哭……

小草屋旁有一棵大梨树，树下安着一张石桌，数只石凳，别看桌面上落了一层鸟粪和厚厚的尘土，当年可是擦得锃明瓦亮，围一圈儿说笑的人，一拨接一拨。那是唐李庵启动修葺、开发工程，老汉搬到小草屋里，这里就成了"联络站"——市里的专家来，先到这里坐一会儿，听听老汉的意见（起初是他硬把人家拉来的）；舞文弄墨的文人们搜集素材，从这里得到"灵感"（他看了他们编的"传说"，却笑"咱文人咋光说瞎话呢？"）；扩建配套景点涉及到周围村子的山林，各村确认地界的人在这里会合；开发公司的工头更是把这里当作"办公室"，戴金丝眼镜的技术员背靠着梨树树干看图纸……老汉像过节一样兴奋，一人忙不过来，"逼"着老伴撇了家园，上山来做专职司炉——烧水。他没有好茶叶，是那种七八块钱一斤的末子茶，可喝茶也成了他最大的一项开销，怎奈那把"大嗓子"茶壶一刻都不闲着。不过，这并不影响老汉爽朗的笑声金属片一般撞击满山哗啦啦的树叶儿……

那个头上抹了油、腆着大肚子、满嘴荤腥话的开发公司头儿心肠却不孬，他同情老汉还有一个瘫儿子，把老汉视为公司的临时工，一月发四百元的工资。一家人感恩戴德，老汉天不亮就脚步咚咚地到山下挑水，来回三里路，哼五六段小曲儿。可是你要是活干得不仔细，哪怕一道砖缝没抹严，他又翻脸不认人，抓住不放，要你返工，这时他则成了"监理"。

老天不仁啊，工程才进行到一半，老汉却突发急症。临死他眼睁得很大，迟迟闭不上。都猜他怕这一"走"，老伴、瘫儿子就被扔在大山里了。谁想他嘱咐老伴，常替他去看看庙，还要老伴发誓答应一件事："我死后不要给人家开发公司添麻烦，病是咱自己得的……"

老伴在小草屋住下来。山窝窝里只有她一户人家，丛丛石头把小草屋包围，团团寂寞堵住屋门。夜晚来临，无边的黑浪汹涌着扑向小草屋，很吓人。而最难熬的是冬天，林子全落光了叶子，雪填满了山谷，百里大山不闻一丝动静，连一声狼嗥都没有，你空空的心像被挑在树枝上一天天风干。老人单薄的身子骨哪承受得这般重压？眼看挨不过去了，树梢进出了星星点点的绿，屋前屋后的小花开了，游人的欢声笑语抛洒在石径两边。

好奇的游人向小草屋走来，叩响门窗。她像见到久别的亲人，攥住人家的手不松开。总要从里间拿出一个荣誉证书让人看，那是1988年老伴被评为市文物保护先进个人的奖状。絮絮叨叨地说，老伴活着时每天夜里都拿着手电筒到庙里东照照，西照照；每天早晨把寺院扫得干干净净。她说她也"传染"上了这毛病，一天不去一趟就感觉像少了啥一样。而那一排菩萨一个个都拿眼盯着她，嘴一张一合地给她讲经，教她人活着要行善。她认真地问大家："你说这怪不怪？"

用"家徒四壁"来形容这座小草屋正合适。没有一件像样的家什，乱七八糟的东西看上去倒不少，破纸箱子，烂塑料袋，盆盆罐罐，针头线脑。带豁口子的大瓷碗不舍得丢，缺了齿的梳子也保存着。老伴去世后，工资停发，她按照老伴说的，没去求人家照顾，就靠到山下卖点杏、卖点梨、捡塑料瓶子卖废品度日。其实钱对她好像也没有多少用处，在大山里，只要手脚勤快，就啥都有。方桌底下满满一篮子婆婆丁，是她刚剜回来的，这野菜晒干了当茶喝，可治她瘫儿子的牙疼——儿子的牙常发炎。屋子周遭种上丝瓜、扁豆，藤蔓顺着墙爬，大张旗鼓地织了一架漂亮的绿帐，远近的蜜蜂欢欢喜喜地来这里忙碌，一夏一秋瓜菜结得吃不迭，这是小草屋最快乐的时光。

唯一一样值钱的东西，好像是墙正中位置的一幅书法作品——那年，市里一个文人朋友带来、亲手用图钉钉上的。不久这个朋友就死了，老伴越发爱惜这幅字，说看到它就想起朋友。如今老伴也"走"了多年，这幅字纸发了黄，一戳就烂，不料有一天一个游客却看上了它，说出两千元买下。她可从来没见过这么多钱啊，能顶她捡多少天的废品啊，然而思量半响，她却没答应。不是嫌钱少，是她觉得朋友人都不在了，要是卖人家的字，心叫狗叼去吃了吗？

老人更多的工夫是花在捡柴火上。风吹折、落在地上的树枝子，被她捡来烧水做饭。枯死了的树干，她抡着斧子砍断，扛回家，锯成一截一截，垛在墙根、门旁、窗台上，冬天好取暖。有的树干很沉，上不了肩，就拿绳子拴住一头，咬着牙使劲拖，好在是从上往下拖，要是平路，不堪设想。她就这样山山岭岭寻摸"猎物"，大山里有上百条她拖出来的

"蛇道"。白天在林中转悠得脑胀眼花，晚上头一着枕头就黏住，可一觉醒来，一想瘫儿子却睡不着了，治这症候最好的办法是起来截木头。粗树干锯断后还得劈开，她早备好了錾子、锤子，一下一下地凿、冲。多长时间才劈开一块呀，直到半夜她还不停手。万籁俱寂，她的锤子声、锯声在空旷的大山里传出去好远，不知端坐在殿堂上的佛祖听到没有？

儿子是她对付不了的一根木头了。儿子小时候患脑炎，留下后遗症，手脚不管用。这根木头从小都是她搬来搬去。天亮给儿子穿好衣服，搬到椅子上，搬到外面晒晒太阳，搬到梨树下看花……已经搬了五十多年，慢慢没有那么大的力气了，慢慢儿子成了山下那根被雷电击倒遗弃在乱石上的榆树树干（她多少次想把这根树干弄回家，可试了几回都挪不动）。儿子身子不听使唤，脑瓜儿却还灵透，不干活的时候，娘俩拉呱，常常商量谁先死的事情。娘说："我七老八十了，这死也够本。"儿子说："还是我先死，我活着有啥劲儿？"娘说："我累了，到'那边'清闲清闲。"儿子说："我没孝敬过你，我替你死，让儿尽尽孝，俺的好娘！"最后娘的声音变低了："你要是有福，你就死在我前头……"宣称"死我才不怕呢"的她，去年冬天得了一场重病，阎王爷果真来叫她了，把她拎出门了，她终于可以去享清闲了，但她却又拼命挣扎，从昏天黑地中跟跟跄跄跑回来，她怎能丢下她的瘫儿子啊……

我第一次见老人是一个春光明媚的日子，银子似的阳光在小草屋屋顶跳跃、闪烁。下午游客稀，深山里遇到这么一位白发苍苍的老者，我疑是碰上了神仙；可进屋，地上凌乱的锯、錾子、锤子、劈开的木头，桌子上摆着的药瓶子，她瘫在床上的儿子，又告诉我这是人间的真实情景。我惭愧不能帮她一点什么，她面部却没有悲苦和忧郁，对我讲述经历的时候就像讲故事，还不时地淡然一笑。但是我也注意到，谈话结束一段时间，一声叹息才从她深深的心底拱上来："唉，就这么活着吧！"

一抹红晕泗染着晚霞舒卷的天空——小草屋左边山坡上密密丛丛着香椿树。它们正抽芽，红红的叶芽鲜亮、娇羞。山窝窝里北风吹不到，香椿绽芽早，早上市的香椿芽价格很贵，一斤可卖三四十元，香椿是山里人家的摇钱树。这片香椿树在老人的"管辖范围"内，该能换些钱花，但老人说她从来没卖过香椿，都是被游客采走："他们稀罕。"老人慷慨地说："来，我给你采一兜。"说着，她取下挂在窗棂上的钩杆，嚓嚓地钩枝头的叶芽。她很麻利，和刚才木僵的老者判若两人。这位瘦弱的七旬老人凭借常年劳作，依然保持着灵活的肢体，这又是城里那些富态的老太太无法比的了。很快采了一塑料袋，回来炒鸡蛋吃会香透心扉。

我特意问得她的名字：刘桂香。她故去的老伴叫李家朋。

离开小草屋，往回返。一个满脸肉疙瘩、神情优越的汉子正在景区门口溜达。和他打招呼，知道他老来无事在这里看大门。我顺便了解："有工资吗？"他接过话茬："没有工资，谁给他干这个！"

景区大门对面是一个小山村，鳞次栉比的灰色屋顶散发着古老的气息。他告诉我，他就是这个村子里的人，他们祖祖辈辈就生活在这几乎与世隔绝的山旮旯里。他打了一个嗝——他已吃过饭，不停地溜达，为了消食。"那就是我的家。"他指着村头一座二层楼房，有几分得意地说。

他家离这里连二百米都没有啊！我纳闷他怎么不回家和家人吃团圆饭，而一人在外生火开灶？

他倒是直来直去："不用公家的电，省着干啥？"

我换了话题："在山里生活真好，环境这么优美……"

"哼，"他鼻子里发出一声响，"有啥好的？就赚天爷爷一个便宜：暖和……"

原载《文艺报》2014 年 9 月 22 日

扑克牌和狗

陈美者

　　我二哥有两个爱好，一个喜欢打扑克牌，一个喜欢养狗。每逢春节，就是他一年中最好的时光。大年初一那天，他总是早早地就往外走，狗立刻丢下它的早餐，二哥一推开院子的铁门，狗在他先头就窜了出去。二哥会呵斥它："回去！回去！"狗才不回去呢，它顶多回头看一眼，院子里我二嫂扬了扬手中的扫把。不管用。春节里是不能骂人的，要不怎么说春节好呢。于是，他们就这样大摇大摆地出门了。我二哥叼着烟走得轻快，他才四十岁出头。狗呢，嗅嗅路边的花草，又来蹭我二哥的腿，差点把他绊倒，被我二哥踹开后又粘上来。天黑后，狗先回来了。二哥呢，看情况，赢的话舍不得回来，输的话更舍不得回来，基本上三天两夜都耗在那了。那其实也不确定是哪，村里几个最好赌的轮流做主场。除了二哥家做主场时，二嫂一般不知道他在哪，也不知道他有没有吃饭。她炖了肉汤在锅里，我二哥摸回来时，会悄悄去泡米粉或者线面，并且还要打两个鸭蛋进去，他是不吃鸡蛋的。白白的荷包蛋和大块的排骨肉滚在一起，在细雨绵绵的春天里，冒着腾腾的热气。他端着碗，站在二楼的阳台上吃，时不时远望下我们村的那座小山，然后把一整块没吃过的排骨往地上丢。人和狗都吃得很欢。总的来说，他打牌赌钱还是赢得居多。每年春节都这样。

每年春节都这样，村里人不干了。人家就不爱和他打。这一两年，我春节在家就多少能见着我二哥了。晚饭后，我鬼鬼祟祟，悄声问他，牌真的可以做记号吗？怎么做啊？我二哥嘿嘿地笑了两声，继续泡茶。我再问，他说："这个嘛……"话头就断了。后来我和他儿子、女儿也凑了一桌，大家都把压岁钱拿出来挥霍。我二哥抱着双臂踱到我身后，"怎么能出这个呢？还是个大学生呢。"我急急问他该出什么，他呵呵笑着扬长而去，狗犹豫了一下，也叛变我，从我小腿钻出追我二哥去。关于扑克牌的秘密，我后来还是从他女儿那里知道的。原来他用细小的针扎在牌上，孔的大小、多少暗示着牌的花色、大小。然后恢复塑料袋包装，看起来又像一副新牌了。刁民啊。

在乡下，人和人说话是要见面的。多年来，我们村就一直有路边社，大家忙完就聚在杂货铺的那棵大树下，或蹲或坐，抽烟泡茶，从春烟家丢了一只羊到村支书的媳妇跑了，各种花边、悬疑还有桃色八卦，滋润着人们枯燥重复的生活。二哥却不一样，他不爱往人堆扎，喜欢跟狗玩，可能他觉得狗的口水比人的口水干净。我猜他只有在打牌的时候，会特别快乐，因为打牌都在春节，而在春节，从初一一直到元宵过，没有人要去考虑生计的。平常的三百多天里，他要计算过路费、油费、车的损耗、备胎的钱，最怕的就是被扣车扣驾照，穿着制服的警察像一只只老鳄鱼，没有一大笔罚款是拿不回来的，这会让他惊恐，而且是躲不开的，不像村里的那棵大树不去就是。他是一个卡车司机，靠运石头养家。就我们村的那座小山，叫铁炉山，产的石头很不错的，有人承包了石矿，雇人采石，十几个像我二哥这样的司机，运着满满的一大车石头，压瘪的轮胎不停地向前跑去，他们出了镇，越过省，到江西，到湖南，卖的越远赚的越好。他要养活全家，供一个大学生儿子和一个初中生女儿。大部分时候他在夜里开车，因为可以少过路费，跑起来也快。每年春节我二嫂都会把村里和附近大大小小的宫庙拜个遍。

所以，在细雨绵绵的春节里（奇怪，我印象中的春节几乎都在下雨，不晓得其他地方是不是也这样），昏天黑地地打扑克牌赌赌钱，还有狗粘着，是我二哥最大的逃离和享受。特别是在他女儿突然离家出走后。

谁也没有看出征兆。二哥的儿子，喜欢穿着韩版的潮T，常常会回来抱怨，就咱们家穷。改革开放这么多年，机会多的是，为什么不想想办法？二哥听着，不言不语，继续泡茶。他其实不能喝茶，他的胃也在跟他抱怨，常常跑夜车无规律饮食一疼就知道吃止疼药对付。要说起来，睡眠也不好，难得睡觉时可以躺床结果闭上眼还是马路。女儿，倒还贴心，常常追着狗到他赌钱的地方找他，喊他回家吃饭。然后，忽然有一天，女儿变成了一张纸条：我去打工。二哥看着纸条备受打击，她读书一直很差，但是马上初三了，怎么字还是写得这么丑。

家里自然不太平。二嫂哭，厉害的是一边哭一边也不耽误数落，死丫头说要买校服家里没钱我还是跑去借公债的都不知道利息多高她坐车跑掉……二哥看不下去，摆了摆手："别喊。叫全村人都听见。她以后还回来呢。"

秋琴会回来的，这话二哥再也没说过，但我猜这个念想一直在暗暗支撑他。四年后的一个春节，我二哥坐在赌桌边。喂，你不要站我旁边挡我牌神啊。他打牌最烦有人站边上了，倒茶也不行。那人不走。我二哥才回头，愣住了。一屋子的人都赌红了眼，谁他妈在意进来了谁，只要不是警察就好。他们催二哥，快出牌呀，别磨叽啊，铁炉山都搬空了你还不出牌。我二哥笑嘻嘻把牌一摊，不玩了，今天赢的全还你们。

他们往家走。路上没人说话。只有那只狗，欢喜得有点贱了，一会粘你脚后跟嗅你的腿，一会又撒丫跑到前头。二哥训了狗一两句。快到家门口了，我二哥站住了，开口："秋琴呀。"秋琴应了一下，二哥才继续说："我说，你是被土匪绑走了吗？过年也不回来？"他的声音有点颤，有点不敢相信喊这个名字又有人应了。他没说出口的是，接连好几个月，他也不出车了，就在福州、泉州、厦门、漳州几个地方转，网吧、超市、服装店、面包屋、麦当劳、肯德基，甚至夜店。实在走不动了，连泡面都吃不起了，他回来了。第二天起床，他的背就开始驼了。秋琴不在的那几年，我二哥话更少了，偶尔从村里的杂货铺门口路过，也阴沉着脸。喜欢打探的村里人真的闭上了嘴，当然不是怕二哥的脸色，更多的是心疼，一路看他十八岁为人父年年辛苦打工如今还没当阿公背就驼了。所以，农村人自然有一种原始的粗野，但也有一种不知道什么时候就把你砸中的质朴的善良。到了春节，他们来找我二哥玩牌，我二哥倒不拒绝，走，玩牌，昏天黑地地玩。

终于，二哥的蒲公英女儿秋琴回来了。她个子蹿老高了，大腿像多年的树干一样粗壮。脸吃圆了，见人先笑眯眯的。在没有家人参与的岁月里，她就这么长大了。我们有点惭愧，有点惊讶，感觉这一切就像一夜之间。我有点不好意思看她，努力把这个她和那个砰地一声锁上房间门的细瘦女孩对接起来。对于她消失的那几年，我们也只能从零散的话语中拼凑出一个模糊的图景。更多时候，她挺烦我们的刺探，不是去逗狗就是看天空。书是没的读了，那就嫁人吧。这句话她也是看着天空说的。

相亲非常顺利。男方也是农民家庭，但人长得精神，不说空话。秋琴出嫁那天，我也早早从省城赶回去。天气好得不得了。院门口的油菜花开野了。来帮忙的女人全都穿着大红外套一个个撅着屁股洗菜备菜。二哥请的是方圆几百里最好的厨师，把镇上能买到的最好的海鲜都买来了。他大概被这种原本平常的幸福感动晕了，甚至还委婉地叫我也早两天跟单位请假回去帮忙洗菜。我二哥在以他能拿出来的最隆重的方式庆祝着。我笨，做家务不行，吃倒是尽心尽力，眼看海参鲍鱼龙虾一蒸笼一蒸笼地上，还有海蛎汤，红烧芋头，卤面……全都是最地道的美味，看都看饱了。我最馋那个红菇焖豆腐，猫到厨房站着吃。整个院子的人和家禽都被一种喜气笼罩着，好像浮在离地半米高的地方。狗呢，一直跟着我二哥，我担心它都要飞起来了，因为我看见二哥直接给了它一碗鲍鱼排骨汤。当鞭炮响起，男方领着秋琴要回门时，热闹的院子才静下来。二嫂忽然急冲冲跑上去，拽住秋琴，要让你男人走前头。大家都笑。我瞥见二哥也笑，那种笑内容太多，原谅我写不出来。秋琴和她男人走出院子门，渐渐走成人影。院子里的人仿佛被人按了播放键一样，又开始走动和喧哗了。只有我二哥，还以同样的姿势在站着，好久。

过了元宵，秋琴夫妻俩就去上海打工了。二哥的儿子也回学校，他今年就大学毕业了，妹妹的彩礼找工作时就会用上。二哥也心满意足地去出车。二嫂怕狗跑丢，就用铁链把它锁在院门口。

二哥出去了快一个月，回来时，狗长大了不少，铁链嵌到了它脖子的肉里。二哥默默帮它解开时，狗竟不叫，只是眼泪汪汪的。好像连它也知道了，就在昨天，人家打电话来说，秋琴吸过毒，在过去的几年里被抓进去好几回。现在人又跑没了。

我刚好站在不远处，不知道要不要过去跟二哥说点什么，说点什么才好。太阳开始下山了，再过一会儿，它就会整个不见了。太阳要走，人自然是留不住的。人的一生都和自己脚下的那块地粘着的，痛苦就在于，好些你在意的事往往不在掌控。我二哥不这么想，他信因果报应，生活如果连续出错那一定是人错了，但又想不出来自己做错了什么。其实他是个男子汉，还曾经跳下河救过我的命。对，我要去跟他说的就是这个。太阳下山的一瞬间，我走向我二哥。借着那最后一道光，我瞥见他挽起的裤管露出的小腿，与狗差不多细瘦了。

原载《福建文学》2014 年第 10 期

寂寞映山红

沈俊峰

常常梦见映山红。这种又被人称作杜鹃的山间野花，漫山遍野，宛若春天点燃的激情，灿烂奔放。那是生命的记忆，虽然遥远，却清晰而泥香，沃土一般茁壮着生命的年轮。

去年三月，在北京一座大厦的一楼大厅，我看到了靠廊柱花盆里盛开着的映山红，顿时欣喜万分。那个漫山映山红的画面闪现在脑海，怀想愈甚。随后不久，重回大别山，满以为会旧梦重圆，没想到却失望至极。映山红哪儿去了？

梦的破灭，让心中埋下了一丝无法抹杀的隐痛。

一

故乡是一个不可思议的感情碎片。幼时或童年的记忆，哪怕只是一间破土屋、几棵老树、一眼老井，也是永远的故乡、永远的根，会成为一个人魂牵梦萦的一辈子！其后的人生，即便在一个地方生活再久直至终老，也仍会觉得自己不过是个浮萍游子，仍旧想着叶落归根。

这就是故乡的魅力！

在时代的浪潮中，一个人犹如一滴水而已。20世纪 60 年代，国家一声令下，百万建设大军投身三线建设。在大别山那个偏僻的山沟里，我跟随父母生活了二十多年。置身大山的怀抱，永远走不出山的目光。尤其喜欢春天的映山红，那一片柔情，那一份热烈，让人心醉神迷。映山红们虽说不像玉米高粱那样稠密，却也是挤挤挨挨，长满山坡石罅，红的、粉的、紫的、白的，热闹非凡。电影《闪闪的红星》中有这样一句台词："等到映山红开了，你爹就回来了。"这句话，仿佛就亲近在身边，让我们绘声绘色模仿了许多年。

如果说各具姿态、绵延不绝的山峦是大别山的骨骼，那么映山红、兰草等便是大别山独具魅力的血液，就像诞生于大别山区的黄梅戏以及山民的那种勤劳、宁折不弯的精神。这些貌似柔软的东西让山峦有了灵气，让石头有了温暖，让错综纠结的满山荆棘有了一丝柔情。

如今，站在如积木一般堆积的时间之塔上，映山红成了我一个飞翔的梦。当我故地重游，却无比的失望和讶异，行走在山梁脊坡，映山红竟似晨星一般的寥落。

这是为何？

"杜鹃也报春消息，先放东风一树花。"在明诗人苏世让看来，映山红是一位报春使者。此时已是人间四月天，春光明媚，但天空却一反常态，飘着雪花、落着冰霰。莫非气候寒冷，春风来迟？友人如实相告，这些年，映山红被人挖得差不多了，运到外地换些小钱。再一问，不仅映山红，野生兰草也成了人们挖取换钱的宝贝。友人一声叹息，难道这就是所谓的"靠山吃山"吗？

心头一阵悲凉。现在的有些人，爱美，就把花草弄到自己家里，独赏；爱钱，就把山上值钱的东西连根挖起变卖，独享。至于后果，没人想过，拥有现在就行了，谁还会想到将来呢？即使想过又怎样呢？那是大家的、国家的，与己何干？抑或是自家的，别人管得着吗？如此杀鸡取卵、"斩花"除根，真正让人心寒啊！不知道在偌大的大别山区，到哪里还能找到那漫山的映山红呢？

二

就在那几天的报纸上，白纸黑字印着著名物理学家史蒂芬·霍金的预言：地球将在两百年内毁灭，人类要想继续存活只有一条路，移民外星球。这位在轮椅上生活了二十年，但思想却已遨游太空的科学家，其理由并非危言耸听：由于人类基因中携带的自私、贪婪的遗传密码，人类对于地球的掠夺日盛，资源正一点点耗尽。

霍金已经不止一次警示整个人类了，然而，面对霍金的预言，人们的反应只有两种：反思和嗤之以鼻。

古人的每日"三省吾身"，是独善其身，渴思发展进步，而现今一些人对忠言逆耳的"嗤之以鼻"，是否有点狂妄自大、自我膨胀呢？

一棵映山红价值几何？可能数棵映山红尚不值一顿酒钱。买映山红的人，可能当时一阵欣喜，回家独自观赏几天而已。据说映山红习惯了贫瘠的土壤，习惯了风餐露宿，听惯了山风野涛，享受不了私人庭院的富贵和安静，决不会甘心被人养着，况且一般俗人也根本无法把握其灵性。所以，映山红一旦进入寻常人家，第二年便沉默寡言，不再开花。野生兰草亦是如此。

可见花有骨气，草有灵魂！

花草的风骨如此坚韧、质朴，令人扼腕感叹！

现实中，真正有骨气的人却是愈来愈少了。一些人习惯了这样的习惯：为了自身利益，不管其他，甚至疯狂。这些疯狂为了钱的人和有了钱而疯狂的人有一个共同点：极端自私与贪婪。这种自私和贪婪无法用数字来估算，可以感受到的是，道德的滑坡和沦丧、公德与文明的某些伪善和虚假。

常常纳闷，如果说没有文化，缺少知识，可现在大学林立，各种教育样样俱全，许多人的文化程度愈来愈高，为什么一些人的社会表现如此让人失望呢？我们究竟缺少什么？是那种消极灰暗的情愫在作怪吗？还是自私贪婪、及时行乐的歪风充斥了世界？思想先哲们带领我们一直在寻找的生命的意义，今天是不是让人非常失望地走进了死胡同呢？

穿透死胡同，让阳光照进灵魂，这或许才是出路。

三

自私和贪婪是否真的如霍金先生说的那样是先天俱有？如果有，怎么才能寻找到那种遗传基因密码？能肯定的是，在寻找到那种遗传密码之前，我们能感觉到自私、贪婪、欲望像瘟疫一样无所不在、无孔不入，攫取与掠夺几近疯狂，浸染着社会的灵魂。

精神的空间被物质结结实实地填满了！

废俭崇奢，丢"土"崇洋，废朴素尚豪华，鄙崇高尚庸俗；美德成了敝屣，享乐成了终极，这样的灵魂扭曲与患病还有什么值得奇怪的吗？

生命太缺少美感了。

艺术即美。人生也应该是一门艺术，可现在许多人的人生就像一幅笔墨太满的国画，少有留白，杂乱无章，何谈美感？片面追求物质享受和感官刺激，缺乏高尚的精神追求，又何来美感而言呢？就像永远走在一条没有尽头的荒漠戈壁上，除了金黄的沙子，再也看不到其他的风景了。

目下名剧重拍蔚然成风，如果现在重拍电影《闪闪的红星》，不知道那句台词"等到映山红开了，你爹就回来了"是否该删去？潘冬子妈妈唱的那句"若要盼得红军来，岭上开遍（哟）映山红"是不是也该删去？如果删了，影片是不是缺少了那种柔软的蕴藉和隽永；如果保留，又到哪里才能找到漫山遍野盛开着的映山红呢？总不至于坐在那里想想便会梦境重现吧？

没有花草，青山寂寞，人生更寂寞。"何须名苑看春风，一路山花不负侬。日日锦江呈锦样，清溪倒照映山红。"可叹，杨万里笔下的那个美景画意，如今也成了一个有着历史沧桑厚度的梦境，这让人何其感慨！

本文载宝安纪检监察网，2011 年 1 月 7 日